エプロンメモ 2

APRON MEMO

エプロン・メモ

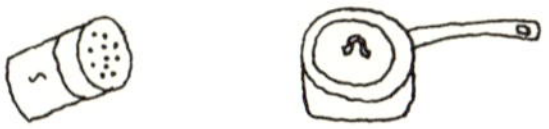

目次

装訂　花森安治
カット　花森安治
藤城清治
佃　二葉

APRON・MEMO

早春の章

一足早い春

雪が降った日、朝起きて庭をみると、雪の重みで、まだ固い固い蕾の桜の枝が折れていました。

なんとも惜しいので、花ビンにさして部屋に飾ったら、蕾がふくらんできて、まもなく花が咲きました。

それ以来、蕾のときに一枝だけ切って部屋に入れ、一足早い春をたのしんでいます。

書きそえる

珍らしいものを人にあげるとき、切り方とか、食べ方とか、使い方を簡単にメモしてつけてあげると、いっそう真心がこもって、よろこばれます。

この間アボカドをいただいたとき、「タテ二つに割って、タネをとって、そのままレモン汁やハチミツをかけて召上ってもいいし、皮をむいて好みに切って、牛乳とお砂糖をかけて召上ってもおいしいし、サラダに入れても……」と親切に、そえてありました。

豆まき

節分の豆まきは、小さい子どもも大へんたのしみにしていますが、豆をつまんで喉につまらせないかと心配です。

それで、子どもが小さい間は、豆の代りにあられを少しまくことにしています。これなら安心です。

ダブルベレー帽

赤いベレーに、やわらかい大きいベレーを重ね、フチのところだけ、ちょっと赤がでるようにしてかぶったら、とてもしゃれて見えました。赤すぎて恥ずかしくて、いままでかぶらないで、しまってあったベレーも生きてきて、うれしそうです。

また、二枚重ねると、寒い日は、とてもあたたかです。ずれやすいので、ブローチで止めて、アクセントにします。

足運びを機敏に

足の運びは、年をとると、知らないうちに、だんだんと緩慢になってきます。

あるときフッと気がついて、サッサッサッと、意識して素早く足を前に出すようにしたら、自然に背筋も伸び、スピードもあがり、若い人に以前ほど追越されなくなりました。

歩く姿も、きっと若返ったにちがいないと、満足しています。速く歩くのは、健康にもよいことですし、一挙両得です。

心を鎮めて

子どもがなまいきな口をきいたときや、反抗して押えきれなくなったときなど、親も感情を押えられなくなって、ついどなったり、言わなくてもいいことを口走ったりします。

そんなとき、その子の小さかったころの写真を出してきて、ながめていると、かわいかった昔が思い出されて、不思議に心がなごみ、落着いてきます。

かたくしぼって

ぞうきんがけをするとき、ぞうきんをかたく絞れば絞るほど、ホコリやゴミがきれいにとれるのに気がつきました。水気が少しのこっているほうが、ホコリなどとれやすいように思っていましたが、よく気をつけてみると、全く逆なのです。

これに気がついて以来、あまりゴミのないときは、掃除機をかけず、拭き掃除だけでも、充分にきれいになっています。

あまったフィルムで

フィルムカメラで、お正月に撮ったあと、まだ撮りきれないで、残っていたら、家族一人一人の顔写真をとっておきませんか。

バックを無地の壁のようなものにしておくと、入学試験の願書や、運転免許証申請の写真、パスポートなどの写真が必要になったとき、指定の大きさにひきのばして使えます。

小さいぜいたく

ホテルのベッドには、よく枕が二つおいてあります。家庭でも、ふだん使っている枕のほかにもう一つ、大きめのうすい枕を用意しておきます。

二つ重ねて頭を高くしたり、うすい枕だけにしたり、本を読むとき腹ばいになって下にしたり、手や足のだるいときなど、枕の上にのせたりといろいろに使えます。

外国便の宛名

外国に手紙を出すとき、宛名がよく分らなくて困ることがあります。

そんなとき、向うからきた手紙に書いてある住所を切りとって、そのまま貼るか、コピーにとったのを貼って出します。

くずした字でも、向うの人なら読めるでしょう。外国の文字は苦手だという人が出されるときも、こうするとらくです。

ブローチを

カメオやパールのブローチが、小さくて物足りないと思ったら、黒や紺やこげ茶の、ビロードの幅広いリボンを蝶結びにするか、ボータイのようにして、真中に、このブローチをとめます。

とてもはなやかになって、パーティやおよばれのときのブラウスやワンピースの衿元に、すてきです。

名刺にメモ

名刺をいただいたら、なるべく早めに、できたらその場で、日付けと場所と、どんな用事でお会いしたかを、名刺の端に書いておきます。

そのときはおぼえていても、日がたつうちに、どんなときにお目にかかったのか、忘れることだってあるものです。こうしておけば大丈夫だし、そのときの様子がはっきり思いだされて、簡単な日記の役目もしてくれます。

椅子も場所がえ

おなじ椅子に座っても、人によってそれぞれ座りぐせがあり、力のかかるところも違います。

食堂や居間で、家族の座り場所はたいていきまっていますから、椅子の方をときどき場所をとりかえておくと、もちがちがいます。

舌のヤケドにも

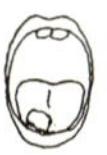

お茶をがぶりと飲みかけ、口の中がアッチッチというときに、急いで氷を一つ口にふくんでみて下さい。

舌を焼いたのもヤケドですから、やっぱり、すぐ冷やすと、早くなおります。

いろいろな色の手袋

冬の手袋のバーゲンの季節になります。気に入ったのがあったら、いくつか買っておきましょう。

私は、ウールジャージのシンプルなデザインのを毎年買い足して、ちょうど七色になりました。洋服や気分に合せてたのしんでいます。

ぬいだ手袋は、タテにのばすようにして形をなおして、しまいます。

朝からカレー

寒いときの朝ごはんに、カレーはなかなかご馳走です。食欲がなくても、食べているうちに、だんだん目もさめてくるし、おなかがすいてくるから、ふしぎです。

勿論、前の晩に、即席ルウで作っ

て、そのまま一晩おくと、コクが出ておいしくなっています。ルウは辛口にかぎります。

　ごはんを少しに、カレーをたっぷりにします。

お茶漬けに豆板醤

　いつもとちょっとちがうお茶漬けが食べたいと思ったら、豆板醤を入れます。コクがでますし、あれば、細かく切ったお豆腐をいれるのも、おすすめです。
　辛いのが好きな人のお茶漬けに。

湯どうふに

　湯どうふをするとき、ふつうは、お鍋に昆布をしいて昆布ダシで煮ますが、昆布のかわりに、わかめのもどしたものをたっぷりしき、とうふやねぎと一緒にいただきます。
　ことこと煮ながらのわかめも、とうふとよくあって、おいしいものです。

ザーサイスパゲティ

　ザーサイを細かく切って、ゆでたてのスパゲティとあえます。
　こんなにカンタンにできるとは思えないおいしさです。ザーサイはタップリと。

変り天ぷら

　かぼちゃをうすく切って、よく天ぷらにしますが、これは、すりおろして、つなぎに小麦粉をふり、固ければとき玉子を少し入れて、一口にすくって揚げるのです。
　大根おろしをたっぷり入れた天つゆで、いただきます。
　うす切りにしたかぼちゃの天ぷらとはまたちがって、口あたりがやわらかく、ほんのり甘みがあって、おいしいものです。大きさ、形を好みで変えられるのもよいところです。

一つ一つのケーキで

　お誕生日やお祝いに、よくデコレーションケーキを切りますが、集まる人数が多いと、数通りに切り分けるのはけっこう厄介ですし、小人数のときは余ってしまいます。
　そこで、人数分に一コか二コ加えたケーキを、しゃれたカゴにきれいに並べてリボンで飾り、まわりにローソクをたてました。
　ケーキは全部同じでも、また色とりどりでも、好みです。

すりごまを

白ごまと黒ごまのすったものをま

ぜ合せて、食卓の上に、いつも置いておきます。

ゆでたほうれん草、きざんだキャベツ、ご飯などに振りかけたり、みそ汁に薬味がわりに入れたりと、いろいろに使えます。

味に深みがまして、おいしくいただけます。

牛乳を

寒いときにいらしたお客さまに、コーヒーや紅茶をお出しするのもけっこうですが、牛乳がお好きな方には、熱くあたためた牛乳を、お茶のかわりに差上げるのも、からだがあたたまって、喜こばれます。
このとき、カップ1杯は多すぎるので、七分目くらいにして、深めの湯のみ茶碗に入れるのも、雰囲気が変ります。お砂糖をべつにそえて、好きなだけ入れていただきます。

ひき肉ステーキ

牛の赤身のひき肉80グラム位、手のひらにとり、全体に塩、コショーをしてからハンバーグのように形を整え、そのまま熱くしたフライパンに油をひいて焼きます。
つなぎが入っていないので、ややバラつきますが、ふつうのハンバーグとは、一味ちがうあっさりとしたひき肉ステーキです。
しょう油味でいただいたり、ソース、または、ケチャップをつけてもけっこうです。

やき里いも

オーブンで丸ごと焼いた、さつまいもやジャガイモは、おいしいものですが、里いもの焼いたのもなかなかです。さっぱりとして、これならさつまいもの苦手な男のひとにも、よろこばれます。
里いもは、泥をきれいに洗い落して、オーブンに並べて焼きます。
焼き上ったら皮をむいて、あつあつに塩、バタ、ゴマ塩、しょう油、生姜じょう油、おかか、梅ガツオ、ねりみそ、佃煮やねりウニなどをつけていただきます。

お餅トッピング

あまったお餅を小さなサイコロに切り、ピザパイの上にちらします。焼きあがったピザは、とろけたお餅とチーズがあいまって、ボリュームがでて、おいしくいただけます。
おしょう油をたらしても。

明太子をパンに

食パンでもフランスパンでも、や

や薄めに切って、バタをぬり、明太子をうすくぬりつけていただきます。明太子の香りと辛味が、パンとよくあいます。

　好みですが、パンは焼かないほうがいいでしょう。

しめらせて

木のマナ板で油揚げを切ると、いつも油のシミが残って、熱湯をかけたりクレンザーでゴシゴシ洗ったりで、後始末がたいへんでした。これは、乾いたマナ板で切るからです。
　乾いていたら一度よくぬらして、水気をとってから切ると、油がしみこみません。あとすぐに洗います。

大福茶

コーヒーや紅茶にも飽きて、ジュースもちょっと、というときがあります。
　そんなとき、大福茶はいかがでしょうか。梅肉と昆布をちょっぴり、その上から香り高い煎茶をかけていただきます。
　元旦だけのものにしておくのは、もったいないくらい、手軽でおいしいものです。

ジャムにレモン

いちごやぶどうのジャム、マーマレードなど、甘すぎてというとき、レモンをしぼってまぜると、すっぱ味が加わって、甘さがやわらぎ、スッキリします。
　そのとき一びん全部にまぜてしまわないで、その日の分だけ器に取り分けてレモン汁をまぜます。2種類のジャムを出すときは、一つをすっぱくして、もう一方はそのままの甘さにしておくと、味にアクセントがついていいものです。

ギョーザの皮で

カリカリに焼いたバゲットやクルトンをサラダにまぜますが、わが家ではギョーザやしゅうまいの皮を油で揚げ、細かくくだいて入れます。
　多めに作っておき、使うときにオーブントースターでカリッとさせて使うと便利です。

簡単チリビーンズ

わが家では、ピリピリ辛いサルサソースでチリビーンズを作ると、好評です。
　うずら豆やトラ豆などを、七、八分通り、やわらかく煮ておき、ベーコンや生ハムの残りなどと一緒に炒めた玉ねぎと合せて、サルサソースを加えて、煮上げます。

甘い煮豆にはそっぽをむく息子や夫も、これなら喜んでたべます。

まぐろハンバーグ

まぐろのブツ切りをたたいてミンチにします。その中に、長ネギのみじん切りと、好みで、みそかユズを入れてあわせ、ハンバーグのように焼きます。

　まぐろは、安いところでいいのです。おどろくほど上品で、口あたりのいいハンバーグになります。

くず湯におもち

　寒いとき、くず湯は、心身ともに温まるごちそうですが、このなかにお餅をアラレに切って、うっすらと焦げめがつくくらいに焼いて入れてみました。

　ちょっとそのままおいておくと、お餅とくずがトロリとなって、なにか和菓子をいただいているようなおいしさです。

お茶碗に盛る

　ふだん使わないでしまってあったお客用のフタつきのご飯茶碗に、野菜の炊き合せを一人前ずつ盛ってみました。

　フタがありますから、煮ものが冷めないし、出番の少ない器が生きます。ふだんは鉢に盛り合わせる野菜の煮ものも、ごちそうの雰囲気で、けっこうでした。

二人で読む

　遠く離れた田舎で、一人で暮している母に、荷物を送るとき、読んでおもしろかった本があったので、いっしょに入れておきました。

　私は、どういうところに感動したというようなことを書いておくと、はげみになるらしく、電話をかけたとき、今、どこまで読んだところだといって、うれしそうに話してくれました。

　思いなしか、母の声はいつもよりイキイキしているようでした。

春の気配

　お雛さまがなくても、また、飾る場所や暇がない方でも、三月近くになったら、花びんに桃と菜の花をさして、塗りのお盆に和紙をしき、雛あられと菱餅を飾ってみましょう。

　雰囲気はじゅうぶん、そこまできている春の気配が感じられます。

腕カバーを

夜、ふとんに入ってから本をよむ

クセがありますが、部屋の中が冷えていると、ふとんから出ている腕が寒くて落着きません。

　寝まきの上から、腕カバーをしてみました。だいぶ寒さがちがって、気持よく読書ができます。

アドレス帳には

　アドレス帳に、名前や住所、電話番号を書くとき、名前を黒色のペンで、住所や電話番号は青色で書いています。
　全部おなじ色で書いてあるより、人を探すときラクです。

マニキュア

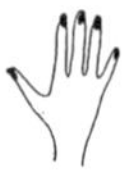

　爪にエナメルをぬるとき、十本の指にむらなく、きれいにつけるには右ききなら、さきに左手で右手をぬってしまうのです。ぬっていくうちに、ハケの先がかたまってきて、使いにくくなりますが、ぬりにくい方の手で先にぬっておくと、あとがラクです。

もしものときに

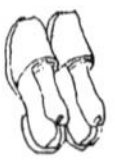

　地震があったときの用意など、なにも心掛けていないのですが、もし停電になっても、すぐ外へ逃げられるように、毎晩ねる前に、玄関に、はきやすい靴をそろえておくようにしています。

バッグをきれいに

　ハンドバッグの中を、ときどき掃除しましょう。
　全部、中のものを取り出して、すみずみのゴミをとり、固くしぼった布でふいて乾かします。不用になった紙類、名刺などを整理すると、中がすいて気持よくなります。

エプロンを

　勤めていると、朝ご飯をたべてから洋服を着がえるのは、めんどうなものです。
　私はおきたときに、きちんと外出用の服を着てしまい、しっかりした大きめのエプロンをかけて、朝食をたべます。服をよごさず安心していられますし、時間もけいざいです。

花を美しく

　煖房のきいた、あたたかい部屋にかざった花は、そのままおくと、しおれてきますから、一日に一回は必ず、花から少し離れて、花や葉の裏側に、キリ吹きでキリをかけてやります。
　元気を取り戻して、花や葉がイキ

イキとしてきれいになり、もちもだいぶちがいます。

ちょっと一言

このごろの電話は、どこへでもほとんど直通でかかるので、遠くからかけても、受けた方はどこからかかっているのかわかりません。それで長い間待たされたり、なかなか用件に入れなかったりして、イライラすることがあります。
　遠くへ電話をかけたときは、相手が出たら、まず「○○からおかけしているのですが……」と一言ことわっておくと、お互いにムダなく用件がすませられます。

シューキーパーを

シューキーパーをしたまま、靴をみがいてみました。
足の甲の部分は、革にしわができて、そこにはほこりが残りやすいのですが、おかげで革がピンとのび、そこにもよくブラシがあたってみがきやすいし、とてもきれいになりました。

包紙を使って

むかしはよく母たちがやっていたことですが、簞笥のなかに衣類を重ねてしまうとき、デパートなどの包紙を間にしいておきます。
　下のものを引っぱり出すとき、紙ごと引くと、他のものがくちゃくちゃにならずに、それだけ出せます。

自分が先に

小さい子と出かけるとき、こどもにぜんぶ着せてしまってから、自分の仕度をするという人が多いようです。
　こどもはあっという間に汚したりぬいでしまったり、もう一度オシッコなどということになりがちです。
　こどもに着せるものは、まず、用意だけしておいて、大人が自分の身仕度をすませてから、最後にこどもにさっと着せて出かけるようにすると、手間をとらずにすみます。

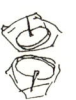

テープで巻く

カッターの刃や画鋲、針などを捨てるときは、なんとなく心配です。セロテープでまわりをぐるぐる巻きにして捨てます。
　こうしておくと、くずかごにキズがついたり、すてる袋が破れたりしませんから、安心です。
　空いたフィルムケースや小さい薬ビンがあったら、さらにこれに入れて捨てると、二重に安心です。

腰かけを

携帯用の腰かけのような、小さい椅子を玄関においておきます。

とくにランニングシューズのヒモを結ぶときや、長いブーツをはくときには便利です。

お客さまにも、よろこばれます。

大根ラーメン

いつものインスタントラーメンではもの足りない、ちょっと変ったラーメンが食べたいときにいかがでしょうか。

大根を細いセン切りにしたのを、めんをゆでるとき、たっぷり一緒に入れてゆでます。

大根のおかげでスープの味がまるくなりますし、ボリュームのふえるわりに、あと口がさっぱりして、なかなかです。

どちらかというと、四川風などの濃い味に合います。

結び昆布

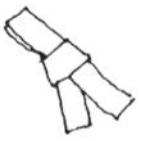

昆布を3、4ミリの幅に細長く切って、小さく片蝶々に結びます。

甘酢につけてやわらかくし、なますなど酢のもののトメに、あるいはカラッと油で揚げて、ゴマ塩をふっておつまみや、つき出しの色どりなどにいろいろ使えます。ことにお祝いの席などにはいいものです。

シチュウグラタン

ホワイトシチュウがあまって、煮返しているうちに汁気がすくなくなってきたので、グラタン皿に入れて粉チーズをふって、天火で焼いてみました。焦げ目がついて香ばしく、ひと味ちがったおいしさになりました。

皿の底に冷ごはんをしいて、その上にシチュウをかけて焼いて、ドリアふうにしても、けっこうです。

湯のみで

お料理屋さんで、食事が終ったところで、お汁粉を、小さめの湯のみに入れ、小さなスプーンを添えて出されました。

洋風ならデミタスというところでしょうか、お椀とまたちがった趣があり、スプーンは食べやすく、量も食後にちょうどで、なかなかけっこうでした。

自家製ブレンド

紅茶の詰合せをいただくと、つい好みの缶から使うので、いつも同じようなのが残ってしまいます。

思いついて、二、三種類の葉をまぜて、いれてみましたら、わりと風味がでて気に入りました。

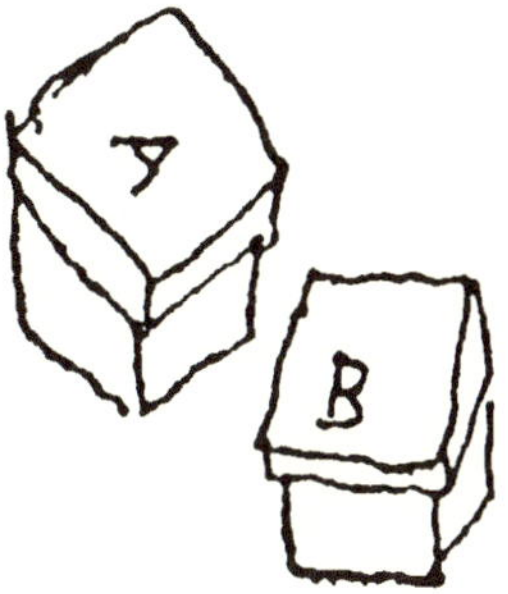

食べないものを

食事は、三度、三度のことですから、つい、たべなれているもの、作りなれているものがつづきます。
毎月五の日とか、一の日とかきめて、その日の献立に必ず、いままで食べたことのない、魚でも野菜でもなにか一つは新しいものを加えてみます。
意外とおいしく、新しいものをたべる機会がふえるかもしれません。

ぬかみそ即席漬

かぶ、大根、にんじんなど、ごくうすくきざんで、しめらせたガーゼにつつんで、ぬかみそに入れます。いまの季節だったら三時間くらいで漬かります。
今夜、急にお客さまが見えるというときなど、漬物がなかったら、この即席ぬか漬は便利です。

箸休めに

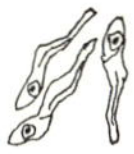

おせち料理に使った田作りがあまっていたので、油でさっと手早くあげ、みりんとおしょう油をたらしてみました。軽くて、香ばしくて、次から次へと手が出てしまいます。カルシウムがあって、こどものおやつにもいいものです。
ただ、油を熱くしすぎると、いれた瞬間に焦げてしまいます。

ホットサンド

残ったサンドイッチは、アルミホイルできっちり包んで、オーブントースターに入れます。10分くらいしてあたたまったら、ホイルをはずして、ふつうのトーストのようにこげ目をつけます。
サクッとした口あたりのホットサンドに、生れかわります。

お刺身を

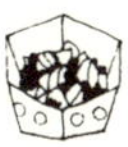

マグロのお刺身がもうひとつおい

しくないとき、少し小さめに切ってから、ビン詰のノリの佃煮であえます。あれば、三つ葉も小さくきざんでまぜます。

　しっかりした味とノリの香りで、ずっとおいしくなります。

生姜・蜂蜜ティー

湯上りのホッとしたときに、ちょっと心くつろぐ一杯。
　生姜をおろして汁を絞り、蜂蜜を加えたら、熱湯をそそいでかき回します。身体がなかからあたたまり、ゆったりとした気分になります。生姜は多すぎると辛いですから、加減します。

一つ盛りに

天ぷらを一人前ずつつけないで、テーブルの真中の大皿に盛って、好きなものをとってもらうようにしました。
　みんなの食べ加減、好き嫌いもわかって、よけいなものを揚げなくてすみますし、食べる方も、揚げたての熱いところを好みで食べられると好評でした。一人前ずつ盛るより手もはぶけるし、豪華にも見えます。

リッチ・フレンチ

フレンチトーストにするパンに切れ目を入れて、スライスしたチーズやハムをはさみ、牛乳とお砂糖を加えたとき玉子につけて、焼きます。
　玉子に甘みを入れないで、上にジャムをのせて出すと、なおリッチにみえます。

焼きおにぎりで

残りごはんで、うすいおにぎりを作って、味をつけずに焼きます。
　パリパリに焼いて皿にとり、野菜や椎茸の入った中国風甘酢あんを作ってかけると、おこげ料理が手軽にできます。

ヒビ入り玉子は

玉子にほんのわずかでもヒビがはいると、ゆでているうちに、ヒビのすき間から白味が流れ出てきてしまいます。
　サランラップでピッタリ包んで入れると、中身が出ずに、きれいにゆで上ります。

生がきを

生がきは、大根おろしで洗うと汚れがよくとれますが、大根がないときは、深めのざるにかきをとって、ヒタヒタくらいの水をいれたボール

のなかで、このざるを左右にふります。二、三回、水をかえると、かきの黒い汚れがすっかりとれて、きれいになります。

　もちろん、カラの片がまざっているときは、ていねいに手でとってください。

カレー味で

まだまだ鍋ものがおいしい季節ですが、ちょっと寄せ鍋や水たきにあきてきた、という方には、カレー味の寄せ鍋がおすすめです。
　寄せ鍋のダシでカレー粉をといて地をつくります。ピリ辛がよければ唐辛子を入れたりなど、味は好みで加減します。

チョコレート

このごろのナッツやクリームなどが入っている、ころっとしたチョコレートは、ずいぶん大きくなって、そのままですと、一口で食べにくかったり、また、甘すぎたりします。
　形をくずさないように、二つか三つに切って出しました。
　歯の弱い人にも、いろいろと種類を味わいたい人にも、好評でした。

一本ずつ

　娘が、いつか家庭をもったとき、銀のフォークとナイフのセットをプレゼントしようと思っていました。
けれど、一度に十二本のセットを買うのは大へんです。そこで十五歳の誕生日から、毎年、フォークとナイフを一本ずつプレゼントすることにしました。
　毎年、少しずつ増えていくので、娘も喜んでくれていますし、わたくしも、娘の成長と重ねて、うれしいのです。

じゃこをバタで

　じゃことネギの小口切りを、バタでいためて、おしょう油で味をつけます。
　これを、あたたかいご飯の上にのせて、いただきます。カルシウムもたっぷりとれますし、けっこうなお味です。

花の影

　梅や桃、ミモザなど、散りやすい花は、花びんの下にお盆をしいておくと、散りしいた風情もひとしおですし、花びらを片付けるのが、かんたんです。
　きれいに拭き上げた黒塗りのお盆や銀色のお盆ですと、花の影がうつって、少しの花でもあでやかです。

花びんも、無地のものがはえるでしょう。

減量作戦

寝るまえに食べるのは、ふとる原因の一つです。

晩ごはんがすんだら、さっさと歯をみがいてしまいます。

なにかつまみたくなっても、寝る前に、また歯をみがくのがおっくうなので、つい食べるのをガマンしてしまいます。そのうちに習慣になれば、しめたものです。

ビー玉を置く

棚を吊ったとき、水平かどうか確めるのに水準器を使いますが、水準器がない場合は、ビー玉のようなものを置くのも、一つの方法です。玉は低い方に転がるから、それを見て調節します。

玉だけだと、転がって落ちてしまいますから、箱に入れて置くと、いいでしょう。

ボタンの流行

ボタンにも流行があります。洋服屋さんがみると、それはいつごろ作った服かだいたいわかるそうです。

それをきいて、長年着たコートのボタンとスーツのボタンを、最新のものにつけかえてみたら、それぞれとても感じが変って、なにか、新調したようないい気分になり、うれしくなりました。

誕生日に

これからは水栽培の季節です。幼稚園の娘の誕生日祝いに、水栽培の道具とヒヤシンスの球根を買ってやりました。

一日一日と根がのび、芽が出て、

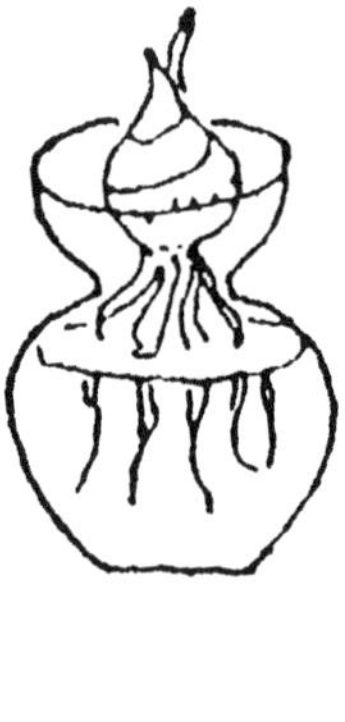

二カ月たつと、ちゃんと立派に花が咲きました。

植物が成長していくさまを見るのは、とてもたのしいものです。娘は喜々として、花が終るまでなにかと世話をやいていました。

絵画写真

祖父は、趣味で油絵をかいています。祖父の絵を写真にとって、写真

立てに飾りました。複製画のようで趣きもかわり、場所もとりません。ときどき作品の写真をかえます。

祖父は満足。家族も「おじいちゃんの絵」と、喜んでいます。

おしゃべりを贈る

外国で長くひとり暮しをしている友だちが、こういっていました。

「日本にいる友だちが恋しいなあと思っていたら、仲のよかった友だちが寄り集って、おしゃべりしたときに録音したカセットテープを、送ってくれたの。

どこかのお店で、とりとめもなくおしゃべりをしているだけなんだけど、そこにいる人たちの様子が目に見えるようで、なつかしく、とてもうれしかった」と。

きっと、プレゼントできるくらい楽しいおしゃべりだったので、送ってあげたのでしょう。

針金を渡す

塗装をしているとき、塗料の缶の上に、しっかりした針金を一本渡しておくと、ハケをしごいたり、ちょっと手を休ませるときに、ハケをのせたりできるので、とても重宝します。

針金は、缶についている持ち手のつけ根のところを利用して、とりつけるといいでしょう。

寒中のお見舞を

新春とはいえ、喪中のお宅では、肉親をなくされた悲しみと、年賀状のこない、淋しいお正月を迎えられたのではないでしょうか。

寒に入ってから、遠慮した年賀状にかわって、慰問のことばをそえた寒中のお見舞を差上げたらどうでしょうか。少しでも、元気づけてあげられたらと思います。

長い座ぶとん

幅45センチくらい、長さ90センチくらいの長い座ぶとんを一つ作っておくと、赤ちゃんのいる家では、大変重宝します。

赤ちゃんが動かないうちは、敷布団に使えます。動くようになれば、風呂上りに、バスタオルをしいて体をふくところに使えます。ベビーカーにも、ちょうどよい大きさです。おむつをたたむのにも、やりやすいのです。

待つよりも

バスが発車したばかりの停留所で次のバスを待つのは、乗り遅れて残

念という気持があるためか、なんとなく落ちつきません。

　そんなときは、次のバスを待つ時間を利用して、次のバス停まで歩きます。けっこうそれくらいの距離は歩けるものです。バスの間隔時間が長かったら、さらにもう一停留所歩きます。

　からだのためにも、ただぼんやりイライラ、バスを待っているより有効です。

玄関ドアにカーテン

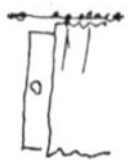

アパートやマンションの玄関は、たいてい北側についているので、玄関のドアを開けたとたん、家の中に冷たい北風が吹きこんできます。
　出入りには、ちょっとうっとうしいかもしれませんが、ドアのすぐ内側に、厚手の長いカーテンを下まで吊っておくと、すきま風の予防にもなるし、ドアを開けたとたんの北風の侵入も、ずいぶん防げます。

ピン刺し消しゴム

よく消えなくなった消しゴムは、はずした虫ピンや画鋲を、ちょっと刺しておく台として便利です。
　あとで片づけようと思って、棚や机の端にひょいと置くと、そのままになっていたり、どこかへ消えてしまっていたりして、小さいこどもが遊びに来たときなど、ぞっとすることがあります。

セーターで

お気に入りのセーターがちぢんだのか、きつくなってしまって、たいへん残念でした。
　そこで、なにか役に立つことはないかと考えたすえ、曲木のイスの背にすっぽりと着せてみました。インスタントの、ウールのイスカバーです。腰かけてみると、背中のあたり具合がよく、あたたかでいい気持です。
　袖は、裏に入れこんでたらし、袖口をリボンでしばってポケットにして、メモや鉛筆を入れておきます。なにか思いついたとき、すぐにここから出して書きとめておけるので、便利です。

おこづかい

二十日に給料が入ると、待っていたとばかり大きな気持になり、月末までしか財布がもたないことがしょっちゅうでした。

　そこで、給料をもらっても、月末までは財布の口をしめて、月が変ってから、ゆるめるようにしてみたら、なんとか月給日までもつようになりました。

のり巻きに

べったら漬を細く切り、しその葉も細く切って、一緒に、のり巻きの芯にします。わさびをちょっときかせます。

ほんの少し甘くて、しそのにおいがする、さっぱりとしたおいしいのり巻きになります。

ケーキを出すとき

ケーキをめいめいに盛るとき、小さめの西洋皿にのせて出しますが、これを、染付けの日本のお皿にのせて、フォークをつけて出してみました。

雰囲気ががらっと和ふうに変ってなにか落着いた感じで、日本茶ともよく合います。

黒豆の天ぷら

お正月の黒豆がもし残っていたらちょっと濃い目のてんぷらの衣をつくり、5、6粒をひとかたまりにして、かき揚げふうにからりと揚げてみて下さい。

香ばしい、ちょうど揚げまんじゅう的な簡単おやつになります。

スペアリブ

スープをとるときに、とりのガラをよく使いますが、たまには豚の骨を使ってみましょう。豚の骨といってもアバラ骨で、スペアリブといって売っている、けっこう肉もついているところです。

これは、肉も食べられるし、ダシもよくでるし、じゃがいもや玉ねぎなど実をたっぷり入れた、おそうざいふうシチュウには、とても向いています。

いつもとちがったダシを使うのも家庭の料理には楽しみです。

箸置き

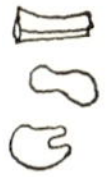

食卓は毎日使う食器もだいたい同じで、変りばえがしないものです。といっても、置き場所を考えると、皿や小鉢をいろいろふやすわけにもいきません。

そこで、箸置きならと、思いきって5種類ほど買いたしました。その季節にあった花柄のを使ったり、魚料理のときには魚の模様というように、箸置きをときどき変えると、それだけで食卓の感じが変ります。

ミントブランデー

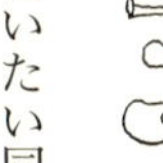

夜寝る前にちょっと温かいものを

というときに、アツアツのミントティーを入れ、たっぷり目のハチミツとブランデーを加えます。

　スッとするミントとブランデーの芳醇な香り、甘さも心地よく、安眠はまちがいなしです。

さっぱりすき焼き

　すき焼きをたべるとき、生玉子のかわりに、シャブシャブや水たきのように、大根おろしとポン酢をつけて食べてみました。
　さっぱりとしていて、肉のうまみも引き立ち、なかなかけっこうでした。

粕汁うどん

　粕汁が残ったので、翌日、だしでのばして塩味をととのえ、うどんを入れて煮こんでみました。
　青みに三つ葉をちらし、柚子をのせます。薬味の七味唐辛子をたっぷりめにふりこんでいただきますと、身体もあたたまり、粕汁の残りとは思えない一品ができます。

ピーナッツミルク

　牛乳にピーナッツバタを入れた、ピーナッツミルクはいかがでしょうか。こくがまして、寒い夜に格好ののみものです。
　ピーナッツバタは、クリーム状のもののほうがよく、大きなミルクカップなら茶サジ山1杯に、砂糖を好みで入れて、よくねってから、あたためたミルクを注ぎます。

香りを

　大根おろしをするとき、柚子やダイダイ、カボス、スダチなど、香りのよい実があったら、はじめにその皮をすって、おろし金につけ、そのまま大根をすりおろします。
　さわやかな香りと色がついて、魚ものにそえたり、酢味のあえものなどにけっこうです。
　汁をしぼりこむよりも、皮のほうが香りがよくつきます。

キャベツ餅

　キャベツたっぷりのお餅は、手間いらずでおいしいもの。
　キャベツを4、5ミリの幅にたっぷりきざみます。フライパンにバタを多めにとかし、キャベツを入れてからめたら、そこへお餅を二、三コのせ、フタをして弱火で蒸し焼きにします。四、五分してお餅がやわらかくなったら、キャベツをまぶし、おしょう油を香りづけに二、三滴たらせばでき上りです。

切り方をかえて

リンゴはふつう四等分か八等分に切ってたべますが、たまには1センチ位のサイの目に切って、スプーンですくってたべてみてください。

また趣きがかわって、たのしいものです。それに、歯のわるい人には食べやすいでしょう。

残ったハンバーグ

こどもは食欲にムラがあるから、好物のハンバーグを作っても、たっぷり残ってしまうことがあります。

そんなときは包丁で細かく切り、トマトソースで煮こんで、ミートソースを作ります。

スパゲティや、ご飯にそえて出せば、これがハンバーグの残物利用のミートソースとは、たぶん気がつかないでしょう。

カレーがうすいとき

どうかすると、カレーがちょっとしゃぶしゃぶして、まったりした味がでないことがあります。

そういうときは、あまりカレーをいじらないで、あついご飯にバタをまぶしてバタライスのようにして、その上にカレーをかけると、こくがでて、おいしくいただけます。

塩鮭二題

塩鮭にレモンをしぼってかけ、ラップに包んで一日くらい置いてから焼くと、塩気がやわらぎ、おいしいものです。新巻鮭の目先をかえた食べ方です。

＊

脂ののった鮭はもちろん、脂の多いハラスの部分は、焼いてから、しょう油とお酒のタレにつけておきます。

鮭の香ばしい脂が、タレにしみだし、熱いごはんによくあいます。タレは、しょう油2にお酒1の割合ですが、これはお好みで。

ウインナで

天ぷらというと肉気がないので、こどもにはあまり歓迎されません。

そこで、小さく切ったアスパラガスやにんじんなど野菜といっしょにウインナも小さく切ってかき揚げにしたら、好評でした。

漬物サラダ

カブや大根とその葉の即席漬、白菜をザク切りにして塩で押した浅漬などをフレンチドレッシングであえると、味がよくしみて、しんなりして食べやすくなります。

パンのとき、ちょっと目先の変ったサラダになります。

みそぎょうざ

ぎょうざの具の味つけに、ふつうしょう油を使いますが、その代りにみそを少しまぜ合わせたのも、またおいしいものです。それに、使うみその味で、ぎょうざの味がいくぶんちがってきます。

しょう油のぎょうざと、このみそ味のぎょうざを、半分ずつ、皮のつまみ方をちょっと変えて作るのも、たのしいものです。

いかくんマリネ

おつまみの、いかの燻製がのこったら、サラダ油6、酢1、レモン汁1の割に合せて、塩を加えたドレッシングソースにつけてマリネにすると、ちょっと変った味で、なかなかいけます。セロリの薄切り、ピーマン、にんじんなどをセンに切って色どりにまぜます。

コツはレモンを効かせること。漬けこんでちょっとおいたほうが、おいしくなります。

割りばしを

てんぷらを揚げるとき、コロモをとかすボールはあまり大きくないのに、菜ばしが長いので、つい、箸がはねかえったり、ころがりおちたりします。

タネを油に入れるときは、そんなに長い箸でなくてもいいので、割りばしを使うようにしました。割りばしでタネを入れて、揚がったのを取りだすときは長い菜ばしで、と使いわけるのです。

待合わせ場所

場所を本屋さんときめています。あまり混んでいなくて見通しもよく待たされてもイライラしません。

大きい本屋さんなら、週刊誌売場とか、文庫本のところときめておくと、間違いないでしょう。

結婚祝いに

友人が結婚しました。二人とも、それぞれに一人で生活していたので所帯道具はすべて揃っています。

さてお祝いは何をと考えた末、わが家でつけた梅干とラッキョウ、梅酒、それに、つけものを少しそえました。

フッと欲しくなるけど、新婚所帯にはなかったものだそうで、たいへんよろこばれました。

風呂敷に

お土産というと、つい便利なので買ったお店で入れてくれる手さげのまま持参しがちですが、風呂敷に包み直してみましょう。

持っていく方も、いただく方も気分が改まって、おなじお土産でも、格が上ります。

また、手持ちのしゃれた風呂敷を生かすことができます。

ブローチに

止めがねがこわれて、使えなくなったブローチは、しまってしまわないで、糸を通すことができるようでしたら、そのブローチがいちばん合う服にぬいつけて、活用することです。

また、しゃれた使い方では、ワンポイントの、ボタン代りにするテもあります。

いい湯だナ

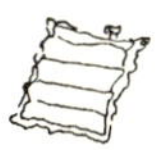

ビニールの空気枕を買ってきて、お風呂場におきましたら、家中大よろこびでした。浴槽のフチにおいて頭をのせると、ほんとにラクで、一日の疲れもとれてしまうようです。こうして、たまにはゆっくりとお風呂に入ってみて下さい。

空気枕は、登山用など、スポーツ用品の売場にあります。

即席カイロ

冷たい風が吹きさらすホームで列車を待つとき、寒い街角で人を待っているときなど、熱い缶入りのお茶か、缶コーヒーを買います。

自動販売機のお茶は、とても熱くなっていますから、手袋の手で握っているだけ、からだにあてているだけでも、カイロの役目を充分にしてくれます。中味はあとで、ゆっくり飲めばいいのです。

一袋にまとめて

いそがしいと、送ってきた書類や請求書、通知の手紙などを見ても、ついどこかへ置いてしまって、さがすことがあります。

こういうものは、全部一袋に入れておいて、ちょっと暇が出来たときにそれぞれ処置すると、安心です。

忘れずに

デパートやホテルなどの駐車場に車を入れて、戻ってきたときに、何番に入れたか忘れてしまって、車を

さがすことがあります。

駐車場に車を止めたらすぐ、何番に入れたかメモしておくと、安心して戻ってこられます。

家族共用の名刺

家族がみんなで使える名刺を一箱作ってみませんか。
端の方に住所と電話番号を入れ、まん中には各自の自筆で名前を書き入れられるようにしておきます。旅行やこどもの遠出のときなど、思いがけず役に立つものです。

雑巾にも

ふきんと台ぶきんは漂白しても、雑巾はしないかたが、多いのではないでしょうか。
なにかに使った漂白液があまったら、雑巾も漂白しておくと、真白にはならなくても、さっぱりとして気持よく使えます。

なべつかみで

バーゲンで買ったエプロンにポケットがなく、不便なおもいをしていました。
思いついて、タオル地のなべつかみをポケット代りに縫いつけてみましたら、思った以上によくあって、重宝しています。

前と同じサイズで

スーツなどをオーダーするとき、自分で一番気にいっているサイズの服を着ていきます。
それで、このくらいのゆったりさにしてとか、袖の長さもこのくらいにとかいえば、測る人も測りやすいし、こちらも安心して、でき上りを待てます。

すてきな手袋

毛糸の手袋は、とかく指先がいたんできます。薄くなってくると、指先も冷たく感じます。
そうなったら、破れていなくても思い切って指先を切って、配色のよい別糸で、そこだけ編み直します。指先があたたかいだけでなく、シャレた手袋になり、ちょっと気分も変って楽しいものです。

若々しく

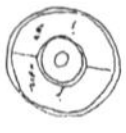

中学生や高校生の子どものいるお母さん。今、娘やムスコが好んで聞いている、ロックやJポップなどの音楽を、楽しんでみませんか。
コタツに入りながら、CDやらカセットに耳をかたむけるわけです。

いつもウルサイナアと思っていた若い人の音楽も、意外と静かだったり、きれいなメロディだったりで、なかなかいいものです。

　何よりも、気持ちが若々しくなりますよ。

お見舞いに

入院したおばあちゃんのお見舞いに、こどもの本を持っていきましたら、活字が大きくて読みやすいし、とても面白かったと、大いに喜ばれました。
　こども向けの本は夢のある楽しい話が多いし、気が晴れます。字が大きいので、お年寄りにはピッタリだとおもいます。

赤ぶどう酒を

ハンバーグが焼き上ったとき、ぶどう酒をふり、カッと火を強めて、香りが立ったらすぐ火を止めます。少々おそまつな肉でも、この一ふりで効果が上ります。
　ぶどう酒は、あれば赤がいいのですが、もちろん白ぶどう酒でもけっこうです。

菜の花の天ぷら

菜の花の季節です。辛子和えや塩漬けの他に、天ぷらにするのも、なかなかいいものです。
　しその葉やパセリを揚げる要領で半分くらいコロモをつけて、葉はパリッと、花の部分はふっくらと揚げます。

熱いみそ汁で

厳冬の朝、元気に出かけるために熱いおみそ汁は効果抜群。実をたっぷり入れると、朝食代りにもなります。
　里芋、人参、大根などは前夜から下煮してやわらかくしておき、翌朝ささがきごぼうを香りづけに入れてみそをとき、火をとめる間際に、きざみねぎを加えます。
　好みで、玉子をポンと落して半熟にするのもいいでしょう。

脂を油でのばす

牛や豚やトリの脂身が残ったら、とかして、一度火を入れてビンにでもとっておくと、日持ちもするし、野菜炒めや、魚や肉を焼くときなどいろいろに使えて便利です。
　このとき、脂身だけでなく、サラダ油を同量加えて、いっしょにとかします。こうしておくと、あとで使うとき早くとけてのびがいいし、固まってネトつくこともないし、味の

いい脂がとれます。

レモンピラフ

カレーの店で出されたレモン風味のピラフが、とてもおいしかったので、作ってみました。
よく水気をきったお米を油で炒めてスープキューブを入れて炊き、上りにレモンのおろした皮と汁をまぜます。フライやカツレツにも合います。お米カップ3杯にレモン1コが目安です。

変りおろし餅

磯辺巻きやあべ川、おぞう煮と、お餅好きにはうれしい季節ですが、揚げたお餅を酢じょう油と大根おろしでいただくのも、さっぱりとしていいものです。
あまり熱くない油で、なかに火が通るまでゆっくりとお餅を揚げます。油を切って器にとったら、お餅の上に、おろしをたっぷりのせ、酢じょう油をかけていただきます。

和風ロールキャベツ

おでんのはんぺんはおいしいものですが、ちょっと一手間かけて、サッと茹でたキャベツで巻いて入れると、和風ロールキャベツとして、ご馳走っぽくなります。
また、ひき肉のロールキャベツと一緒に煮て、お年より向きに分けてもいいでしょう。

里芋のフライ

煮た里芋が残っていたので、コロモをつけて揚げてみました。目先もかわるし、中から味のついたお芋がトロリとして、なかなかおいしいものでした。

玉子かけうどん

玉子かけごはんのうどん版。
なかなかおいしいものです。ただしうどんは茹でたての熱々にし、玉子は味をつけずにうどんにからめて、あとからおしょう油と薬味を、好みにかけます。黄味だけのほうがおいしいのは、玉子かけごはんと同じです。

じゃがいもとりんご

じゃがいもは箱で買ったり、送ってもらったりすると、いちいち買わずにすんで便利ですが、芽が出るのが困ります。
少しへってきたら、じゃがいもの箱の中にりんごを2、3コ入れて、ベランダなどにおくと、芽の出方が

少ないようです。箱の中に入っていたチラシで知ったのです。

出合いもの

お茶うけにチョコレートを出すとき、おせんべいも一緒に。

チョコレートの味が口のなかにいっぱい広がったあと、ちょっと辛いおせんべいをたべると、日本的な味が、不思議とチョコレートとよく合います。

玉子をほぐして

スキヤキは、玉子をつけるとおいしいので、食べているうちに、玉子がたりなくなってしまいます。もう一つ玉子を割っても多すぎるし、と思って、ついそのまま、つけずに食べていました。

そこで、玉子をいくつかといてミルク入れにいれて出したら、みんなが少しずつ使えて、最後まで、玉子をつけて食べられました。

容器をかえて

朝食のとき、パンに塗るバタやジャムを、いつもはケースやビン入りのまま食卓に出していましたが、ホテルのように、かわいい陶器に少しずつ移して、出してみました。

食卓の雰囲気がかわって、なにか、いつもより、おいしくいただけました。

皮むきで

おろしチーズがほんの少しほしいとき、おろし金でおろすのはめんどうだし、歯の間にはさまるほうが多いくらいで不経済です。

皮むきで薄くおろし、指でもんだもので、じゅうぶん間に合います。

カラつきのかきを

カラつきのかきの口をあけるのは、なかなかやっかいです。

うまくできなかったら、そのままホットプレートにのせて焼きます。

焼けると口が開きますから、あつあつにレモンをしぼったり、おしょう油やトマトケチャップをたらしたり、好みの味でいただきます。
ホットプレートを使うと、一度にたくさん焼けるので、家族が多いと便利です。

貝割れを

おでんのとき、貝割れ菜も忘れずに用意してみて下さい。盛りつけるとき、一人半株ぐらいの見当で、さっと煮汁の中を通し、いっしょにそえます。
色どりもきれいだし、おでんの味によく合って、おいしいものです。

三つのカツ

カツを揚げるとき、豚肉だけでなく、牛肉、とり肉も少しずつ用意して、二口ぐらいに切って揚げてみました。
トンカツ、ビーフカツ、チキンカツと、同じカツでもちょっと違う三つの味がいっしょに楽しめて、いいものです。

早く、おいしく

「どうしたら、夕飯を早く作れるかしら」と、夕食作りに、毎日頭を悩ましている、共働きをはじめたばかりの友だちが聞きました。
「その日、そのとき、自分の食べたいものを作るのよ。それがいちばん早く、おいしく作る法。相手の好みに合わせた慣れない料理は、休みの日にまわして、頑張ればいいのだから」と、十年選手が答えてくれました。

小さいフライパン

春になってお弁当作りを始める家も多いことでしょう。
直径が十五、六センチの、なるべく深めのフライパンを用意しておくと便利です。
お弁当に入れる分の揚げ物や炒め物などは、これでじゅうぶん間に合います。小さいから後片づけもラクです。

豆腐いため

お豆腐の、こんなおかずはいかがですか。
サラダ油かオリーブ油をたっぷりナベにとって、ニンニクのみじん切りをいため、焦げる寸前に、よく水を切って薄切りにした豆腐をジャッと入れます。塩とコショー、日本酒をふりかけて味をつけ、ナベをゆすって、全体に火が通ったら、しょう油をたらして火を止めます。30秒ででき上ります。

もしあれば、お皿に盛るときに、アサツキかわけぎをちらします。
こどもには、ケチャップ味もわるくありません。

すいてます

土曜日や日曜日で混雑しているデパートで、お手洗いに行きたかったら、自分と縁のない売場の階のお手洗いに行くことです。
男の人なら婦人服や着物を売っている階へ、女の人なら背広を売っている階へ行くと、すいていて早く用が足せます。
ついでに言えば、催しものや食堂のある階や一階は、たいてい混んでいます。

ブラッシング

歯をみがいたあと、水でゆすいだだけでは、歯みがきがよくとれないことがあります。
いったん水でゆすいでから、何もつけないブラシで、もう一回歯をみがきます。そのあとゆすぐと、口の中がさっぱりするし、歯のためにもいいと思います。

足を洗う

疲れて、何をする気もおきないときは、熱い湯で足を洗ってみます。石けんをたっぷり使って、ふだんより、ていねいに洗います。
外出先から帰ったときなどは、とくに気持よく、スッキリして、疲れがとれます。

遊んでほしいよ

家に帰ると家事に追い回される共働きの主婦に提案。週に一度、なにもしないで、子どもと遊ぶ日を作ります。
夕食後、散歩、トランプ、怪獣ごっこ、体操、ダンス……子どもはなんでもよろこびますから、やりたいことを、お母さんも一緒にやりましょう。
できれば、お父さんも加わってくれるといいのですが……。

記憶帳

しばらく会わないと、その人の名前を度忘れして、なかなか思い出せないで、イライラすることがあります。
こんなときのために、いつもバッグに入れておく手帳の最後のページに、たまにしか会わない方の名前を書き並べて、その方のお仕事とか、どういう方かなど、ちょっとメモしておきます。

人の名前がどうしても思い出せないとき、このページをみると、すぐにわかって、気持が落着き、安心します。私用人名トラの巻です。

長いマフラー

薄地の、長いマフラーを買いました。コートや上着にはもちろんのこと、セーターや服の衿元に蝶むすびにすると、パッと花が咲いたようできれいな雰囲気がたのしめます。

また、ウエストにも、好きな形に結ぶと、ドレスアップして、ちょっとパーティむきにもなります。

バスタオルを

しばらく寝ている病人の枕の下にきれいな色のバスタオルを、たっぷり敷いてあげます。

なにか食べて下にこぼしても、シーツが汚れませんし、病人が大切にしているものなど、ちょっとタオルの下に入れられます。

見た目がきれいで、気分もさわやかです。

これもリハビリ

お年寄りはよく、腰痛や関節のいたみに悩まされます。

「痛い、痛い」と顔をしかめていたら、様子をみながら、気持がまぎれるよう、楽しいこと、今日あったことなど、話してあげます。

痛みは、かなり気分的なものもありますから、これでいくらかラクになることもあります。これも立派なリハビリです。

写真を伸ばす

こどもの写真を四つ切りに伸ばしてみました。三、四年前に撮ったネガからです。

生意気になっている子ども、こんな赤ちゃんみたいな頃もあったのかと、おかしいやら、てれるやら、見なおすやらで、家族みんなで、たのしめました。

中間で

去年から毎日着つづけたオーバーコートですが、二月も末になると、だいぶ、くたびれた感じがしてきます。しかし、まだ寒さはしばらく続きますから、クリーニングには出せません。

お天気のよい日をえらんで、陽にあて、風を通して、ブラシをていねいにかけます。ボタンがゆるんでいないかも、たしかめましょう。

冬の中間で手入れをすると、オーバーのホコリがとれて、軽くなったような感じで、また気分よく着られます。

電話でたのむとき

電話で相手に何かたずねたり、お願いをするときに、手紙とはちがって、たのまれた方では、とっさに適当な返事ができにくいこともあるはずです。

そんなときには、しばらく時間をおいて、もう一度かけ直してみましょう。聞かれたほうも、よく考えて返事ができるので気がラクですし、たずねたほうも、くわしいことが聞けます。

ボタンをとめる

コートや上着など、前アキの服をハンガーにかけたら、めんどうでも前のボタンを二つか三つ、きっちりとめて、型をととのえておきましょう。

型くずれが少しでもふせげますし洋服ダンスの中でも、隣りのハンガーにひっかかったり、肩からずり落ちたりしません。

レッグウォーマー

着なくなった古いセーターの両袖を切って、袖つけのほうを折ってくけてから、ゴムを通して脚にはきます。

お台所に立つときなど、足許があたたかいとラクです。外に出るときは、ズボンの下にはくといいでしょう。

食器の箱に

お椀やお茶碗の入っている箱は、数がふえてくると、中にどんなものが入っているかわからなくなって、使うとき、いちいちあけなくてはなりません。

中のものを一つ大きく、カラー写真でとって、手札判にして、箱の外に貼っておきます。一目でわかって便利です。器をとり合せるときも、写真を見ればだいたい見当がつきます。

窓をあけてから

夜、ストーブやコタツのまわりにみんな集って、お茶をいただくのは冬の楽しみのひとつです。でも、寝る前には、寒くても窓を二、三分、大きく開けて、空気を入れかえましょう。

きちんとした建てつけの家だと、きたなくなった空気の中で、そのまま、一晩寝ることになりかねませんから。

かんたんシチュウ

角切りの牛肉を、水とウスターソースと、ケチャップだけで煮こむと、素朴な味のビーフシチュウができます。ワインやスパイスは、使いません。肉は、上等のスネ肉やバラ肉を使うことです。

ナベに肉をとって、水をかぶるくらい入れて火にかけ、アクが出てきたらとって、ウスターソースとケチャップを、好みに加え、弱火で肉がやわらかくなるまで煮ます。

サンショの実

スモークサーモンにはケッパーをと、相場がきまっているようですが、塩漬の山椒の実、これが意外と合うのです。

山椒の方が香りが強いから、味がもう一段ピリッとします。

それに山椒の実なら買いやすいし余っても、いろいろに使えます。

おかかスパゲティ

きざみねぎ（長ねぎ）と、スパゲティをバタでいためて、おかかをまぶし、しょう油をたらして、味をつけます。出来上りに、もみのりをかけます。

ごはんに合う、おかかやのりですが、スパゲティにもよく合って、さっぱりとした和風味のスパゲティになります。

甘えびの頭

甘えびの頭は、とてもおいしいダシが出ますが、ちょっと趣をかえて、素揚げにしてみました。

パリッと揚げた甘えびの頭に、塩をふってお酒の肴に。また、タルタルソースをかけていただくと、カルシウムたっぷりの結構なおかずになります。

和風スープ

ふつうスープというと、洋風のダシをとりますが、鰹節のダシで仕立てたスープも、なかなかいいものです。

鰹節のダシをとり、小さく切ったじゃがいも、にんじん、玉ねぎ、ベーコンやとうもろこしの缶づめなどを入れて煮ます。火が通ったら、塩としょう油少々で味をつけ、とき玉子を入れます。スープ皿に盛ってパセリを散らします。

ごぼうを

おみそ汁のダシの出方がたりなか

ったり、全体にコクや深みがたりないというとき、ごぼうを少量ささがきにして入れます。

ごぼうの香りがきいて、食欲増進になり、味も複雑になります。

厚あげのステーキ

厚あげを適当な大きさのサイコロに切り、油をひいたフライパンで、6面をこんがりとキツネ色に、ていねいに焼きます。そばつゆを加えて味をつけ、仕上げにバタをちょっとおとします。
手軽でボリュームのある一皿になります。

セン切りキャベツ

サンドイッチに、ハムやチーズといっしょに、セン切りキャベツをいれるとき、そのまま使わずに、ひと工夫すると、味もしっかりして、おいしくいただけます。
セン切りにしたキャベツを、さっと塩でもんで、フレンチドレッシングに漬けこみ、お皿で軽い押しをして、そのまま冷ぞう庫に入れて、一晩おきます。
翌朝、このキャベツを軽くしぼって、ハムやチーズといっしょに、パンにはさみます。

だまこ餅

秋田あたりでは、ご飯があまるとボールにとって、すりこ木でとんとんついて、少しねばったところで小さいおだんごにします。
ちょっと網で焼いて翌朝のお味噌汁の実にしたり、おしょう油にまぶして焼きおにぎり風にして、おやつなどにします。
「ご飯のこったナ、だまこにするべか」というふうにです。

蒸しホットドッグ

炒めたキャベツとソーセージの入った、おなじみのホットドッグですが、わが家では、オーブンで焼かずに蒸し器で蒸します。
中華まんの皮のように、パンがふうわりとやわらかくなって、甘味もでてきます。ケチャップとマスタードで。

落し玉子にして

お鍋のあとにご飯を一口、というとき、落し玉子かけご飯はいかがでしょう。
人数分の玉子をお鍋に落してフタをし、半熟玉子にします。これを、ご飯に汁ごとかけていただきます。
とろりとした黄味をくずしながら

のご飯は、雑炊とはちがったおいしさです。

果物のジュースに

グレープフルーツやメロンは、実をすくってたべた後でも、おいしいジュースがいっぱい残っています。

家では、皮ごとしぼってのんだりしますが、お客さまは、そうはできず、おいしいところを残します。

ストローを半分に切ってそえてみましたら、つゆがすすりやすくて、大へんよろこばれました。

ボイルタン

牛のタンを丸ごとゆでて、火を通しておくと、薄く切って、好みのソースをからめたり、サンドイッチにはさんだり、カナッペにのせたりといろいろに使えて便利です。

タンは、ゆでたら、ラップに包んで冷ぞう庫に入れておくと、味が落ちつきます。

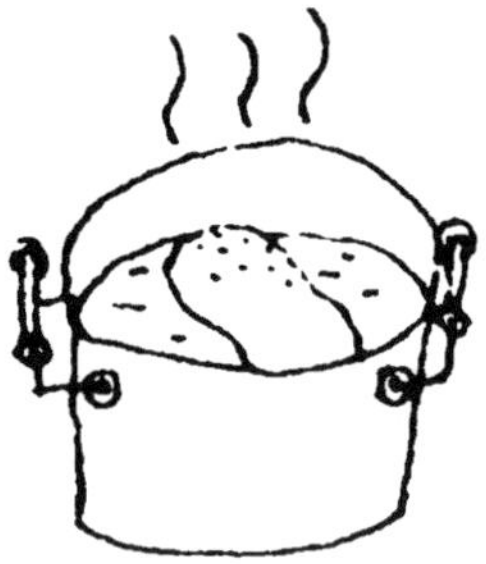

トロイカ丼

丼に入れたごはんの上に、まず大葉を二、三枚、細切りにしてちらします。

そこに、マグロのトロの中落ちをうすくしき、まん中には、イカの糸づくりをたっぷり盛り上げます。あとは焼のりの細切りをパラパラとちらし、ワサビじょう油を少々かければ、すぐいただける丼です。

水で洗う

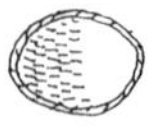

うす切りの肉を買ってくると、互いにくっついていてほぐしにくく、そのままナベに入れると、団子のように固まって、外側は煮えているのに、中はなかなか火が通らず生のまま、ということがあります。

肉を、使うまえにザルにとり、水をさっとかけると、よくほぐれて使いやすくなります。

貝のカン詰で

クリームシチュウをつくったときに、帆立の貝柱の水煮か、あさりの水煮のカン詰をあけて、汁ごといれると、味に深みが出ておいしくなり

ます。

　小さなカンも売っていますから、ふだんから用意しておくと、なにもないときなど重宝します。

パンをはさむ

　サンドイッチは、ふつう、パンにチーズをはさみますが、逆にうす切りのチーズ二枚に、バタとからしを塗ったパンをはさんで、一口に小さく切って、おつまみに出してみました。口あたりがちょっと変って、意外と好評でした。
　オードブルや、お茶のときのお菓子にもいいでしょう。

サラミを香辛料に

　ポトフなど、野菜たっぷりの洋風煮ものや、実だくさんのスープを作るとき、香辛料をいれても、味がもう一つというときがあります。
　サラミソーセージをきざんでいれます。サラミの味と香辛料がとけこんで、味つけに、ひと役買ってくれます。

おすそ分け

　カレーやシチュウなど、ちょっと手をかけておいしく作ったときに、近くに住んでいるおじいちゃん、おばあちゃんのところへも、ビンに詰めて、持っていってあげることにしています。
　二人暮しだと、こういうものはほとんど作らないとのことで、おじいちゃんなど、しばらくぶりのカレーと、ことに喜んでくれます。

糸で切る

　フランスでは、やわらかいチーズを切るときに、糸を使うそうです。
　そこで、バタを切るのに糸でやってみました。糸をまっすぐバタにわたして、グッと力を入れると、スパッときれいに切れます。ナイフで切るよりも、ずっとラクです。

お返しよりも

　こどもが生まれると、大勢の方からプレゼントをいただきます。そのとき、この洋服はあの方から、このおくるみはあの人とメモしておき、その方がみえるときや、伺うとき、赤ちゃんに着せましょう。
　お返しをいただくより、ずっとうれしいものです。

半紙を

　半紙は、お正月には書き初めだけでなく、いろいろなところで活躍し

ます。

　上手に折り紙をして、おせちの箸を中に入れれば改まってすてきですし、二つに折って、和菓子をのせたり、くるんで持ち帰ったりもできます。

　洋紙にはない趣きと、たのしみがあります。

ミニミニ日記

　年の始めに日記をつけようと決心しても、たいてい三日坊主、つづいても一カ月となりがちです。
　この失敗をくり返した後、よく銀行や会社でいただく小さな手帖に、毎晩、寝るまえに必ず、何か一言書きつけるクセをつけました。「……へ行った」、何も書くことがなければ「寒かった」でもいいのです。
　これだけでも、けっこう記憶の糸口になりますし、役に立つこともあります。
　ミニミニ日記にしてからは、長つづきしています。

手すりの近くを

　今日はちょっと気分が悪いな、と思いながら出かけたときは、駅の階段の上り降りには、手すりの側を歩くようにします。
　ふらっとしたら、手すりにつかまれるし、後から押されても、安心していられます。駅だけでなく、どこでも手すりの近くを。

念には念を

　たぶん押しまちがったのでしょう、ときどき、まちがいＦＡＸがくることがあります。送信先の番号が書いてあれば、そちらへ送り直してあげられますが、何も書いてないと、手の打ちようがありません。
　送った本人は、送ったつもりになっていたのに、届いていなくて、めんどうなことがおこらないともかぎりません。必ず送信先の番号をかくようにしましょう。

覚えておくこと

　タクシーに乗ったら、せめてすぐに、どこの車か、会社名ぐらいは、確認しておきましょう。
　車のナンバーまで覚えるのは、むつかしいですが、社名だけでも覚えておくと、万が一、忘れものをしたときに、思いがけず役立ちます。

用紙をもらっておく

　役所や銀行などで用紙に書き込むことがよくあります。そのとき用に前もって用紙をもらっておきます。

家で落ち着いて書くと、まちがいも少ないし、人を待たせません。

セロテープをひとつ

台所の引出しに、小型のカッター付きのセロテープをひとつ用意しておくと、重宝します。

　けずり節の小袋や、乾物の袋、半分だけ使ったスパゲティの袋の口などは、輪ゴムでくくっておくより、テープで止めた方がきちっと納まります。

　また伝票やメモなどを、ちょっと貼りつけておいたりするのにも、役に立ちます。

冬こそ旅行

二月八月は、昔から稼ぎが悪い月といわれています。二月は、スキー場以外は空いていますから、防寒をきっちりして、人出の少ない観光地巡りをします。

　往復も自由席でOKですし、旅館もガラガラ、名所も待時間なし。冬の風景は冬でしか見られませんから、いまはチャンスです。

お見舞の品

家族の病気のお見舞に、二冊の画集をいただきました。一冊は、静かで美しい日本の秋の自然が描かれ、もう一冊は美しい花でした。

　寝ながら自然がたのしめて、とてもいい、いただきものでした。

　ネコ好きの方だったら、子ネコの写真集なども、可愛くていいでしょう。

松のみどり

お正月の門松や生け花に使った若松は、捨ててしまわずに、適当な長さに切って、一度どっぷり水に浸してから、花ビンにいけると、春先までもちます。

　ときどき根元を切ったり、いけたまま陽に当てたりします。バラでもチューリップでも、たいていの花が似合うので、緑のすくない季節にたのしめます。

キャンデーを

音楽会で、みんながシーンと音楽をきいているときに咳こむと、ほんとうに気兼ねです。

　風邪はとっくに治っているつもりでも、会場が暖かいと、ノドがむずがゆくなってくることがあります。それに、おさえようとすると、なおさら咳が出るものです。

　冬、コンサートにでかけるときはノドあめや、ハーブキャンデーを用意していくと安心です。

ひとり暮しに伝言板

家族といっしょだと、だれかが注意してくれますが、ひとり暮しだと頼るのは自分だけです。せっかく書いたメモ用紙も、見るのを忘れたりします。

玄関や洗面所、台所など、必ず通るところのカベに、自分用の伝言をはっきり書いておくと、忘れることがなくて安心です。

この本あげます

読書家の友だちがいます。その友人の家へ行くと、いつも玄関の靴箱の上に、何冊かの本がつみ重ねられています。「もう読んだからいりません。ご希望の方はお持ちください」というのです。もらう方も気楽にいただけるし、あげる方も整理がついていいし、本も多くの人に読まれて、幸せです。

10分たったら

人間の耳とか鼻などは、すぐ環境に慣れてしまいます。最初、ウルサイとかクサイとか思っても、そのうちだんだんとなれて、マヒして感じなくなってしまいます。

テレビやステレオは、たいてい、つけはじめは必要以上に大きな音できいているものです。10分もたったら、少し小さくしてごらんなさい。それでじゅうぶんきけますし、それまで、ずいぶん大きな音だったんだなあ、とビックリします。

ライチ入り

先日、友人の家で酢豚をごちそうになりました。

おなじみのにんじんやたけのこの間に、何か白いものがチラチラします。食べてみると、歯ごたえがあって、さわやかな香りが、甘ずっぱいタレをよくひきたてています。

きいてみると、これがなんとライチでした。いつもはパイナップルを入れるのですが、今日はライチを入れてみましたとのこと。生のが手に入らなければ、冷凍のライチでよいそうです。

おじやに

すき焼きの最後にご飯を入れて、おじやを作るとき、残った大きい具は別にとって、汁だけにし、少しお酒をたしてのばします。

ここへご飯を入れて煮ると、こってりした汁が少しのびて、ご飯によくからんで、おじやがおいしくなります。

じゃことさんしょの実

じゃことさんしょの実の佃煮はおいしいものですが、即席もなかなか結構です。
さんしょの実の佃煮に、ふつうのじゃこをまぜ、しょう油を二、三滴おとして、あたたかいごはんにのせます。
甘味のないのも、人によっては、気に入られるようです。

チーズパンケーキ

プロセスチーズを、コロコロのさいの目に切って、ホットケーキのタネに入れ小さめに焼いてみました。
少しトロリとなったチーズの塩気が、ホットケーキのかすかな甘味をひきたてて、なかなかです。

ハチミツやマーマレードをぬってもおいしく、ミルクと一緒に朝の食事やおやつにどうぞ。

半口おにぎり

小さいとき、「ニギニギよ」といって、母がお釜の底に残ったご飯で、片手で、塩をつけて握るだけの細長い小さなおにぎりを作ってくれました。それが食べやすく、とてもおいしかったのを覚えています。
夫や子どもが寝坊して、朝ご飯を食べるヒマがないとあわてているとき、この小さなおにぎりを作ると、大繁昌します。

エビ肉団子

肉団子をつくるとき、練った肉の中に、ムキエビを小さく切って、まぜこみます。

エビのプチンとした歯ざわりが、すり身のエビ団子よりエビを食べた気になりますし、ひき肉だけよりもちょっとリッチな肉団子です。
加えるエビの量は、肉の半分位にします。

鮭缶

鮭缶の簡単で、おいしい食べ方です。鮭をほぐさず、汁ごとそのまま小ナベに入れ、そこに白ワインをカップ半杯、しょう油大サジ半杯、パセリのみじん切りを入れます。上まで味がしみるように、フタをして中火で10分煮れば出来上り。
さばの水煮缶でも、同じようにおいしくできます。

プチナイフで

ごぼうをうすく細くささがきにす

るのは、けっこう厄介なものです。大きな庖丁でなく、プチナイフを使うと、軽くて力の加減もしやすく、とてもやりやすいのです。

　ささがきをたくさん作る、板前さんのおすすめです。

めんたいこふうに

　たらこは、もつようでいて、ちょっと古くなると、やはりおいしくありません。
　小人数の私の家では、食べきれないであまることがよくありますが、余ったら、豆板醤をまぶしておきます。味もちょっと変っておいしくなりますし、日もちもします。

おこげ炒飯

　フライパンか中華ナベを火にかけて、油を少し多く入れ、細かく切ったニンニクかネギを炒めます。ニオイが出たら、カニやエビやハムなどの具とごはんを入れて、日本酒をふり、塩コショーをしてさっと炒め合せ、ナベ一ぱいにひろげて焼きつけるようにします。
　おいしそうにこげてきたら、裏返して、こんがりと焼いて、ナベ肌におしょう油をタラタラッとたらして出来上りです。

一つ余分に

　料理の下ごしらえをするとき、あらかじめ味見用として、材料を少しおおめに用意しておきます。数がはっきりわかるもののときは、なおさらです。
　たとえば、じゃがいもや玉子をゆでるとき、一つ余分に入れておくとうまくゆだったか、味見をしたり、割ってみることもできます。また、つぶれたときにも、予備があると助かります。

タレに一味

　魚やトリの照り焼きのタレを作るとき、魚のアラや皮、トリの皮を、こげるくらいに焼いて入れると、タレの味が一段おいしさを増します。

にんにくを焼く

　お料理ににんにくを使うとき、うす皮をむいたら、まわりをうっすら色づくていどに焼いてから、きざむなり、つぶすなりします。
　いやな臭みがとれ、こうばしさも手伝って、香りが一段とよくなります。にんにくバタや、合せソースのときは、なおさらです。
　焼くときは、串にさしてあぶってもいいし、フライパンの中でころがしてもいいでしょう。

ジャムのとり方

ジャムやマーマレードを容器からとるときに、小さいフォークを使ってみました。

好みの量がとりやすく、スプーンのように裏にかえしてぬったり、なか側にジャムが残ったりせず、そのままひろげられますし、切れがよく、ぬりやすいのです。

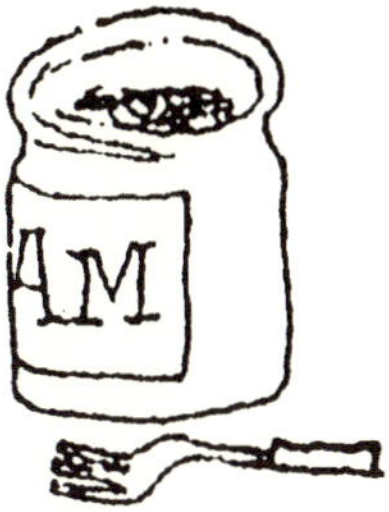

厚揚げ田楽

おとうふの田楽はおいしいものですが、厚揚げを焼いてやや厚めに切り、田楽みそを塗るのもけっこういけます。

厚揚げは、おとうふほど水気がないから、ちょっとお酒でゆるめたみそを塗ります。

油揚げも、同じように焼いて、1センチ幅に切り、このみそを添えると、急ぎのとき、ちょっとしたおつまみや前菜の役目をしてくれます。

ゴマ塩で

オムレツを焼こうと思って、塩の入れものをとったつもりが、となりのゴマ塩をパッパッとふりこんでしまいました。あっと思ったけどもうおそく、そのまま焼いたところ、意外とおいしいのです。

ゴマ塩の香りがして、いつもとはちょっとちがう、オムレツになりました。

しょう油を少々たらしても、いいでしょう。

大和煮どんぶり

やまと煮の缶づめの牛肉にネギのうす切りをちらし、とき玉子でとじて、ごはんの上にのせます。

ちょっとカツ丼とか柳川ふうになって、何もないとき、目先が変っておいしいものです。

柴づけ納豆

納豆の薬味は、ねぎの刻んだものにきまっていますが、柴づけを小さく刻んで、よくかきまぜた納豆と合わせ、しょう油を少し入れます。

酸味が加わり、舌ざわりがかわって、またひと味ちがった納豆です。

串にさして

焼肉や焼とりをするとき、いっしょに焼く野菜としては、しめじ、えのきだけなどのきのこ類は、大へんおいしいものの一つですが、バラバラして、焼きにくい思いをしていました。

先日、焼とり屋さんで、大きなまとまりのまま、しめじはヨコに、えのきだけはタテに竹串をさして焼いていましたので、まねしてみたら、たいへん具合よくいきました。

漬物をうすめる

売っている漬物、たとえば京都のしば漬とかみそ漬などは、おいしいけれど、ちょっと塩気がきつくて、ということがあります。

こんなとき、きゅうりやカブや大根、なすなどを適当にきざんで一緒に一夜漬にしますと、しゃれた即席漬が出来て、味もおだやかになり、量もふえます。

春の章

入学祝に

この頃は、お祝いもお見舞もお金ですますことが多くなりました。それはそれで結構なことですが、入学祝を上げるときは、お金のつつみに、ちいさな花束をそえるようにしています。

これからいろいろなことを学ぶ人には、お金のお祝いだけでなく、せめて美しいバラ一輪でも、渡したいと思うのです。

朝のあいさつ

ひとりで暮していると、朝起きてから誰かに会うまでは、一言も口をきかないでいるということが、とても多いのです。

朝起きたらテレビの人に向って、アナウンサーでもコマーシャルの人でも、誰にでもいいから、大きな声で、おはよう！といってみます。自分でも思いがけず、気分が明るくなって、なんとなく落着くものです。

和風スカーフ

うすいグレーのセーターに、若草色の鹿の子絞りの帯上げを、スカーフのように首にまいている人がいました。

外国の女の人ですが、色合いも独特で、しぼの具合も面白く、真似してみようかしらと、思いました。

お茶帽子

毛糸のスキー帽を何回か洗ったら目がつまって、小さくなって使えなくなってしまいました。

そこで、紅茶ポットにかぶせて、お茶帽子にしました。色も形もぴったりで、愛用しています。

靴のオシャレ

この頃、綿の靴のヒモが、カラフルになって、きれいな色のがたくさん出ています。

ふだんはいている白い運動靴をきれいに洗って、色のヒモと取りかえてみました。感じが明るくなって、靴までが新しくなったようで、足どりも軽くなりました。服の色と合せると、しゃれた感じになります。

ちいさな春

桃や桜、沈丁花の小さな枝とか、タンポポやすみれなどを、かわいい花ビンにさして朝の食卓に飾りましょう。朝から春を感じて、心よいものです。

小さいと、さほどじゃまになりま

せん。いける花ビンを工夫して、センスを発揮するのも、たのしいものです。

消ゴムで

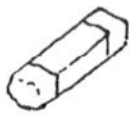

消ゴムで消すとき、細かい字や線だと、つい、そばの字まで消してしまいがちです。

まわりに紙をあててこすると、消したいものだけ、うまく消すことができます。

壁紙を塗る

台所などの壁紙が古く汚れてきたら、すぐに貼り替えないで、いちどペンキで塗り直しをすることです。

ちかごろの水性ペンキは、ビニール加工をした壁紙にも塗れるものが多く出ているし、ローラー刷毛で簡単に塗れるし、費用もずっと安く上ります。

自分の城

イスの暮しをしていると、たまには座って、なにかしたいと思うことがあります。

足ふきのような、ちょっとしっかりした、小さな敷物を一枚買いました。これを家の中の好きな場所に敷いて、編物をしたり、本を読んだりしています。

自分の城が出来たようで、気分が変り、ご機嫌です。

私の色

小さい子が何人かいると、シャツやパンツ、持ちものなど似たようなものが多く、いつも間違えて、親も子も混乱してしまいます。

「あなたは赤よ」と色をきめ、その子のものには、消えにくいペンで色じるしをつけておきます。小さい子には字よりわかりやすいし、学校へいくようになっても、お兄ちゃんやお姉ちゃんのものと、すぐ区別がついて、ごちゃごちゃすることもなく、親子とも助かります。

手作りの名刺を

結婚式やパーティーなど、いろいろな人の集まる場所にいくと、はじめての方を紹介されることがあります。

いつも名刺を持っている人はいいのですが、ふだん持ちつけない人はあらかじめ、小さいカードに住所と名前を書くか、パソコンなどでカードを作ってハンドバッグに何枚か入れておくと、スマートに自己紹介できます。

それに、一度きいただけでは忘れ

がちな名前も、名刺があれば覚えやすいものです。

床の間の代り

タタミの部屋の隅に、丸いお盆をおいて、その上に花をいけた花びんをおいてみました。

ふしぎと、ちょっとあらたまった部屋らしくなり、床の間がなくてもお客さんを通すのに、格好のところになりました。

黒塗りのお盆や春慶のお盆を使うと、なおさら雰囲気がでます。

テーブルで

洗タクものは、形をととのえ、手でたたいてから干すと、きれいに干し上りますが、大きいものは、手でたたくのは大変です。

ある程度たたんで、テーブルなど平らな台の上でたたくと、ラクにのびます。寒いときはとくにおすすめです。

小さなノートを

テレビをみていて、これは覚えておきたいということが、けっこうあります。

たとえば、ステキな歌のタイトルや人の名前、行ってみたい場所や料理の分量などです。

メモだとなくしがちですから、小さなノートをテレビのそばに置いて、なんでも書きこむようにしたところ、とても役に立っています。

Tシャツを

衿ぐりのぐっとあいたTシャツは、着るのはむずかしいと思って、しまってありましたが、とっくりのセーターの上に着てみました。

古いセーターもかくれてあたたかく、袖も出ますから、配色によっては、なかなかしゃれたスタイルになります。

いつも同じ服で

年とった義母が脳こうそくで入院しました。意識がはっきりしたり、しなかったりする中で、ときどき、「この人は誰だろう」とじっと見るので、いつも同じ服を着て行くことにしました。

　二カ月くらい経った頃、じっと服と顔を見て、ほっとしたように笑うようになりました。

わり箸二膳

　こどものハイキングや遠足のお弁当に、わり箸をそえるときは、かならず一膳よぶんに入れてやりましょう。
　お弁当をたべるときになって、わり箸がうまく割れなかったり、下に落して困ることがありますし、もしお箸を忘れてきた子がいたら、あげるとよろこばれます。

桜の葉ずし

　桜の葉の香りをたのしむおすしです。
　甘めに味つけをした酢めしに、ちりめんじゃこ、みじんにきざんだ柴漬や、さっとゆがいて細かくきざんだセリなどをまぜ合せます。
　これを軽くにぎって、桜もち用に売っている塩漬けの桜の葉で巻き、ちょっと重しをして落着かせます。
　桜の葉さえあれば、簡単にできるおすしですし、年配のお客さまには、手のこんだご馳走より、かえってよろこばれます。

粒マスタードあえ

　粒マスタードは、酸味がきいて、おいしいものですが、ふつうの家ではソーセージにつけるくらいです。
　ゆでたきのこ類や、かまぼこ、かいわれ、せん切りにした野菜などを、この粒マスタードであえると、色もきれいで、ひと味ちがうサラダになります。マヨネーズに合せて使ってもいいでしょう。

簡単ケーキ

　おやつに、我が家でよく作るケーキ。ホットケーキの種に、刻んだリンゴ、レーズン、ナッツなど手元にあるものをまぜ合せ、ケーキ型に流し、二百度のオーブンで三十分くらい焼きます。
　市販のホットケーキミックスを使うと、もっと簡単です。

ミモザうどん

　貝われをザクザク切って、ゆでたうどんにたっぷりまぶし、ゆで玉子の黄味をほぐしてパラパラッと上にふると、ミモザうどんに。つけだれでいただきます。
　形をかえて出すだけですが、春らしい色どりで、箸がすすみます。

干し椎茸を

最近は、ダシも出来合いのものが多く、つい市販のそばつゆを、うすめて使ったりしてしまいます。
　そんなとき、料理にとりかかる前に、干し椎茸を一つ、ダシの中に入れておきます。
　料理に、ほんのり椎茸の香りが移ります。

一味ちがうステーキ

　ステーキの肉を焼くとき、いつも同じようにサラダ油だけで焼きますが、フライパンに油をひいたら、バタと一緒に、ビン詰のサルビアとかローズマリーなど、スパイスを少しずつふり入れます。
　バタがとけてスパイスの香りがたってきたら、肉を入れて両面焼きます。使うスパイスは、好みのものをえらんでください。

キャベツスパゲティ

　スパゲティがゆで上る寸前に、きざみキャベツをたっぷり、スパゲティと同量くらい入れ、サッとまぜてお湯を切ります。
　両方とも一緒にオイルをからめてお皿に盛り、アンチョビ、たらこ、コンビーフ、おろしチーズなどをまぶしながらたべます。
　スパゲティは、細めが口当りがよく、ゆで湯の塩は強めにするのがコツです。ひと手間はぶけ、カンタンでけっこうなスパゲティです。

肉ちまきふう

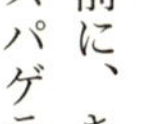

　お赤飯が残ったとき、思いきってチャーハン風にしてみました。中に入れる具もちょっと変えて、豚肉、椎茸、筍、人参などを甘辛く煮たものにしました。
　お赤飯とはちょっとちがう、中国の肉ちまきのような味になり、目先きもかわって、なかなかけっこうでした。

鮭をゆでて

　塩鮭の切身を焼かずにゆでます。こうすると、塩味が薄くなり、身も柔らかくなって、小さい子どもにも食べやすくなります。また、チーズ焼き、マヨネーズ和えといった料理の素材としても使え、便利です。

大小とりまぜて

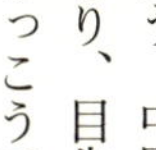

　お客さまに、羊かんのように、お菓子を切ってお出しするとき、厚切り、薄切りと大小に切って、一つの

鉢に盛って出し、好きな大きさのものをとってもらいます。

　はじめから厚切りを銘々皿にもって出されると、ちょっと、一切れでは多すぎるというときは残さねばなりませんし、また薄切りでは甘いものの好きな人にはものたりません。

　家族でいただくときも、大小に切るといいでしょう。

ブランデーミルク

　カゼの妙薬はいろいろありますがカゼをひいたかなと思ったとき、これは、私がいつも作るものの一つです。
　小さめのカップにハチミツ大サジ一杯、ブランデーを大サジ一杯入れ、ここに熱くわかした牛乳をそそぎます。
　大切なことは、このブランデーミルクを飲んだら、すぐベッドに入ることです。からだがあたたまって、いつの間にか寝てしまいますから、ほどよい睡眠薬になって、翌日さっぱりとします。

お刺身の竜田揚げ

　余ったお刺身の竜田揚げは、いかがですか。
　まぐろ、はまち、たい、イカをわさび醬油につけて、片栗粉をまぶし、やや熱目の油で軽く揚げます。
　そのままでもいいし、ラー油をかけると中華風になります。おつまみにぴったりです。

オートミールに

　オートミールを作り、火をとめたら、器に移すまえに、おおいそぎでおろしチーズをたっぷりまぜます。チーズ入りドリアふうのオートミールになり、なかなかけっこうなお味です。
　寒い日の朝食に、お夜食に、あたたかく、ボリュームがあって、最適です。

洋酢のおすし

　おすしを作るときの酢は、米酢など和風の酢を使いますが、洋酢の赤ワイン酢で作ってみました。

　ご飯がうっすらとピンクになり、

味はスッキリとして爽やかです。具もハムなどを細かく刻んだり、エビやイカなどをたっぷり入れたりすると、しゃれたまぜずしになります。

手づくりのラー油

ラー油を作ってみませんか。
ゴマ油をあたためて、タカの爪か一味唐がらしを入れ、色づきはじめたらさっとかきまぜて、火をとめます。しばらくおいて、ふきんでこして、出来上り。
　唐がらしの量で、好みの辛さに作れるのが、手づくりのいい点です。

ひじきを

ひじきというと、たいてい油揚げやにんじんと一緒に、甘辛く煮つけてしまいますが、ゆがいてやわらかくしたものを、三杯酢につけます。ワカメとまたちがった、ちょっとコリッとした口当りで、なかなかけっこうな酢のものになります。

カレー風味で

とりの唐揚げをするとき、下味は塩、コショーだけにして、食べるときにちょっとカレー粉をつけてみて下さい。そのままのカレー粉でよいのです。
　カレー粉の風味がそのまま加わって、不思議に、やめられないおいしさです。

春キャベツ

キャベツが、甘くやわらかく、おいしいときです。
　大葉やセロリ、にんじんなどを入れてせん切りにするのはもちろんですが、ざくざく切って、さっと湯がきます。
　このキャベツと、熱湯をかけて油抜きをした油揚げを細く切って、二杯酢であえると、さっぱり味に仕上ります。

肉をまぜる

すき焼きやハッシュドビーフの牛肉は、上等なのとそうでないのと、まぜて買います。たとえば百グラム7百円のを買う予算だったら、千円のと5百円位のをまぜます。
　上等の牛肉は味だけでなく脂の香りもいいので、それがからまって、全体がおいしくなるからです。

ふんぱつして

春の花ざかりです。いつもは花を四、五本くらいしか買いませんが、ふんぱつして、いつもの3倍くらい

の量の花を飾ってみましょう。とても豊かな気持になり、あたりもはなやぎます。
　木の花でも草花でも、そのまま大まかにポンと投げこむのもわるくありません。

小さい先生

こどもを家の体操の先生に任命します。学校や幼稚園の体操の時間にやったことや、剣道教室などで習ったことをやってもらい、一週に一度でも、お父さんもお母さんも一緒にその子を手本に体操をします。
　こどもは、張切ってやってくれるし、親も運動になっていいし、何よりも楽しくていいものです。

地図を

推理小説は、やたらと地名が出てきます。日本と世界がいっしょに入った簡単な地図でも一冊、そばに置いておくと、倍くらい楽しめます。
　外国の小説で、たとえば、パリ、ロンドン、サンフランシスコなどが出てきたら、そこの詳しい地図をみながら読むと、情況や人の動きがわかり、そこにいるような気分になれます。

きれいな面に線を

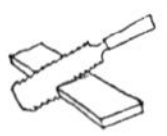

　日曜大工で、ノコギリで板を寸法に切るとき、気分的には裏側に線を引きたいものですが、板のきれいな面の方に線を引きます。
　ノコギリで切ると板の上側がきれいに切れて、裏側はササクレやすいからです。ことに電動の丸ノコの場合は、このちがいが大きいのです。
　こうして切ると、板のきれいな面がきれいに切れて、組立てるときいいわけです。
　また、電動丸ノコは、刃の出し方を調節できますから、刃をあまり出さないことも、ササクレを少なく切るコツの一つです。板の厚みから、せいぜい5ミリから10ミリ刃先が出ていたらじゅうぶんです。

スリッパを

　ひるま、お出かけの方のスリッパは、陽に当てて乾かすようにしましょう。一時間でも二時間でも干すと、さっぱりして、帰ったときはくと、しめり気がすっかりなくなり、少しふくらんで気持よくはけます。

髪を切る

　赤ちゃんをおぶったり、だっこしたりするお母さんは、もし髪の毛が長かったら、おもいきって短かく切

ってみましょう。

赤ちゃんにひっぱられて痛いおもいをすることもないし、赤ちゃんだって、おんぶされたとき、ずっと気持がいいはずです。

椅子にすわって

椅子に深く腰をかけ、背筋をのばし肩の力をぬきます。体を左右に大きくゆらしながら少しずつ小さくして落ち着かせると同時に、鼻からゆっくり呼吸します。こうして体と呼吸があったら、しばらく半眼にしています。
この「いす座禅」を、忙しい合間にやると、気持も落ち着き、本当にスッキリします。

スカーフをヒザに

タタミの部屋で会合のあるとき、大きめのスカーフを一枚用意して行きます。
足がつかれたり、しびれたりしたとき、ヒザにかけて足をくずすと、短か目のスカートのときなど、気にしないで、安心していられます。

電球をかえる

お風呂場、洗面所、トイレは、しょっ中使うところではないから、少し暗めの電球をつけていました。電球が切れたから、一段明るいのと取りかえました。ぐっと明るくなって、気持よく、はればれした気分になりました。

絵を写すとき

子どもは絵を描くのが好きで、しょっちゅうお絵かきをしています。また、塗り絵や絵を写すのも好きです。塗り絵は本がありますが、写し絵に、適当な紙はなかなかありません。
そんなとき、下がすけて見えるトレーシングペーパーを与えてみました。下絵がよく見えて、ハッキリと鉛筆で絵のフチをなぞれるので、喜んで描いていました。

コーヒーポットで

ほうろうびきの、背が高いコーヒーポットを、いただきました。コーヒーをいれるときに使うだけではもったいないからと、室内に置いた鉢植えに水をやるのに使ってみました。
取手はしっかりしているし、口が細いから、葉の下のせまいところからでも水がやれるし、小さい鉢植えにも、こぼさないでうまくやれて、なかなかけっこうでした。

ボロ布を巻く

ペンキを壁の高いところや天井に刷毛でぬるとき、つけすぎると、塗料が柄をつたわって、たれてきて困ります。

刷毛のつけ根のところにボロ布を巻き、ヒモで止めておくと、ペンキがボロ布にしみこんでたれず、手を汚さないですみます。

花のたより

友だちからきた便りのなかに、庭の桜だといって、押し花が入っていました。とてもいい感じだったのでマネて、ときどき季節の花を、手紙のなかに入れています。

押し花はカラカラにしないで、小さい花なら、一晩紙の間に挟んだていどで、まだいくぶん水気が残っているくらいの方が、きれいです。

タクシーを止める

道でタクシーを止めるとき、つい車のくる方向にむかって、手をあげます。

それだと、運転手さんからは非常に見にくく、気がつかずに、通りすぎることも多いのだそうです。

道路に手をつき出すように、まっすぐ前に大きく手をあげるのが、運転手さんからは、一番見やすく、止まりやすいのです。

季節のかわり目

四月に入ると、朝晩はまだ寒くても、昼間は、ときに汗ばむくらいあたたかい日があります。

それで、この頃になると、子供には、下着に柄つきのTシャツやランニングを着せるようにしています。

これなら暑くなって上着を脱いでも、下着になったという感じがしないからです。

大きめのスカーフを

病気のお見舞に、大きめのきれいな色のスカーフを差上げるのも、華やぎます。

絹より薄手のウール地のほうが、ちょっと寒いとき、パジャマやネグリジェの肩にかけても、ベッドの上に置いても、よくなじんですべりにくく、よごれもつきにくいので扱いやすいでしょう。

お花見は禁酒で

せっかくの楽しいお花見も、お酒が入ると、つい、どんちゃんさわぎして、いねむりをして、カゼをひい

てしまう人もいます。

お酒のかわりに、お茶や甘酒にして、おつまみや、おべんとうの量を多めに持っていきました。

いまは、お湯さえあれば、外でもおいしいコーヒーも作れます。案外好評でした。

ぎょうざを

ぎょうざを多めに作ります。
翌日、残ったぎょうざを、トマトソースで煮たり、ホワイトソースをかけ、チーズをふってグラタン風にオーブンで焼いたりと、洋風にいただくのも、ちょっと変ってわるくありません。

チーズ覚え書

チーズは種類が多いので、売り場に並んだなかから、あれこれと、説明書きを頼りに買ってきても、食べてしまうと、どれがどんな味だったか、わからなくなってしまいます。
そこで、そのラベルを切りとってノートに貼り、おいしい、気に入った、どうも口に合わない、などと、食べたらすぐに感想を書きそえています。私なりの覚え書です。
これがあると、同じチーズがほしいとき、それが買いなれない輸入もののチーズでも、まちがえずに買えます。それに、一枚、一枚とラベルがふえてくると、チーズのことがわかってくるような気がして、たのしみなものです。

グリンピースみつ豆

むきたてのやわらかいグリンピースがあったら、色よくゆでて、みつ豆にたっぷり入れます。
イチゴとかバナナなど果物を入れてもけっこうですが、サイコロに切った寒天だけ、あるいは白玉だけと合わせてもおいしいものです。赤えんどう豆より味はやさしく、色がさわやかですてきです。

ポテト・タラコサラダ

塩味がきついタラコは、じゃがいもと合せてサラダにすると、タラコも、じゃがいもも、おいしくいただけます。
じゃがいもはゆでて、熱いうちにフレンチドレッシングをかけ、サイの目に切ります。玉ねぎはみじん切りにして水にさらします。タラコをほぐして、じゃがいもと玉ねぎと一緒にあえ、黒コショーをかけます。

フォークは

フォークの切れこみの中の汚れは

おちにくいものです。いつもスポンジやサランの布のようなもので洗っていると、だんだん汚れが残ってきます。

　とくにケーキやチーズなどやわらかいものに使った後は、なかなかとれませんから、亀の子タワシを使って、ミゾの間もよく洗っておきましょう。

余ったあんを

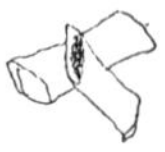

　おはぎなどを作って、あんがあまると、よくおしるこにしたりしますが、中華ふうに、あんを春巻の皮でくるくると巻いて、油で揚げてみました。

　細長い、揚げまんじゅうふうの、ちょっとかわったオヤツができました。

　あつあつのところに、シナモンをふりかけていただきます。紅茶やコーヒー、中国茶などにもよくあいます。

スパゲティ

　ゆでたてのスパゲティをたっぷりのラーメンスープでいただきます。シコッとした歯ざわりがチャンポン麺風で、なかなかけっこうです。

　スパゲティは細めのほうが口あたりがよく、食べやすいようです。ただ、ゆですぎないように気をつけてください。

小さいお皿に

　クッキーやチョコレートなど、ほんの少しを器に盛りたいとき、紅茶茶碗やコーヒー茶碗のソーサーに、レースペーパーをしいてからのせると、格好の器になって、おいしそうです。

しゃれた柄なのに、茶碗がこわれて下だけ残っているソーサーがあれば、こんなときに役に立ちます。

よもぎを

　この頃はよもぎを摘むような野原が少なくなってしまいましたが、川べりとか空地で見つけたら、できるだけたくさん摘んで、さっとゆがいて小さく分け、冷凍しておきます。

　草餅に、よもぎ団子に、いつでも使えます。

　和菓子屋さんにききました。

おろし金で

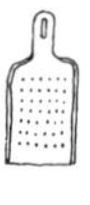

　トースターでパンを焼いたり、あるいはお餅を焼いたりして、うっかり焦がしてしまうことが、よくあります。

　そんなとき、おろし金で、焦げた

ところの表面をかるくけずるようにていねいにこすると、焦げを上手に取り除くことができます。

お茶漬のごはん

お茶漬だけを一杯というときは、シャケや海苔など具をたっぷりのせて、熱々のお茶をかけておいしくいただきたいものです。

冷えたごはんのときは、一度ザルにあけて、お湯でザッと洗います。ごはんのねばりがとれて、お茶がにごることもなく、ごはんが少しあたたまっているので、そそいだ番茶もぬるくならず、熱いお茶漬がいただけます。

カナッペの台に

ふつうはパンで作るのですが、大根をうすく一口に切り、食べやすいようにウラにかくし庖丁を入れて、ちょっとしょう油をぬってのせてみました。

サーモン、サーディン、さしみ、納豆などには、さっぱりとしてよく合う台です。

木の芽を

食卓に春の香りをもたらす木の芽は、煮ものの上などに、何枚かまとめて天盛りにします。

たけのこやふきなどを煮て、一鉢に盛ったら、この木の芽を細かく切って、全体にちらすようにかけておくと、お取り皿に分けたときも、香りが一切れ、一切れに残って、おいしくいただけます。

サンドイッチに

いつも、同じサンドイッチの材料で変りばえしないとき、ラッキョーを、そのまま頭のほうからうす切りにして、一緒に入れます。

たまご、野菜、魚、ハムのサンドイッチなど、ラッキョーの甘さと酸っぱみがきいて味がしまり、なかなかけっこうです。

酢じょう油を

食卓に一つ、酢じょう油をおいておくと重宝です。酢としょう油を半々に合せて日本酒でうすめ、あれ

ばちょっと味の素でも加えて味をやわらかくしておきます。

　塩からすぎる干物に、漬物に、魚や肉の焼いたもの、揚げもの、サラダの味なおしにと、ふつうのしょう油より出動回数が多いくらいです。

くず切りカクテル

くず切りというと、甘い蜜をかけるおやつとか、すきやきの具ですが、ケチャップとタバスコにちょっとしょう油を合せたカクテルソースをからめると、洋風のオードブルになります。
　くず切りは、ゆでてから水で冷やし、適当に切って使います。

みそ焼きむすび

　みそをつけて焼いたおにぎりは、ホカホカと香ばしく、おいしいものです。
　ふつう一度焼いてから、みそをつけますが、これが熱くてなかなか厄介。みそをのばそうとしても、うまくのびません。
　こんなとき、はじめから、ごはんにみそをまぜこんでしまい、ふつうより小さめににぎって焼くと、割合簡単に焼きむすびが出来ます。
　かつおぶしを粉のようにかいて、みそにまぜてもいいでしょう。

クルトンを

　スープの浮き身にするクルトンを作るとき、多めに作って缶にでもとっておきます。
　グリーンサラダにパラパラと散らすと、カリッとした歯ざわりがおいしいし、変ったところでは、おかゆや雑炊に浮かしても、コクが出ていいものです。なにもないときに、ちょっと塩をふって、ビールのおつまみにもなります。

フォークしぼり器

　レモン絞り器が手近かにないときフォークを使って効率よく絞る法をひとつ。
　まず、レモンを丸のままよくもみほぐしてから、二つに切ります。切り口にフォークを刺して、左右にクルクルと回しながら絞ります。

花一枝

出産のお祝い、お見舞い、あるいは仏事に、お金は一番重宝しますが、何となく味気ないものです。
　そこで、せめて包みだけでもと、市販ののし袋や不祝儀袋をつかわずに、白い封筒に、筆で「花一枝」とかいて、さしあげましたら、風情が

あっていいと、喜ばれました。

おばあちゃんに

少し身体の弱ってきたおばあちゃんのため、狭い台所の一隅に小さなイスを一つ置きました。

もう炊事はできませんが、ここに腰かけて、料理を作るのを見たり、そら豆をさやから出したりしています。こちらも、ときどきおばあちゃんの知恵を借りたり、何やかやと雑談したりします。

おばあちゃんも、一人で居間にじっと座っているより気がまぎれて、たのしいようです。

四月からもう一度

今年こそはと、決心して日記や家計簿をつけようと思って、日記帳やノートを用意して、つけはじめたのに、お正月からわずかだけつけて挫折してしまった人は、もう一度、新年度から始めてみましょう。

忙しい四月ですが、ついこの間の失敗でこりていますから、今度は軌道にのるとおもいます。

雨の日の靴

中学生にもなると、雨の日の通学に長靴をはくのをいやがります。

スニーカーで、足をビショビショ冷たくしているよりはと、夏に用意していた、軽い登山用の靴をすすめました。

これは案外具合がいいようで、雨降りは、それで通学しています。

スカーフを止める

男のひとのピン式のネクタイピンは、スカーフの止めにとても重宝です。

薄手のスカーフを止めるのに、ブローチだと重くて、衿もとの形がくずれたり、感じが大げさになったりしますが、ネクタイピンは小さくて軽いから、じゃまになりませんし、形によっては、しゃれた感じになります。

深呼吸を

疲れたり、いそがしかったり、なにかイライラして落着かないとき、深呼吸を二回します。

胸いっぱいに息をすいこみ、ゆっくり、ゆっくりと、すっかり吐ききります。不思議と気持ちがやすらいで、落着いてきます。

ふだんでも、ゆっくりと深く呼吸することを忘れがちです。どうぞためしてみて下さい。ときどきやっていると、肺の運動になり、からだにもいいはずです。

もう一つめがねを

めがねをかけている方は、旅行に出るときは、予備のめがねを一つ持って行くことです。

旅行中、落したり、レンズがはずれたりすると、急に見えなくなったり、読めなくなって、悲しい思いをします。

ちょっと度のよわい、古いめがねでもかまいません。予備を持っているだけで、安心です。

電話帳に

自分の家の電話帳に書いてあるお医者さんやお店屋さんに、休診日や定休日も書き入れておくと、休みの日には、むだな電話をしないですみます。

また、お店の名前のそばに、和菓子とかおそばとか何屋さんか書いておけば、だれが見てもすぐわかって、たいへんたすかります。

衿と袖を変える

気に入っていた赤いセーターがきゅうくつになってしまったので、タートルの衿と袖口をきれいに切りとって、黒いタートルネックのセーターの衿と袖口の内側にかがりつけてみました。

つまり、衿と袖口が二重になったわけですから、折り返すと、黒に赤がアクセントになって、シャレたセーターができました。保温にもなります。

包みなおす

何人かで贈りものをするとき、買ってきたものを、贈るまえにみんなに見せたかったら、店で包装紙の最後のテープとかシールだけは貼らないで、別にもらってきます。

みんなに見せてから、もとどおり包み直し、シールを貼ります。包装紙には折り目がついていますから、ラクに包めます。

こうすると、どんなものを贈るのかわかってもらえますから、お互いに安心です。

文庫本入れ

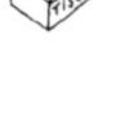

本棚の手前側が空いて、そこに文庫本を置いたりしますが、ティッシュペーパーの箱に入れて立てると、倒れたりすることがなくなります。

文庫本はティッシュペーパーの空箱にピッタリのサイズです。

箱に、好みで紙を貼ると、しっかりするし、見た目もよくなります。

印はキーに

絶対に忘れては困ることがあってメモをお財布の中やバッグの目立つところに入れたりしますが、それでも見忘れて、シマッタとなります。

それで、家のキーにメモを結びつけることにしました。家に入るときかならず見ますから、自分で鍵をあける人には、おすすめです。

レースの額ぶち

気に入った写真やイラスト、絵葉書などがあったら、額ぶちに入れて飾ってみます。趣がかわっていいものです。

そのとき、額ぶちが大きすぎておさまりがわるかったら、きれいなレースペーパーを一緒にはさみ、中央を丸や四角に切り抜いて、絵をのぞかせるようにすると、なかなかすてきに見えます。

レースペーパーの色やデザインで雰囲気もちがってきます。

家具を動かしたら

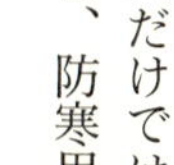

テーブルやイスを動かしたあとにできるじゅうたんの凹み。いずれ、もとにもどるとは思っていても、早く直したいのが人情です。

スチームアイロンをかけてもいいし、霧吹きやぬれたタオルで湿らせてから、ドライヤーで軽く乾かし、ブラシで毛並みをたてると、目立たなくなります。

かっぽう着を

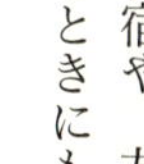

春らしい淡い色のブラウスを着るチャンスが多くなる、これからの台所仕事には、前かけよりも和服用のかっぽう着が便利です。

前かけだと前しかカバーできませんが、かっぽう着は袖口はもちろん背中のほうもカバーできるし、ブラウスだけではちょっと肌寒い日などには、防寒用にもなります。

井桁におく

ふとんを二枚並べて寝るとき、いつのまにか、子どもが、ふとんとふとんの間に落ちていることがよくあります。下に敷くマットレスを横に敷いたら、その上にふとんを縦に敷くというふうに、井桁にすると、離れません。

合宿や、友達の家に何人か泊るというときにもいいでしょう。

苺の季節

この頃は年中イチゴが出まわって

いますが、やはり季節のイチゴが一番おいしいようです。

イチゴをいただくときは、スプーンのほかに大きめのフォークも添えておきましょう。

底が平らなイチゴ用スプーンよりも、大きいフォークのほうが、イチゴをしっかり押えられて、つぶしやすいのです。つぶさないでそのままいただくときは、このフォークでさして食べます。

納豆オムレツ

オムレツの具に、納豆と細ねぎをきざんで入れてみました。おしょう油をたらして食べてみると、少しネットリして、納豆ずきの人には、こたえられない味でした。

考えてみると、玉子と納豆は古典的な組み合わせで、おいしくて当り前かもしれません。

姫皮チャーハン

ちょっと変ったチャーハンをひとつ。

皮ごとたけのこをゆでたとき、先の方の内側のやわらかい姫皮をとりだして、細かく刻みます。これを、ごはんと一緒にバタでこうばしく炒めると、春のかおりのチャーハンができ上ります。

味つけは好みですが、しょう油を落すと、おいしくなります。

サラダと煮豆

白花豆や金時豆を煮るとき、余分にゆでて、すっかりやわらかくなったらサラダの分だけ汁からあげて、あたたかいうちに、酢油ソースで和えます。好みで、パセリや玉ねぎ、ピクルスのみじん切りをまぜます。

煮豆とはまたちがった味で、おいしいものです。パンには、この方があいます。

あとは甘く煮豆にします。

オイスターソースを

オイスターソースは、中華料理のかくし味として重宝しますが、ハンバーグやミートボールなど洋風の肉料理にも、よくあいます。使い方はそのままかけるだけ。

濃厚な一皿になりますから、つけあわせは、ゆでたキャベツやレタスをたっぷりつけるといいでしょう。

きのことろろ

とろろ汁は、トロリとして淡白ですから、この中に、しめじや椎茸を入れると、きのこの味が加わって結構ですし、増量にもなります。

ダシを作るとき、きのこもうすく切って煮こみ、とろろ汁をのばすときは、ダシだけ入れてすり合せ、あとからきのこを入れます。

ミモザ炒飯

チャーハンの玉子は、たいてい炒り玉子ふうにしてまぜますが、ときには固ゆで玉子にして、白味と黄味を別々に刻み、肉と野菜を入れてチャーハンをつくり、上に玉子をちらします。

仕上げに刻みパセリをふると、色どりも春になります。

一度に入れる

小さいかきや貝柱、身のくずれやすい魚などをフライにするとき、一コずつ油の中に入れて揚げるのは厄介ですし、時間もかかります。

材料にコロモをつけたら、余分なパン粉をはらって、大きめの皿に並べます。油が熱くなったら、これをすべらせるように、一度に油の中に落とすと、手際よく揚がります。

ただし、油の温度が急に冷えるほど、一度にたくさん入れないことです。

しめった海苔に

お歳暮にいただいた海苔がしめってしまいました。

ただあぶらずに、ハケでゴマ油をぬり、一味唐辛子をちょっと振って焼くと、変った味つけ海苔になってしめった味がかくせます。

ちゃぶ台

ダイニングのテーブルと椅子をやめて、すわる式にして、ちゃぶ台をおいてみました。

これは子どもに合った高さなので小さい子もよく手伝うようになり、ダイニングもずっと広く使えます。

ちょっと机がいるときなど、カンタンに出せるし、しまえるし、便利です。

生玉子を

生玉子をご飯にまぜて食べるときに、玉子を上からかけないで、まずお茶碗に玉子をとかして、おしょう油で味をつけ、逆に上から熱いご飯をそっと入れます。

玉子がやや半熟になって、あまりずるずるしない玉子ご飯がたべられます。

小皿に

ピーナッツやアーモンドなどナッ

ツ類は、ポリポリやっていると、ついつい手が出て、きりがなく、食べすぎてしまいます。

　直径5センチくらいの金属のコースターをナッツ専用にして、それに一杯だけと、かたくきめてからは、ナッツを食べすぎることがなくなりました。

チーズ焼き飯

冷やご飯の即席利用法です。
　ご飯に、おかかや青菜の漬物や梅漬のしそなどを刻んでまぜ合せ、平たい鉢やグラタン皿に入れて、上にチーズをかけます。スライスチーズをのせても、粉チーズや、とけるチーズを刻んでふりかけても。
　これを、オーブントースターなどでこげ目がつくくらい、しっかりと焼きます。
　ほかほかと香ばしく、あり合せの材料とは思えない、グラタンふうの焼き飯ができ上ります。

コーヒーを

カレールウを使ってカレーをつくるとき、最後にしょうがやニンニクをすりこんで、味や香りに変化をつける人もいますが、我が家は、インスタントコーヒーを入れます。
　でき上りの直前に、4人分のカレーに、ティースプーン1杯くらい入れるのです。コクがでて、カレーがおいしくなります。

そら豆を

そら豆の季節だったら、天ぷらを揚げるとき、そら豆の皮をむいて、なんにもつけずにそのまま油でさっと揚げ、熱いうちに塩をパラパラとふっておきます。
　天ぷらを器に盛るとき、このそら豆を横にそえると、色どりがきれいで全体がはえます。
　また、おいしいオツマミにもなります。

お茶漬佃煮

食卓に出してもあまり売れなくなった佃煮は、細かく刻んでとってお

いて、何種類かまぜると、ちょっとちがった佃煮になって、目先きが変り、お茶漬のときにけっこう手が出ます。

　魚や貝、昆布やフキ、何種類でも足していきます。山椒の実、葉とうがらしなど、ピリッとしたものを一つ入れるとふしぎにまとまります。

バタを

　かぼちゃの甘辛煮はおいしいのに若い人には、人気がありません。
　そこで、煮上ったときに、バタを少し加えてみました。
　煮ものというイメージがすっかり変って、評判の一品になりました。

コルク栓にラップ

　ブドウ酒やシャンパンの栓を抜いたとき、コルクが割れそうになっていることがあります。
　そんなときは、ラップを二枚重ねてコルクにきっちり巻いてから、栓をします。再び栓を抜くときは、このラップごと抜くと抜きやすいし、コルクが割れて、カケラが中に落ちこむ心配もありません。

Sサイズを

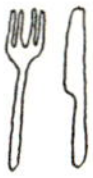

　ナイフやフォークも、いろいろな大きさがあります。
　お年寄りに、軽い、小ぶりのものを用意して差上げたら、食べやすくていいとよろこばれました。
　ただ、小さいだけでなく、よく切れて、使いやすいナイフやフォークをえらぶことです。

洋風色ごはん

　ごはんにちょっと味をつけたいとき、固形スープをとかして炊くのもおいしいものです。
　簡単で、洋風の献立にも合う色ごはんができます。上にきざみパセリをかけると、色どりがきれいになります。

季節のまえに

　もう着ない服やこどもの服を人にあげるとき、冬服なら秋の終りに、夏服なら夏の初めに届けます。
　シーズンの終りにあげればこちらはラクですが、もらった方は次のシーズンまでしまっておかねばなりません。前ならすぐ着られます。

昔に戻って

　中学生、高校生の頃に読んだ本は人生でもっとも純粋に感動したような気がします。そんな青春時代の一

冊を、もういちど読み返してみましょう。

いろいろとイヤなこと、難しいことの多い近ごろに、一服の清涼剤となること受けあいです。

自転車に手袋

これからは日射しが強くなって、自転車に乗ると、手が日焼けしてシミが出来たりします。

夏用のカバーをつけるか、手袋をして乗ると、だいぶ日焼けが防げます。

二枚のマフラー

薄手の古いマフラーが何本かあったので、二枚合せて、まわりを色どりのよい太い糸でかがってみましたら、リバーシブルのマフラーができあがりました。セーターや上着、コートの色に合せて、表を出したり、裏を出したり出来ますから、旅行などで重宝します。

春先のちょっと寒い日など、ショールのようにセーターの上に巻くと暖かく、なかなかしゃれています。

旅立ちの日

ちょっと長い旅に立つとき、時間をゆっくりとって、出かける前にお茶を入れて、ひと休みしてから家を出ます。

立つまで、ごちゃごちゃしていた気ぜわしさがぬけて、心が落着き、忘れものにも気がついて、たのしい旅の出発ができます。

長距離電話は

遠くの友人から電話がかかってくると、つもる話で、つい電話が長くなりがちです。

ころあいをみて一度切って、こちらから電話をかけなおすと、電話代も両方で負担でき、長話も気がラクです。

小さいプレゼント

外国の方に手紙を出すとき、封筒にはなるべくきれいな切手を貼って出すようにしていますが、封筒の中にも、日本的な風景や国宝の器、仏像などの、デザインの美しい切手を二、三枚入れて送ります。

小さなプレゼントをいただいた、といって、よろこばれました。

ゆううつなとき

さわやかな春だというのに、なんとなく気分が沈んだり、気が重いこ

とがあります。

そんなときは、古いアルバムを出してきて、子どものころの運動会や遠足の写真、友だちや家族と旅行した写真などを眺めていると、そのときのたのしかったことが思い出され、少しずつ気持がなごんできて、さあもうひとがんばり、という気になるでしょう。

カーテンを吊るとき

カーテンを替えたり、洗たくしたりの季節です。きれいになったのはうれしいのですが、重いカーテンをかかえて、一つずつツリカンにかけるのが、また、ひと難儀です。
こんなとき、両はしのツリカンをはじめにかけてから、間のツリカンをかけていくようにすると、カーテンの重さがずいぶんちがって、助かります。

押入れのなかを

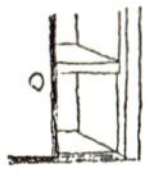

押入れの中は、天井も壁も中段の棚も、ベニヤ板張りで、暗く殺風景なものです。
季節の変わり目で、ものを入れかえるときなど、いちど中のものを全部出して、白の水性ペンキを塗るなり、明るい壁紙を貼るなりします。
押入れの中が明るく、シャレた感じになり、気分もいいものです。

湯上りに

お風呂から上ったら、ちょっと腰をかけられるように、場所をとらない椅子にタオルをかけておいておきます。出てきたら、バスタオルでからだを巻いて、まず、そこへかけ、しばらく休んでから体をふきます。
髪を洗ったときや長湯をしたあとなど、こうして一息つくと、つかれがとれて気持のよいものです。

ピンセットを

オモチャの小さな部品の組立てや修理を頼まれたとき、ピンセットが役に立ちますが、こどもにも一本持たせてみました。

けっこう上手に使って、プラモデルのシールをきちんと貼ったり、かんたんな修理なら、自分でやるようになりました。

木綿のブラウス

小さい子がいると、ぬれた手でさわられるので、母親の洋服までベタベタと汚れるものです。
ずっとエプロンをしているわけにもいかないので、炊事や掃除が終ったら、たっぷりした木綿のブラウス

を上に着るようにしています。

　これならいくら汚れても、ザブザブ洗えるし、どなたかがいらしたとき、エプロン姿で応対しなくてもすみます。

額をいっしょに

　田舎でひとり暮しをしている母に

孫の写真を大きく引き伸ばして、立てかけられる額に入れて、送りました。
　大喜びで、「毎日、可愛らしい孫に会えて、たまに写真に向って話をしたりしています」と、電話がありました。

扇風機を

　喪服などのように、ふだんはタンスにしまったままの洋服や着物が急に必要になって、出してくることがあります。
　これに、あわててアイロンをかけると、使っていた防虫剤のにおいがしみこんで、とれなくなってしまいます。
　そんなとき、扇風機に五、六分あててから、アイロンをかけるようにすると、においがつきません。

ボタンつけ

　四つ穴のボタンのときですが、少しめんどうでも、二つずつべつべつにとめて、糸を切ります。糸が切れてほつれても、全部とれてしまわずに、半分はつながっています。足のぐるぐる巻きは、後からつけたほうの糸で巻きます。

たけのこご飯

　たけのこの季節。静岡のある地方では、たけのこご飯というと、酢めしで作ります。
　茶めしを炊いて酢をまぜ、甘辛に煮たたけのこ、油揚げ、にんじんを加えます。上に錦糸玉子を。

お好みスパゲティ

　たっぷりのバタでいためたスパゲティを、大きな鉢に盛り、あつあつのうちに食卓へ。めいめいでお皿にとり、好きな具をまぶします。
具は先に用意します。ミートソー

スはもちろん、スライスして揚げたニンニクやおろしたチーズなど好みでなんでも。かつおぶし、ゆかり、しその実なども、よく合います。

ブクブク・ソーダ

クリームソーダといえば、ふつう炭酸飲料にアイスクリームを浮かべるものですが、これを逆にします。
グラスにアイスクリームを入れ、上からソーダを注ぎます。白い泡が面白いように、もくもく立って、こどもは大好きです。

あたため直しに

残ったビーフシチュウをあたため直して食べるとき、煮つまっていたら、水でなく、トマトジュースを足して煮ます。ちょっと酸味が加わって、リフレッシュした味になり、またおいしくいただけます。
カレーのときは、細切りの玉ねぎをよくよく炒めて加えます。
それでも水分がたりないときは、固形スープを水でといて入れます。

オクラと明太子

ゆでて細かくきざんだオクラに、少量のお酒でゆるめた明太子を、とろりとかけます。なかなかの一品です。
これにおしょう油をちょっとたらしてよくまぜて、白いごはんにかけて召しあがってください。
お酒の肴や、箸やすめにもいいものです。

ぎょうざのあとに

ぎょうざを食べたあと、急に人に会う用事ができてしまいました。にんにくさいのが心配で、コーヒーを飲んだり、お砂糖のかたまりをなめたりしましたが、そう急には効きません。
そのときコックさんが、「これをかじってごらんなさい」と、レモンの皮のついたところを一かたまりくれました。すっぱいのをがまんして食べました。うそのように、にんにくのニオイがなくなって、安心して出かけられました。

紅茶のかわりに

ケーキに紅茶、そのときの気分でひどく甘ったるい感じがすることがあります。
紅茶のかわりにうすい昆布茶にしたり、塩づけの桜を一輪うかした桜湯にしてみたら、ケーキとよく合って、意外といけました。
お茶わんは、紅茶の茶わんを使い

ます。

わかめ炒め

わかめといえば、みそ汁、酢のもの、煮ものになりがちですが、しょう油味で炒めるのもわるくありません。いくらか濃い目の味にしておくと、おべんとうのおかずにもなります。

野菜炒めにまぜるのも、木くらげときめないで、ときには、わかめもおいしいものです。ただ、こげつきやすいので、気をつけてください。

魚のから揚げ

小あじやいわし、小鯛の南蛮漬をつくるとき、から揚げした魚を漬汁につけます。

これを漬けこまずに、酢じょう油ときざみねぎを用意し、揚げたての魚の上にねぎをのせ、酢じょう油をさっとかけてみました。酢じょう油がなかまでしみこまないので、さっぱりとしておいしいと好評です。

お酢の効用

夏はもちろんのことですが、台所があたたかいと、生ゴミが臭うことがあります。

気になったら、お酢をサッとかけて、フタをしておきます。少しでも生ゴミがくさるのをふせごうというわけです。

食品化学を勉強している学生から聞いたのですが、こうしておくと、たしかにいくらかはちがいます。

ミニささら

おろし金でレモンの皮やユズの皮をおろすと、どうしても目の間に細かい皮がはさまってしまいます。

こんなとき、ツマ楊枝を4、5本輪ゴムで束ねたミニささらのようなものを作り、この先でせせると、具合よくとれます。

わらびのお浸し

いつも、わらびのお浸しに、しょう油にカツオブシをかけてたべていたら、たまには酢じょう油でいただくのも、さっぱりとして、味が変っていいものです。

酢じょう油には、しょうがのしぼり汁をすこしまぜます。

かき揚げ

なまのグリンピースは、かき揚げにしてもいいものですが、トリのささ身を同じようにコロコロに小さく切って、グリンピースといっしょに

揚げます。

　グリンピースだけよりも、ちょっとコクがついておいしくなり、立派な一品になります。色も白とグリーンで春らしいとり合せです。

しらがサラダ

　大根の細い細いセン切りを小鉢にちょっともって、上からゆかりをふりかけただけで出すと、さっぱりした口直しにいいものです。
　かけるのはおかかとおしょう油、明太子のほぐしなど。大根の切れはしの整理にもなります。

両手を使って

　フライのコロモをつけるとき、一つ二つつけただけで、小麦粉や、玉子やパン粉で、手までコロモがついたようになってしまい、うまくつづけられません。
　左手は小麦粉と玉子だけをつける、右手はパン粉だけ、というように仕事を分けてやると、それほど手につかず、やりやすくなります。
　はじめはやりにくいですが、なれると、スムーズにいくようになります。

余ったら一品

　おいなりさん用に煮た油揚げがあまったら、細く切って、二つに切った貝われと好みに合わせ、酢をたらっとたらしてまぜます。色どりと歯ざわりのいい、即席の一品です。

ロールキャベツに

　ロールキャベツを作るとき、巻き終わったキャベツを楊枝で止めますが、たべるとき、うっかりはずし忘れると、楊枝がつき出ていて、危ないことがあります。
　そこで、楊枝のかわりに、スパゲティで止めます。6センチくらいに折って、同じ要領で止めますと、キャベツと一緒に煮上って、そのままいただけます。

もみのりオムレツ

　オムレツに、ちょっとしょう油をたらして、モミノリをかけて食べます。
　ノリの香ばしさが玉子と合って、いつもの塩味やケチャップの味とはひと味違い、和風になって、ご飯のおかずにけっこうなものです。

ギョーザのごちそう

　中に入れる具を、いつも入れている具のほかに何種類か多くすると、

食卓をかこむ気分が盛り上り、目先きが変わります。

　挽肉や、エビ、貝柱などに野菜を合せたものはおなじみです。このほか、筍や椎茸、もやし、白菜、ニラなど野菜だけのもの、コンニャクやおとうふ、おからをまぜるなど。

　タレも酢、しょう油、ラー油のほかに、うすくのばした酢みそも。

揚げサツマ芋

　サツマ芋を1センチ位の輪切りにして、油で素揚げにしておきます。
　そのままつけ合せやおやつにもいいし、朝食に、チーズをのせてオーブントースターで焼いたり、甘辛くサッと煮てお弁当に入れたりと、いろいろ使い回しがききます。
　冷ぞう庫に入れておくと、二、三日は持ちますから、サツマ芋が余ったときなど、多めに作っておくと重宝します。

小さな記念樹

　入学、出産などを記念して、庭に木を植えることがありますが、マンション暮しや転勤族にとっては、ムリな話です。
　そこで今年、一年生になった子に鉢植えの小さな植木を買って、自分の記念樹として与え、水やりの責任をもたせました。
　草花とちがって何年でも楽しめるし、世話が簡単です。

髪をとめるとき

　髪が少なかったり、サラサラだったりすると、髪止めがすぐずり落ちてきて、うまく止まりません。
　三つ編を一、二段つくって、その上から髪を止めます。髪に厚みがでるし、編み目をすくうようにとめると、しっかり止まっています。

筋書きも添えて

　プレゼントにお芝居や映画の切符をおくるとき、プログラムもいっしょに添えてあげます。上演しているときなら、その劇場の入口でたのめば、プログラムを買えます。
　はじまる前のあわただしさでは、なかなかゆっくりプログラムを見るひまがありません。あらかじめプログラムをていねいに読んでから見ると、内容がよくわかって、お芝居や映画が二倍にたのしめます。

メモする

　このごろ、ものを忘れて悲しくなることがあります。どうしてもしなくてはならないということを、前の

晩に紙に書いて、目につくところに貼っておくようにしました。

その一つが実行できると、線を引いて消します。そうしてから忘れることがなく、安心して気持のよい日がすごせます。

耳のマッサージ

お風呂のなかで足や腰をマッサージするのは、とても気持がいいものですが、ときには耳たぶをたんねんに揉んでみてください。
耳にはいろいろツボが集まっていますから、耳のフチを上から下へ、下から上へとマッサージします。肩から首のへんがスーッとします。

スカーフ

大きいブローチには、たいてい幅の広い、大きい止め金がついています。
スカーフやうす手のマフラーをエリにかけたら、この止め金の間を通して、ブローチごとセーターやブラウスにとめます。
スカーフがいたみませんし、エリ元の形もくずれないで、しゃれた感じになります。

プルトップ缶

缶切りを使わずに缶を開ける、プルトップ缶が多くなって、便利になりましたが、うまく開けられなくて、苦労することがあります。
こんなとき、ティースプーンの先をリングの下にさしこんで、柄を下に押すと、テコの原理でリングがもち上ります。
そのまま、リングを引っぱって開けてもいいし、スプーンの柄をリングの中に入れて引いても、ラクにあきます。

白い花びんを

花びんを買うときは、つい、格好がよい、花びん自体が美しいものを選んでしまいます。
しかし、それで花をいけるとなると、花びんのほうが勝ってしまってどんな花をもってきても、しっくりいかないことが多いものです。
そこで、真白い花びんを買うことにしました。白なら、どんな色のどんな形の花でも、それなりに似合ってくれます。

入れかえるとき

ハンドバッグをかえて外出するとき、なかのものを一コか二コ入れかえ忘れて、あとで困ることがあります。

そこで、1財布、2定期、3ハンカチとティッシュ、4化粧袋、5健康保険証や住所録や印鑑などを入れた小袋と、いつも、1から5までを確認しながら、バッグのなかを入れかえると、忘れなくなりました。

名札をとめる

小学生はよく胸に安全ピンで名札をつけますが、薄着になると、ピンで上着のシャツが破けたり、大きく穴があいたりします。

厚めの布を二枚くらい重ねて、上着の裏にあててから名札をとめるとしっかりとまるし、破ける心配もありません。

長いエプロン

顔をふくタオルの端に、平たいボタンを一つつけます。もう一方の端に、首にまわる長さの綿の紐をぬいつけ、端を輪にします。この輪をボタンにかけると、長いエプロンになります。

食事のとき、こぼしてもヒザまで安全です。センタクもらくだし、いろんな色や柄のタオルで作ると、たのしいエプロンになります。

お礼状は

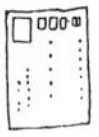

入学や入社のお祝いをいただいたら、親宛てに下さっても、本人がお礼状を出すようにしましょう。

親が書いた礼状に、お礼の言葉を書きそえてもいいのです。小さい人は名前だけでも。

一生の習慣になります。

原稿用紙で

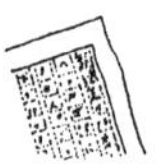

手紙は便箋がきまりもののようになっていますが、長い手紙でなければ、原稿用紙に書いてみるのも、気分が変っていいものです。

紙質も、大きさ、ワク組みもいろいろありますが、朱色の線の大きなマス目の原稿用紙に書いて、年とった方に出してみましたら、この方がよみやすいと言って、たいへん喜ばれました。

余り毛糸の見本帳

編物がすきで、毎年なにかしら編んでいますが、残り毛糸を使って、なにか編みたいとき、足りるか足りないか、色の具合はどうか考えたいときに、すぐ見当がつくいい方法があります。

余った毛糸を短く切って、太さ別にノートに貼りつけ、残っているグラム数を横に書きこんでおきます。組み合わせてなにか編もうとするときに、一目で色と量がわかるのでとても便利です。

ご不幸のときに

お葬式のとき、電報をうったり、お香典を差上げるときに、「友人」とか、その方と故人の関係をちょっと書いておきます。

いただいたほうは、お名前が変わっていたりすると、どなたかわからないので、有難いのです。

湯気をぬく

お風呂を出ると、すぐに窓を開けて風を入れて湯気を逃がしておきます。十分くらいでも効果てきめん。こうしておくと、壁にかびがつきにくくなります。

もちろん、翌朝も窓をあけて、風を入れます。

チーズのミルフィユ

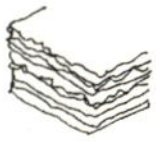

うす切りのトマトやキュウリ、それにハムや玉子など、サンドイッチにはさむものを、スライスチーズにはさんで、何層にもかさねます。

これをラップで包んでしばらくおくと、チーズどうしがくっついて、ミルフィユのようになり、栄養たっぷりのおいしいおやつができます。

茶筒を逆に

日本茶も残りすくなくなってくると、茶筒の底は、粉茶ばかりになって、色の濃い渋いお茶になってしまいます。

そこで、ふだんから茶筒の天地を逆に置いてみました。使うときには必ずひっくり返すので、お茶の葉と粉がてきとうに混り合って、ちょうどよいお茶が入れられます。

炊きおこわを

おこわや赤飯は、本来は蒸してつくりますが、家庭ではよく炊飯器でたきます。

ただ、なんとなく水切れがわるくベトつく感じですが、炊き上ったらはん台にひろげてウチワであおぐと水気がとんで、蒸しおこわのような口当りになって、なかなかの出来上りでした。

あさりの砂出し

あさりの砂出しをするときに、金ザルにあさりを入れて、そのまま塩水につけると、砂だけザルから落ちていい具合です。

このとき、新聞紙などをかぶせて暗くすると、よく砂を出します。潮干狩りのパンフレットで見ました。

　砂出ししたあさりをよく洗い、水気をとって冷凍しておくと、みそ汁、酒蒸しなどに、そのまま使えて重宝します。

電気釜の工夫

　保温つき電気釜で炊いたごはんは次に食べるまで保温しておくと、どうしても味がおちます。
　一度切って、食べる30分くらい前に保温のスイッチを入れると、あつあつのごはんにはなりませんが、この方がおいしく食べられます。お米屋さんにききました。

辛子焼き

　とり肉や豚肉を、ただソテーにしたのでは芸がないというとき、辛子を全体にたっぷり塗りつけてから、焼きます。
　香ばしくて、おいしいものです。和辛子でもけっこうです。

ゆで玉ごはん

　ゆで玉子を粗くきざみ、熱いごはんにのせて、上から吸いかげんよりちょっと濃いめに味をつけた、吸いもの汁を注いで、もみのりか青みをふり、すぐにいただきます。
　お友だちの家で黒ぬりのお椀でいただきました。きれいで、簡単に作れる、つゆかけごはんです。

サニーレタスを

　サニーレタスというと、ついドレッシングでサラダにと思ってしまいますが、ちいさくちぎって、二杯酢や三杯酢、あるいは酢みそあえなど和風の酢のものにします。葉っぱがやわらかくて、けっこうな酢のものができます。
　小さい煮干しのいいのがあれば、腹わたをとって、細かくさいて入れると、サニーレタスによくあい、味もよくなります。

青じそを

　青じそを電子レンジでパリパリに乾燥させて粉にし、冷凍庫に入れておきます。
　ちりめんじゃこと合せておにぎりに、梅茶漬にふりかけたり、バジリコのかわりにスパゲティに入れたりと、いつでも、いろいろに使えて便利です。

たけのこを

　うす味に煮た、たけのこが余ったので、コロモをつけて、天ぷらにし

てみました。
上に木の芽でもあしらうと、春らしい一品が出来上ります。

和風ワンタン

市販のワンタン皮を使います。具はトリのひき肉に長ねぎのみじん切りを加え、好みで大葉やゆずの細く切ったものをまぜます。
スープはかつおのだしに、しょうがを少々たたいて入れ、塩味にします。煮こみうどんふうの、あっさりしたワンタンです。

いちごをいちごで

パックの下の段のいちごは、どうしても押されてつぶれがちです。つぶれていたら裏ごしにして、砂糖を少し加え、甘いいちごソースを作って、器に盛ったいちごにかけます。
甘いいちごはもちろん、少し酸っぱいいちごも、おいしくなります。

ウドの梅和え

ウドのおいしい季節です。皮をむいて、サイの目か短冊に切って、酢水につけます。
梅干のタネをぬいてつぶし、日本酒でのばしますが、このとき、フォークを使うとカンタンです。味をみて、しょう油をちょっとたらしてから、水気を切ったウドを和えます。

丸干しを

ひと塩の新鮮な丸干しイワシが手に入ったので、いつも焼くばかりでもと思い、ゆでて、たっぷりの大根おろしに酢じょう油としょうがで、いただいてみました。意外とおいしいのです。
残りは冷凍しておき、不意のお客さまなどに、やはりゆでて、お出しすると、立派な一品になります。イワシはゆで方が足りないと、生ぐさみが残りますので、よくゆでます。

イースターエッグ

もうすぐイースターですが、ふだん玉子を食べようとしない子でも、イースターエッグはよろこんで食べます。

イースターでなくても、色セロファンに包んだり、マジックで顔をか

いたりすれば、気分が変るのか、けっこう食べてくれます。

いかの足を

いかの身の方を、お刺身にしたりして、足が残ったら、2、3センチの長さに切ります。これに、みりんとしょう油をからませて、片栗粉をつけて油で揚げます。

コリコリとして、お酒の肴にもよくあい、ごはんのおかずにもなります。

昆布茶で

スパゲティの具に、野菜やベーコンを炒め、塩味で味つけするのは、さっぱりとしていいものです。

塩、コショーではなんとなくもの足りないというとき、塩のかわりに昆布茶を使うと、コクがでておいしくなります。

精進かき揚げ

5ミリ幅に切った生椎茸にザク切りの三つ葉をとり合せて、かき揚げにしてみたら、好評で、かき揚げの定番になりました。

椎茸は肉厚のもの、軸が長いときは二つ割ぐらいにして入れます。

一切れ多めに

わが家は五人家族です。誰かの誕生日に丸いケーキを買ったとき、人数分に切り分けるのがむずかしくていつもてこずっていました。

そこで、六つに切ることにしました。人数より一つ多くなりますが、その日、誕生日を迎えた人に二ついくようにしたのです。

こうすると、当人も特別あつかいされてよろこびますし、切る方もラクで、一石二鳥です。

食べやすく

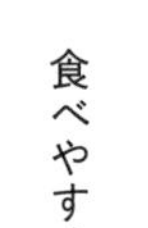

ハマグリやアサリのチャウダーはたいてい、そのまま入れますが、小さく切って入れるほうが、さっと煮ただけでおいしい味が出ます。

お年よりや歯のよくない人には、たべやすくて、よろこばれます。

小さな冒険

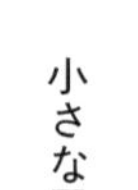

美容院というのは、つい同じ店へいってしまいます。そのほうが気心が知れていて、安心感があるのですが、こんど思い切って、ちがう店へいってみませんか。

同じようなヘアスタイルでも、どことなくちがって出来上がり、新しい発見があるかもしれません。もちろん気に入らないこともあります。

トイレに時計

トイレぐらいゆっくりしたいと思いますが、朝は貴重な時間で、電車に遅れないか、一分でも二分でも気になります。

トイレの中に、小さい時計をおいてみました。

いま「何分」と、トイレの中から大声で聞くよりは、時計を見る方が落着きます。壁に貼りつけるデジタルの時計もあります。

お互いに選ぶ

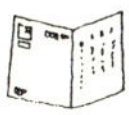

これからは、卒業、入学、就職、結婚と、贈り物を差上げるのに、頭を悩ます季節です。親しい方だと、欲しい物をたずねるのが一ばんですが、品物をきめられるとラクでも、ちょっと味気ない気もします。

自分で、その方に合うお祝いを予算内で数品えらんで、往復ハガキできいてみるのはどうでしょうか。お互いの意向が生かされます。

合う色を

コートをぬぐ季節になると、つい気持も軽やかになって、衝動買いをしがちです。

衣類を入れかえるときに、手持ちの洋服の色を見て、合う色を頭に入れておきます。買うのなら、こんな系統の色の服をえらぼうと決めておけば、無駄使いが防げます。

タイルの目地に

浴室や台所のタイルは、かびることがよくありますが、お掃除のあとで、目地にローソクを塗っておくと、水をはじくと聞きました。

我が家では、その替りに白いクレヨンを使っています。白くなって、きれいになりました。

安全ピンで

ちょっと大きめのバッグを持つとき、財布に長めのヒモをつけて、バッグの入口近くに安全ピンで留めておくと、これを引くとすぐに取り出せるし、ぬき取られたり、置き忘れたりする心配もありません。

ことに旅行のときは、いつもこうしています。

クリーニングの前に

冬のコートなど、厚手のウールものは、戸外に吊してパタパタ叩いて、ホコリやゴミを叩き出しておきます。ことに肩のへんや裾まわり

は、思ったよりたくさん吸いこんでいるものです。

ついでに、毛玉もクリーニングでは取れにくいから、落してから出します。

5分すすめて

いつも待ち合わせの時間に遅れがちです。自分では時間を計算しているつもりですが、5分は遅れます。それで、腕時計だけ5分すすめてみました。

なぜか、少し気持にゆとりが出たようで、遅れなくなりました。すすめると、時間に追いかけられる心理状態になるかと思いましたが、不思議です。

花ビンにきもの

手づくりのランを銀色の容器で下さる方がありました。花ビンは、いろんな空ビンやカンをアルミ箔で包んだものです。ランとよく合って、びっくりするほど豪華な感じです。

これをヒントに、シボのある和紙や、金や銀の箔を散らしたお菓子の包み紙などを使ってみました。適当な花ビンがなくても、花によってそれぞれ雰囲気が出て、たのしくなります。

やわらかめの紙が包みやすく、ちょっと糊づけするか、口元をヒモでかるく結びます。

ウールのスカーフ

冬に重宝したうすい大きいウールのスカーフは、暖かくなってきてもしまわないで、肌寒い日に肩にかけたり、ひざにかけたりして下さい。

うすくたためますから、バッグに入って荷物にならず、この頃のように気候の定まらないときは、旅行に出るとき、一枚持っていくと、いろいろに使えてたすかります。

季節の花

長く入院しておられる方のお見舞いに、桜の花を持ってゆきましたら春がきた、お花見ができた、と、大そうよろこばれました。

それ以来、病院には、リラやつつじ、しょうぶ、牡丹など、その季節にしかない花を持っていくようにしています。

花屋さんにたのんでおくと、取り寄せてくれます。

螢光テープで

自転車のハンドル、サドル、フレームなどに、暗くなったら光る螢光テープを、ところどころはります。

駐輪場でも目立つから、すぐ自分の自転車がわかりますし、夜走っていても、クルマや歩行者から見えやすくて安全です。

ハーフサイズ

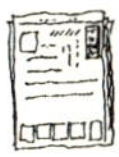

通勤時間が長いし、ぎゅうぎゅうには混まないから、新聞は電車の中で読むことにしていますが、カサカサと拡げるときが厄介です。

　そこで、真中からタテ半分に切って持ってゆくようにしました。とても読みやすいので、ぜひお試しください。

　もちろん、ひとり者で、ほかに新聞を読む人がいない場合ですが。

辞書にアイロン

　長いあいだ使いなれた辞書は、いいものですが、紙がうすいので、カドがめくれて折れていることがあります。

　アイロンをかけると、きれいに伸びます。ただし焦がさないよう、温度はぬるめにして、ていねいにかけます。

　新品とまではいかなくても、かなりきれいになって、ひきやすくなります。

植えかえる

　花の植木鉢を買ってきました。

　水をやろうとしてよく見ると、植木鉢の内側にもう一重、黒いプラスチックのケースが入っています。根を包んでいたケースを、そのままいれて売っていたのです。根腐れをおこしてしまうので、ケースからだして、土をたして植えかえたら、花もうれしそう。

　小さい鉢は、ケースのままというのが多いので、確めて下さい。

帯を楽しむ

　昔の帯、しまいっぱなしにするのがおしいような刺しゅうや織りがあります。着物を着なくなっても、インテリアに活用しては、いかがでしょう。

　たんすの上に敷いたり、テーブルセンターにしたりと、週がわりで、いろいろな帯を楽しみましょう。

その場でサンドイッチ

　ハイキングにいい季節になりました。お弁当には、パンと中身を別々に持っていくサンドイッチはいかがでしょう。

　パン、パテ、ハム、レタス、キュウリ、トマト、チーズなど、みんなで材料をそれぞれ、持ち寄って、その場でパンに好みの材料をのせて食べます。たのしいし、おいしいものです。
　それに、出かける前に作る手間が一つはぶけて、助かります。

アボカドを

　みそ汁の実を煮る時間がなかったとき、ふと目についたアボカドを使ってみました。

　皮をむいてタネをとり、アラレに切って、火を止めるまえに入れました。ちょっと意外なみそ汁の実でしたが、なかなかの味で、わが家の定番になりました。

はまぐりの竜田揚げ

　イキのいい、大きめのはまぐりが手に入ったら、殻から取り出して、ムキ身にします。これをしょう油と日本酒に漬けてしばらくおきます。
　この下味のついたはまぐりを、少し汁気をぬぐってから、片栗粉をつけて、油で揚げます。噛み切りにくいようでしたら、あらかじめ、はまぐりに切れ目を入れておきます。

いちごに

　この頃のいちごは、岩石のように大きいものがあって、たべにくいのがあります。
頭から半分に、ヘタの手前までナイフを入れて出します。
　こうすると、そのままいただいても食べやすく、またつぶすときにもすべらずラクです。

納豆チャーハン

　好評でリクエストが出るくらいの味です。
　玉子をたっぷり入れたチャーハンを作り、八分通りごはんが炒まったところへ、納豆とアサツキの刻んだものを加えて、さっと炒め、おしょう油で味をつけます。

えのき茸

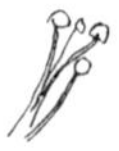

　焼きそばには、ザクザク切りのキャベツと相場がきまっているようですが、キャベツを細めに切り、えのき茸をたっぷり入れた焼きそばもわ

るくありません。

えのき茸のツルリとした口あたりとうまみがおそばにからまり、なかなかおいしいものです。

ごはんホットケーキ

冷やごはんが残ったときに。とき玉子に、ごはんと細かく切ったねぎをまぜ、しょう油で味をつけます。
熱くしたフライパンに多めにバタを入れて、ホットケーキのように両面こんがりと焼きます。
和洋風お好み焼きごはんのような味で、しょう油の焦げたにおいが食欲をそそります。

泡立てミルク

カフェ・オ・レにする牛乳を温めたら、泡立器でうんと泡立ててからコーヒーと合せます。上にフワッと泡がのっていて、ちょっとすてきです。

チェックのリボン

お誕生会や、若い人の集まりのとき、食卓におくナイフとフォークとスプーンを、一人分ずつ、チェックのリボンで結んでおくと、テーブルの上がまとまって、明かるく、にぎやかな感じになります。
しゃれた配色のチェックのリボンがいろいろ出回っていますから、一人ずつ別の色のリボンにしても、楽しいでしょう。

半ゆでラーメン

家庭で生ラーメンを4人分いっぺんに作るのは、大きなナベがなかったりして、なれていないと、なかなかうまくいきません。
そこで、生ラーメンを人数分あらかじめ半ゆでにし、水で洗ってぬめりをおとしておきます。
別にお湯をわかしておいて、1人前ずつ、ざるにめんを入れて、あたためて作ります。一度に何人分も作るのにくらべて、思ったより手際よくでき、のびる心配もありません。

ビールを

お客がみえたあとや、湯上りに一口飲んだあとなどに、ビールが残ることがあります。この飲み残りのビールでキャベツを煮ると、風味ある一品ができます。
分量は、キャベツ半コ、ベーコン百グラム、固形スープ1コに、ビールカップ1杯の割。ナベにきざんだベーコンをとって炒め、ザク切りのキャベツを入れてざっくり炒めたら塩コショーします。

ここへ、ヒタヒタに水を加え、固形スープを入れて煮ます。煮立ったらビールを入れ、汁が少なくなるまで煮つめます。最後に味をととのえます。

　コックさんからうかがいました。

サーディンを

　サーディンの缶詰をたくさんいただきました。
　そのまま、レモンをかけてたべたり、ホットサンドにしたりして、たべるのにもあきたとき、ちょうど手もとにあったしその葉にくるんで、おしょう油を落してみました。
　油っこさがぬけて、ちょっと和風に、おいしくいただけました。

お年よりには

　おすしの好きなお年よりが多いのですが、歯がわるいと、かみ切れません。
　のり巻きは、大きいのりを使わずに、すしご飯で、細かくきざんだかんぴょうやきゅうりを巻き、まわりにもみのりをまぶします。にぎりは、一口の大きさに。まぜずしはゴマやジャコを入れずに、酢じめの魚などを細かくきざんでまぜます。

長いフォークで

　フルーツやケーキをいただくときよく小さいフォークをつけますが、ほんとは、長い、大きめのフォークのほうが、しっかり持てて使いやすいのです。
　お客様のときなどは、テーブルの中央に長いのと短いのを何本かお出しして、好みで使いやすい方をとっていただいてもいいでしょう。
　そのときは、お皿も、フォークがおきやすいように、大きめのものにします。

ロールキャベツ

　ロールキャベツの中味をつくるとき、ひき肉や玉ねぎのつなぎに食パンを使いますが、かわりにご飯を入れますと、コクが出て、いいものです。

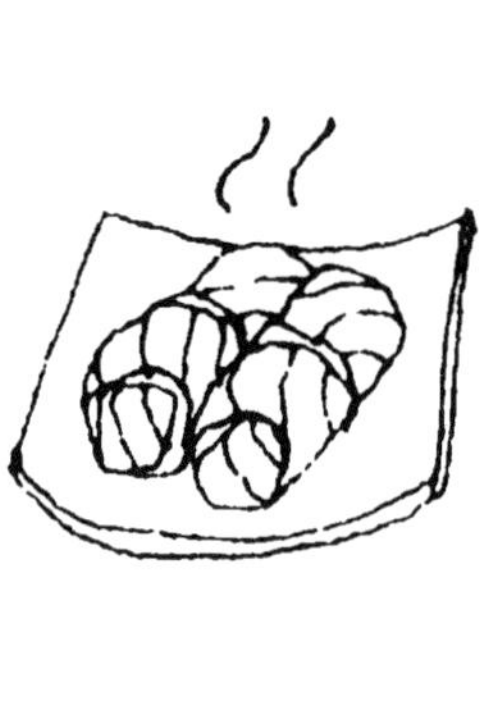

　ご飯は、残りご飯で充分です。量

は好みですが、だいたい一割から二割くらいです。

盛合せ

トンカツや、魚のフライに、ちょっと工夫してみました。

材料を一口くらいの大きさに切って、ころもをカレー味、チーズ味、パセリ味などにして揚げ、大皿に盛り合せるのです。いろんな味があっておもしろいと、おとなにもこどもにも喜ばれました。

はじめにまぶす小麦粉に、カレー粉や粉チーズ、パセリのみじん切りなどをまぜただけです。

カテージチーズを

カテージチーズをそのまま食べると、パサパサしておいしくありません。さっと裏ごししてレモン汁をおとすと、舌ざわりも味もよくなります。

トーストしたパンにジャムやマーマレードをぬり、上に、このカテージチーズをのせると、リッチな朝食になります。

クルミバタ

クルミの殻を割って、中の身をとり出し、薄皮をとりながら、こまかく刻みます。なるべくこまかく刻んだら、ピーナッツバタとまぜ合せます。

トーストにぬっても、こんがり焼いたお餅につけても、なかなかおいしいものです。

春のキャベシャブ

春キャベツを、食べやすい大きさにちぎってサッとゆで、豚バラ肉の薄切りも、同じようにゆでます。

辛子みそをちょっとサラダ油でゆるめて、キャベツと肉の上から、たらします。好みで豆板醬やキムチ味、マヨネーズ味のみそでも。

スープをソースに

わざわざソースを作らなくても、野菜のクリームスープやトマトスープの缶詰を、肉や魚のソテーのソースに使うと、簡単で、ちょっとしゃれた一皿になります。

たとえば、トリのもも肉のソテーになら、マッシュルームのクリームスープを温めて、あればマッシュルームのうす切りを炒めて加え、これをソースにしてかけます。

また、トマトスープにゆでたパスタを入れ、青味をそえると、若い人むきのスープパスタになり、よろこばれます。

お手軽風味バタ

　バタを柔かくし、ニンニクのみじん切りとパセリのみじん切り、さらにベーコンをあらく刻んだものを適量ずつまぜ込みます。これを大サジ1杯分位の量にまるめ、ラップに包み、冷凍しておきます。
　必要なとき、フライパンを温めて、この風味バタを溶かし、ご飯を炒めてもいいし、スパゲティを炒めてもいいし、用意しておくといろいろ重宝します。

初夏の章

朝から音楽

梅雨の時期、朝、目がさめたときに、うす暗くて、雨音がしていると、どうにも気がおもくなります。
そんなときは、音楽を流してみます。朝のしたくや、出勤前のあわただしい時間ですが、なんとなく気分もはれやかになって、キビキビ動けます。

とっさの救急袋

デパートやお店でくれる紙の手さげ袋に、ものを入れて出かけたら、途中で雨にあって、袋の手がとれたり、底が破れてきて困った、という苦い経験はありませんか。
こんなとき、スーパーなどでくれるプラスチックの手さげ袋を、小さくたたんで、紙袋の中に入れておくと、とっさのとき、移しかえられ、助かります。

銀製品を

銀のスプーン、フォーク、ブローチなどは、よくさびがつきますが、プラスチックの袋に入れてしまっておくと、空気にふれませんから、さびないし、きずもつきません。
ネックレスやブローチなど、ちょっと出しておくときも、これにつつんでおくと、安心です。

外に出す

雨の日、人の出入りで玄関のタタキがぬれて気持のわるいものです。
傘立を玄関先に出しておきます。玄関先には、たいてい屋根がはり出していますから、そこで傘をたたんでも、雨にぬれることは、まずないと思います。
ぬれた傘を、外で傘立に入れるようにすれば、玄関のタタキのぬれ方もいくぶんちがいます。
晴れたら、また中へ入れておきます。

おみやげは

小さいこどものいる家へ手みやげを持っていくときは、前もってお母さんに、食べものでもいいか、甘いものでもいいか、きいてからにしましょう。
歯がわるいので甘いものをやらないとか、ふとりすぎだから余分に食べないように親が気をつけているのに、あちこちから甘いお菓子をいただき、こどもがたべたがって困るという家もありますから。
そんなときは、こどものオモチャとか、お花とか、フルーツの方がいいかもしれません。

遅れて花を

身内に不幸があったとき、一週間ほどは狭い部屋に花があふれて、ありがたいけれど、花びんの水をかえたり、お世話が大変でした。

十日ほどして花が少なくなり、落ちついて淋しさが増してくるころ、知人から新しい花が届きました。心にしみ入るうれしい花でした。もちろん、どんな場合にもおすすめできるわけではありませんが。

白いガムテープ

ガムテープというと、ベージュ色が定番ですが、白とか青も、小巻きのを買っておいてはいかがでしょうか。

白っぽい紙や濃い色の紙で小包を作るとき、ベージュよりもこんな色のテープのほうが、紙の色と合ってすてきです。

近くて知らない所

このあいだ、バスをのり間違え、ずいぶん離れたところから歩かざるをえなくなりました。町なかに出ても、いつもきまった道筋で、きまった店によるだけでしたから、それがけっこう楽しかったのです。

地名はうろ覚えで知っていますから、迷子になった感じはしないし、とはいえ、行ったことのないところですから、その角を曲ると何が出てくるか、胸をわくわくさせながら歩けたからでしょう。

カードを

初めての人に会うことの多い季節です。名刺ぐらいの大きさの白いカードを数枚、カバンの中に用意しておきます。

ちょっと連絡先など書いて渡したり、相手が名刺を持っていなければ、名前と住所を書いてもらいます。後で整理するのにも便利です。

スペアのボタンで

スカートやズボンを買ったときにスペアのボタンがついてくることがあります。

このボタンをウエストの少しゆるめの位置に縫いつけておいて、食べすぎて苦しくなったときに、はめかえると、ラクになります。

オシャレに

セーターやブラウスが薄手になってくると、エリの後についたタグが

目立って、みっともないことがあります。

　また、綿のニットの服など、その縫目がひきつれて破れることがあるし、首にあたって、チクチクするようなことがあります。

　買ったらすぐに、布地をいためないように、ていねいにとっておくことです。

木ネジ二題

1　木がかたすぎて、なかなかしまらないとき、木ネジの先にほんの少しセッケンをこすりつけます。それだけで、見違えるほどラクに入っていきます。
　2　木ネジが、いつまでもゆるまないようにしたいとき、木ネジをいったん水にひたしてから使います。木ネジがさびて、木にしっかりとくいこんでくれます。（ただし鉄の木ネジを使います）

コピーしておく

　アドレス帳をなくしてしまい、大へん困りました。新らしくこしらえるのに、けっこう大変でした。
　最近は町のあちこちに、コピー屋さんがありますから、電話帳とか住所録のような大切なものを、コピーしておきます。万が一なくしたときにも、あわてなくてすみます。

小さくまとめて

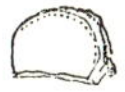

　小ぶりの可愛い化粧品のポーチがいろいろ出ています。
　これに、ハンドバッグの中に入れるもの、たとえば住所録、健康保険被保険者証、ハンコ、ペン、カギなどをまとめて入れてみました。
　バッグの中が整理できて、財布や手帳などが取り出しやすくなって、便利です。浅くマチが入っているのが、使いやすいのです。

コンビーフご飯

　即席にできるおいしいご飯です。あつあつのご飯に、コンビーフの缶詰をあけ、ほぐしてのせます。グルグルッとかきまぜて、おしょう油をおとして、でき上がりです。
　いただくとき、青くゆがいたグリンピースでもちらすと、いっそうおいしく見えます。

小あじの干物

　あじは骨が固い魚ですが、甘塩の小あじの干物が手にはいったとき、そのまま油で揚げて、黒ゴマをふりかけます。
　骨までパリパリとなって香ばし

く、オードブルなどに最適です。一、二滴おしょう油をたらせば、ごはんのおかずにぴったりです。

果物の缶詰を

パイナップル、桃、ミカンなど果物の缶詰は、缶から出して、ちょっと冷凍庫で凍らせても、おいしくなります。

大きいものは小さくきざんで、シロップといっしょに器に入れ、二、三十分冷凍庫に入れます。カチカチに凍ってはおいしくありません。シロップがサクサクして、果物入りのシャーベットのような感じです。

うにを

うにのびん詰は、けっこう塩がきいていますが、サワークリームを混ぜると、なごやかな味になります。

お茶のおやつにクラッカーに塗ったり、うす切りサンドイッチの具にして、お客さまにお出しすると、意外に喜ばれます。

また大根のうす切りにはさみ、櫛型か四つ切りにして出すと、ちょっとしたおつまみになります。

カレーにパイナップル

カレーを作るとき、でき上る少しまえに、缶詰のパイナップルを一口に切って入れ、しばらく煮ます。

カレーの辛さに、ときどき口にあたる甘酸っぱいパイナップルの味がよく合って、ひと味ちがうカレーでした。

酢ドレッシング

レタスや新キャベツ、サラダ菜などのサラダに、酢、塩コショー、マスタードで油ぬきのドレッシングを作ります。

食べるとき、油をサラダ全体にまぶしてから、お皿にとり分け、好きなだけ、この酢ドレッシングをかけます。

ときには、油なしでさっぱりと、酢ドレッシングだけでいただくのもいいものです。

巻きスを

ダシや煮物をおナベに入れておいたり、丼に盛っておいたりするときに、海苔まきに使う巻きスを、フタの代りにかけておきます。

むれないし、ホコリも入らなくて安心です。

にんじんのきんぴら

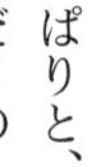

にんじんだけのきんぴらは、色が

きれいで、いかにも華やかで食卓を楽しくします。

　にんじんはマッチ棒の太さに刻んで、ごま油で炒め、だしとお酒で少し煮てから、塩で味をつけて、おしょう油を一、二滴たらし、少し歯ごたえを残して火を止めます。白ごまの粗ずりをかけます。

まぜやすく

　ごまを煎るとき、菜箸の先の方で煎ると、細いから、ごまがにげてしまって、煎りにくいものです。さかさまにして、上の太い方を使うと、まぜやすくなります。
　もちろん、ごまの入ったナベをゆするのも、お忘れなく。

コーヒーにココア

いつもインスタントコーヒーで、この味に少々あきたら、ココアをまぜてみてください。ちょっと変った味がたのしめます。

　カップにココアを茶サジ2杯入れて、熱湯を少し加え、練るようにしてとかします。ここに、コーヒーの粉をいつもより少なめに入れて、熱湯をそそぎます。砂糖とミルクはお好みで。

　いつものコーヒーにチョコレートの甘い香りが加わって、なかなかけっこうな味です。

油揚げを

みそ汁の具に、おとうふと油揚げは基本的なもの。
　その油揚げをあぶってから、細かくきざんで入れると、ちょっと香ばしい味に仕上ります。油揚げはさっとあぶるだけで、黒くこがさないように気をつけてください。

皮が足りないとき

シューマイを作っていて、皮がたりなくなることがあります。
　そんなとき、残った肉に片栗粉をまぶして、白菜やキャベツ、レタスなどの葉っぱにのせたり、巻ければクルッと巻いて、いっしょに蒸します。
　皮があまり好きでない人には、かえって、こちらの方があっさりとして、喜ばれます。

さつまいもコロッケ

さつま芋を蒸すかゆでるかして、つぶします。玉ねぎとベーコンのみじん切りを炒めてまぜ合わせ、牛乳を少し入れて、口当たりよい固さにします。

あとは、好きな形、大きさにまとめて、コロモをつけて揚げます。

コンニャクのぬた

わけぎのぬたの相棒には赤貝、アサリ、イカ、ワカメなどを使いますが、代りに、コンニャクを使ってみました。

コンニャクはさっとゆがいて、うすい小さめの短冊に切ります。湯どおししたわけぎ、コンニャク、もどして酢洗いしたワカメを合せて、辛子みそであえます。さっぱりとして好評です。

クレープで

小粒でよく熟したいちごが手に入ったら、二つ割りにして全体に砂糖をまぶし、香りのあるお酒を少々ふって、冷凍庫に入れておきます。

ゆっくりと朝ごはんを楽しみたいときに、これをとりだし、焼きたてのクレープに包んでいただきます。

からしバタ

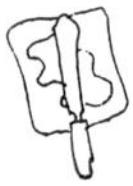

サンドイッチのとき、パンにときがらしとバタをぬるのは、けっこうめんどうです。

さきに、バタにときがらしを入れて、よくねってからパンにぬると、ひと手間はぶけますし、からしが一カ所にかたまってつくこともありません。

フォークを一本

台所の菜箸や炒めベラといっしょに、料理用に少し大きめのフォークを一本、そなえておくと便利です。

玉子をまぜる、フライのコロモをつける、フライパンの肉をひっくり返す、ちょっとフォークの先で煮え加減をみる……など。ただ金属ですから、ナベに入れっぱなしにしないように気をつけてください。

牛乳パックで

ピクニックにいくとき、バナナなどやわらかいものは、ギューギュー押されてつぶれることがあります。

牛乳パックの長い一辺をタテに切り離して、三角の筒に組みなおし、その中に入れていくと、つぶれません。おにぎりやパンなども、入れて運ぶと、形がくずれません。

お茶に

西洋料理をたべたあとには、ふつうコーヒーをのみます。

コーヒーでは、ちょっと重たいという方は、日本料理のあとによく出す濃いめの番茶に、塩を少々おとした塩番茶を召し上って下さい。

コーヒーより、さわやかな味わいで、けっこうです。

ニラ

みそ汁やチャーハンに、ニラをちょっと使っただけで、あとはベチャベチャにして、捨ててしまうことがよくあります。

残ったら、3センチくらいの長さに切って、密閉容器に入れ、冷蔵庫にしまっておきます。こうすると、しばらくはそのまま使えるし、ニオイも気になりません。

冷凍庫の仕分け

冷凍庫の中に食品をつめこんでいくと、ほしいものを探しても、なかなか見つかりません。

冷凍庫のなかに、プラスチックのカゴをいくつか入れて、肉、魚、お菓子と分けて入れます。

これだけで、ずいぶんラクに見つけられるようになりました。

健康ヨーグルト

ヨーグルトに黄粉、すり胡麻を加え、蜂蜜で和えて食べています。

コクが出ておいしいし、大事な栄養素がたくさん入って、気分的にも元気になります。

お年寄りにおすすめ。

目立つ服を

こどもを、遊園地やデパートや野球場など、大ぜい人の集まるところへ連れていくときは、はでな明るいシマや、赤や黄色などの、ぱっと目立つ服をきせていきます。

見失ったときに見つけやすいし、他の子とまざって遊んでいるときも、どこで、なにをしているかすぐわかります。

花の名前

ちかごろ花屋さんで買う鉢植えの花には、外来種のカタカナの長い名のつくものがあって、一度や二度きいたくらいでは、なかなか覚えられないものです。

名札を立てておいてもいいのです

が、おもい切って、植木鉢の側面に油性サインペンで大きく名を書いておくと、すぐ目に入って、いつの間にか覚えられます。

額ブチの色

額ブチのフチをペンキで塗りかえてみませんか。とくに白木仕上げのものは、壁紙の色に合わせるとか、白壁のところにかける額ブチは白くぬるとかしてみます。

　中に入っている写真や絵がひき立ち、部屋の雰囲気が変ります。

変りイヤリング

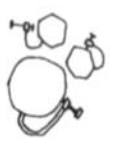

　お気に入りの、金色の大きいイヤリングの片方をなくしました。

　残ったものを片方の耳につけ、もう片方の耳には、手持ちの小さな金色のイヤリングを、二つ一緒につけてみました。

　なかなかの組み合せで、もうしばらく楽しめそうです。

靴先を

男の人の通勤用の靴の先には、よくみると、靴下の毛バが、けっこうたまっています。

　使い古しの歯ブラシを使ってかき出すと、きれいにとれます。靴先のしめった感じがなくなって、さっぱりと気持よくはけます。

粘着テープを

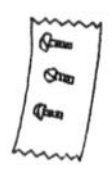

　照明器具やレンジフードなどの掃除や修理のとき、はずしたネジが見あたらなくなった、という経験はありませんか。

　粘着テープを適当に切って、ノリ面を上にして、ネジをはずした順に並べておくと、なくすことなく、一目瞭然、作業もラクです。

名刺の整理

　いただいた名刺の整理は、ふつうファイルに入れますが、穴をあけてヒモに通して整理しておくと、カンタンで、便利です。

　名刺の左上の角から1センチほど入ったところに穴をあけ、アイウエオ順にでも見出しをつけて、ヒモを通して束ねます。名刺の裏まですぐ

見られます。

来客用スリッパ

お客様に出すスリッパは、新しいと、たしかに気持ちがいいものですが、おろしたては、かえって足になじまず、はきづらいものです。

一日くらい、家族ではいて、かたさをほぐしておくと、はきやすくなります。

ファイル二冊

一冊のクリア・ファイルには、近所のお店や、デパートをまとめておきます。出前のメニュウや電話番号がすぐにわかりますし、スーパーやデパートに問い合せするときにも、重宝します。

もう一冊には、新聞、雑誌などで見た遊び場をまとめておきます。子どもを連れて出かけるとき、役に立ちます。

イチゴのパックで

草花の苗を種から育てるときは、水をやるのに、けっこう気をつかいます。

イチゴのパックをとっておいて、底に水をはり、そこに育苗のポットをならべて、底の穴から水をすい上げるようにすると、うまくいきます。近くの農家の人のアイデアです。

ネジしめデー

電気器具のプラグや、戸棚の丁番など、家の中にはネジでとめてあるところが、けっこう多いものです。長く使っているうちに、そのネジがゆるんで、思わぬ事故になることがあります。せめて半年に一回ぐらいは日を決めて、家庭内のネジの総点検をしましょう。

ミニマップ

このごろは、文庫本くらいの大きさの、小さな地図を売っています。よく行く身近な地域のものを一冊買って、バッグの中に入れておくと、とても重宝します。

はじめての場所でも、これで確かめながら行くと、駅からまよわずに行けます。

木綿のスカーフ

バーゲンなどで木綿のスカーフが目についたら、四、五枚買っておきます。これから夏にむかって重宝します。

お掃除のとき頭にかぶったり、T

シャツやジーンズのときのアクセントにちょっと首に結んだりすると、楽しいし、お弁当をつつんだり、ナプキンにしたりと、使いみちが多いのです。

電池のメモを

大事な約束の時間に遅れた人がいます。その日、時計の電池が切れていて、目覚しが鳴らなかったそうです。

　電池を入れかえたら、その年月日をはっきり書いて、時計のウラに貼りつけておき、目覚しをセットするときに、気をつけて見るようにします。そして寿命が一年なら、その少しまえにとりかえることです。

うなぎうどん

うな丼、うなぎ茶漬も結構ですが、うなぎうどんもなかなかです。

　蒲焼きを、かけ汁の中でサッとあたためてうどんにのせ、汁をはります。貝われ菜、根みつば、ネギなど野菜をたっぷりのせます。

　うなぎはトレイに入れて売っているもので充分です。

ケッパー代りに

スモークサーモンには、薄切り玉ねぎとケッパーが欠かせませんが、ケッパーを切らしたとき、すっぱくなった野沢菜をきざんでのせたら、これが、なかなか合うのです。

　冷蔵庫の整理にもなっておすすめです。

ゴマを

　からだにいいといわれるゴマ、あえものや酢のものにかぎらず、もっといただきたいものです。

　ゴマを薄めの塩水に浸け、そのまま火にかけて水を蒸発させてから煎ると、ちょっと塩味のついた、ゴマ塩ほどは辛くないゴマができます。

　これを食卓において、ご飯、バタートースト、みそ汁、野菜炒め、サラダなど、好みにふりかけていただきます。

さしみ揚げ

　舟盛りで買ってきたおさしみが、イキがもうひとつというとき、こうすると、目先きが変っておいしくいただけます。

　青じその葉か、海苔に、ワサビをつけて、おさしみを一切れ巻いたのに、天ぷらのコロモをつけて揚げます。

　あついところを、レモンを絞ったしょう油か、天つゆで。

急に人数がふえたとき、おさしみがあまったときなどにも、いいものです。

固くなったら

フランスパンが固くなってしまったら、水を数滴ふりかけてから、アルミ箔で包んでトースターであたためます。なかがふわふわの、おいしいフランスパンに戻ります。

牛肉をわさび漬けで

牛肉の薄切りをサッと油で焼き、焼きたてにレモンをしぼって、おしょう油をたらした大根おろしをからませていただくのは、おいしいおかずですが、おしょう油でといたわさび漬けをつけるのもけっこうです。

ピリッとわさびの辛さが効き、あたたかいご飯に、なかなかよく合います。

ツアサイを一びん

中国のつけものの、ツアサイが一びんあると、おかずに変化がついていいものです。

それ自体にしっかりした味があるので、うすく切って、蒸したトリやとうふと和えたり、きざんでサラダに加えたりすると、味のアクセントになります。

ひじきにセロリ

ひじきは、ふつうは油揚げやにんじんと煮ますが、これにセロリの細切りと残っていたもやし、ついでに竹輪も細切りにして煮てみたら、色どりも賑やかになり、セロリの風味が加わって、結構でした。

これだけ野菜が多いと、野菜から水がでるので、味をつけたら、あとフタをして蒸し煮にすると、水をほとんど入れなくても煮えますし、おいしい味がつきます。

ポテト好きな方に

じゃがいもは丸ごと蒸すか、オーブンで焼きます。アツアツをたべやすく切って、カレーや、ビーフシチュウ、スパゲティ用のミートソースなどそえて、好きにからめてたべます。

ご飯のかわりのじゃがいもです。

塩鮭を

塩鮭が残ったら、ほぐして、ポテトサラダに合わせてみました。

玉ねぎのうす切りを水でさらして、ポテトに加え、マヨネーズであえてから塩鮭を入れます。鮭の塩味がアクセントになって、なかなかの味です。

ポタージュに

ポタージュやクリーム煮をつくって、なんだか味にもう一つコクがなく、物足りないというときには、チーズを少しきざむか、おろしていれると、おいしくなります。

できれば、ナチュラルチーズのようなとけるチーズがいいようです。

甘いソースに生姜

豚肉のソテーやハムステーキなど甘いソースがあう料理に、粗みじんに切った生姜はよくあいます。

ソースにまぜて軽く火を通せば、ソースの風味もまし、そのまま薬味として添えれば、野趣のある一皿になります。

かんたんビーフ

牛肉のかたまりを使います。輸入肉でもけっこうです。

ナベに、お酒としょう油を一対一の割で合わせてわかします。量は、肉が半分浸るくらいです。そこにニンニクひとかけらと肉を入れ、半分フタをして、ときどき上下を返しながら、強めの火で十五分くらい煮ます。

肉に竹ぐしをさしてみて、真中がぬるい程度に感じれば、でき上っています。しばらく冷ましてから切り分け、タレをかけていただきます。

酢めし

梅雨どきは、けだるくて食欲がなくなるものです。

わが家では、この季節、よく酢めしを作ります。酢、砂糖、塩をまぜて火にかけてとかし、すし酢を作り、炊きたてのご飯にまぜて、あたたかいうちにいただきます。具は何も入れない方がさっぱりして、どんなおかずにもあって、ご飯がすすみます。

ビンに缶切り

ビンのフタがかたくて、どうしてもあかないときの奥の手は、缶切りです。刃のところをビンとフタの間にさし込んで、ちょっとすき間をあける気持で、こじてやります。

ぐるっと数カ所やっていき、シュッと空気のはいる音がしたら、しめたもの。あとはラクにあきます。

コブ茶を

トーストに塩をふりかけたり、焼

のりをのせたりして食べますが、バタをぬって、塩のかわりにコブ茶を少しふりかけて食べてみました。

　コブと塩とバタがからんで、オツな味のトーストでした。

すりおろすとき

お菓子やドレッシングの風味づけに、レモンやオレンジの皮のすりおろしを使うことがあります。
　こんなとき、おろし金の歯にアルミホイルをかぶせてからおろすと、ホイルをはずしたときに、おろした皮がきれいにとれて、ムダになりません。

クレソンいため

ステーキのつけ合せ、サラダなどにクレソンを使うとき、葉っぱだけをとって、茎は残します。
　この茎をすてないで、適当に切って、油かバタでパッといためます。淡いグリーンがきれいな、やわらかく味もよい、つけ合せができます。ちょっと一箸のおつまみにもけっこうです。

おかきを

アイスクリームには、ウエハースをよく添えますが、小倉や抹茶の和風のアイスクリームに、揚げせんやうす焼などの、やわらかいおかきを組みあわせてみました。
　ウエハースよりやや重たくなりますが、一風かわって、おしょう油の味も、あいます。

ひと味プラス

肉のつけ合せに、マッシュポテトを作りますが、じゃがいもをゆでるとき、セロリやにんじんを加えてゆで、一緒に裏ごしします。こうすると、じゃがいもだけよりも、セロリやにんじんの風味が加わったマッシュポテトになります。
　またそこへ、細かくきざんだベーコンやコンビーフをバタでいためて加えたりすると、小さな一品になります。

料理を作るとき

本をみて新しい料理を作るとき、手順は頭に入っても、しょう油、酢、砂糖などと、何種もの調味料の分量までは覚えきれません。
　また途中で本をのぞきこむのも、小さい活字は、チラチラして見にくく、やっかいなものです。
　そこで、調味料とその分量、ごく大ざっぱな手順を、メモ用紙に自分なりに読みやすく書いて、流しの前か調理台の前の見やすいところに、ちょっと貼りつけてから作りはじめると、ラクです。

すっぱいとき

生のパイナップルがすっぱいときは、頭の部分を切って、切り口にハチミツをかけ、しばらくおくと、食べやすい甘さになります。

お留守ですよ

せっかく休暇で昼まで寝ようとか静かに本を読もうとおもっても、家にいるとき、セールスの訪問があったり、電話が鳴ったりで、少しもゆっくりできず、落着きません。

今日は留守なんだときめて、戸閉まりをして、ベルの電源を切り、電話に座ぶとんをかぶせてと、すべてシャットアウトして、半日なり、一日なりすごすのもいいものです。

写真を撮るとき

母はみごとな白髪です。集合写真をとるときには、必ず後ろの人の服の色が白でないかどうか、確めるそうです。

白いYシャツの人の前に立ったりすると、髪の毛の色が溶けこんで、変なふうに写ってしまいますから。

エプロン延命策

エプロンはどうしても、お腹のあたりが汚れるので、すぐ、そのへんがしみだらけになってしまいます。

作るとき、お腹のところに、口が三〇センチほどの大きなポケットを一つつけておきます。

しばらく使って、きたなくなってきたら、ポケットをとってしまいます。エプロンの寿命が、倍にのびます。

また、しゃれた配色の布で、同じように大きなポケットをつけてもいいでしょう。

ポストの取集め時刻

とくに新興の住宅地では、郵便ポストの取集め回数が少ないのです。ポストに書いてある取集めの時刻をメモして家に貼っておき、急ぎのときは、その時間に合せてポストに入れれば、それだけ早く着くわけです。

わずかなことで、取集めのあとになったら、手紙や葉書が一日ポストでねることになります。

聞いてから

ひとりで暮らしているお年寄りに

電話をしたとき、話が長くなりそうなら、今ガスを使っていないか聞いてみます。
電話が嬉しくて、つい、ガスの火を消さずに、長話になることがあるからです。

カーテンを

クーラーをつけるときは、窓にカーテンをひいてから、つけることにします。ガラスとカーテンの間の空気が、部屋の中の冷たい空気を保って、外ににげにくくなります。
カーテンは厚いものでなくても、薄い、さわやかなレースのカーテン一枚でも、ずい分ちがいます。

ボタンを

どこかで落してしまったのでしょう。気がついたら、前あきの上着のボタンが一つとれて、なくなっていました。さがしても見当らず、ボタン屋さんへ行っても、同じボタンは手に入りませんでした。
全部ボタンを新しく替えるのもおしいので、服と、もとのボタンに合うものを買って、一つおきにつけてみました。
ちがうボタンがアクセントになって、まえよりも格好よくなったと、みんなにほめられて、ご機嫌です。

検査するなら

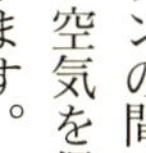

病院などで診察をうけたとき、トイレをすませたばかりなのに、「尿の検査をします」といわれて、あわてることがあります。
といっても、ガマンして診察をうけるのは、なにか落着きません。
初回の診察のときは仕方がありませんが、二回目からは、担当の先生に、こんど検査があるかどうか、前もってたしかめておくと、安心していられます。

カギを

この春、独りずまいを始めた人が馴れないで失敗するのが、カギの生活。忘れて出かけると、ひと騒動です。
もちろん合カギを何本かつくっておきますが、かくしおき場にも頭をなやまします。おつとめの方なら、一本を会社の引き出しにでも入れておくと、いざというときに助かります。

レモンうがい

歯をみがいたあとは、歯みがきの香りや味が口に残ります。ガラスのピッチャーに、レモンの薄切りをた

っぷり浮かべた水を入れて、毎朝、洗面所に出してみました。
　歯みがきのさいごの口すすぎに使うと、さっぱりした気分でいいものです。
　外出から帰ってからのうがいにも好評です。

プランターの底

　草花で大敵なのは、水のやりすぎです。プランターに植えるときは、土を入れる前、側面の下のほうに開いている小さな穴を、底までハサミなどで切りひろげておきます。
　こうすると、底に水がたまらず、根ぐされの心配も少なくなります。

大きな輪ゴム

　自転車の荷台用に、幅広の大きな輪ゴムを3、4本、用意しておきます。大きな荷物は専用のロープをかけますが、ロープではくずれるような、うすくて、軽い荷物は、輪ゴムでとめたほうがピッタリします。

上下をかえる

　シーツには枕のあたりにししゅうがあったり、ヘムの幅に大小があって、天地を決めたものがあります。
　しかし、シーツは背中から下の方にかけていたむので、こんなシーツはときどき天地を逆にして使うと、いくらか長もちします。

カウンターを

　編物をしていて、途中で、玄関に人がくるとか、電話がかかるとかで急に他の用事で立つことがあります。そんなとき、そこまでの段数を忘れてしまうと、数えなおさなければなりません。
　ちいさい簡単なカウンターを使って、一段すんだら、一回ずつ押しておくと、途中で何があっても安心です。

トマトワイン

　湯上りに、なにか冷たいものが欲しくなったとき、トマトワインなどいかがでしょう。
　つめたく冷やしたトマトジュースを、白ぶどう酒で割ります。白ぶどう酒の量は好みですが、あまり少ないとおいしくありません。

ごぼうサラダ

　シャキッとした歯ごたえがおいしいごぼうサラダを作るとき、マヨネーズでなく、ピーナッツバタであえました。

コクがあって、よくからむので、おいしいサラダができました。

納豆カナッペ

納豆を庖丁で叩くように細かくきざみ、マスタードをいれてよくねってねばりを出し、しょう油を二、三滴たらして味をつけます。

薄切りのパンをカリッと焼いて、バタを塗り、納豆をのせてのばします。その上からパセリのみじん切りを散らすと、納豆カナッペの出来上りです。好みで長ねぎのみじん切りでもいいでしょう。ちょっと目先きが変っていて喜ばれます。

面とりに

かぼちゃやにんじん、いも類を煮込んだり、スープに入れるとき、煮くずれないように角をおとします。庖丁でもいいのですが、皮むき器で削ると、手早く、うすく、きれいにとれます。

お酢を

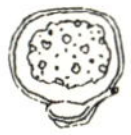

玉子の炒飯をつくるとき、玉子に塩コショーしますが、それでもご飯と合わせると、何となく薄ぼけた味になってしまって、いま一つだなと思っていました。

ためしに、玉子にお酢をほんの少し入れてみました。味がぐっとひきしまって、なかなかのお味になりました。

セン切り大根を

大根を細いセン切りにして、冷たい水にさらしてパリッとさせたものは、サラダのベースに最適です。あと、どんな野菜をもってきてもいいし、ツナやハムでも合います。ドレッシングは、酢とゴマ油としょう油で中華風にしても、あるいはふつうの酢油ドレッシングや、マヨネーズでもいけます。安上りなのも助かります。

甘いものに

もち菓子など、甘いものをいただいたあとにのむお茶は、ふつうお煎茶です。

ほうじ茶に少々塩をおとしてみて

下さい。さっぱりとしたあと味で、けっこうなものです。

煎り玄米

濃い塩水に一晩漬けたゴマの水を切り、カラいりして、ゴマ塩を作ります。ここへ水で洗った玄米を入れ玄米が茶色く色づき、コリコリ噛みくだけるようになるまで、よくよく煎ります。ゴマの量は三割位。

おつまみやおやつに、甘いお菓子よりも、かえって手が出ます。くるみや松の実があったら、入れると、一味おいしくなります。

小さい角切りに

カレーに入れる肉は、よくブツ切りにして入れますが、一センチ角位に切り、野菜も小ぶりに切って作ります。こうすると早く煮えるし、食べるとき、ごはんともなじみがよくて、食べやすくなります。

ワサビにお砂糖

ホースラディシュは、すりおろしたら砂糖と酢をほんの少しまぜて、庖丁でよくたたいてから使いますが、ワサビも、おろし金に砂糖を、指先でちょっとつけてからすりおろすと、風味が増します。

おさしみに

おさしみを大皿に盛りつけるときは、鯛などの白身魚やマグロ、イカなど、生の魚とツマが普通です。

趣向をかえて、かまぼこやちくわを薄く切って、一緒に盛りつけておきます。生の魚のあいだにいただくと、ちょっと口が変っておいしいものです。

プラスねぎ

レタスをちぎってマヨネーズで、といった、かんたんなサラダにするとき、ちょっと長ねぎをきざんで、いっしょに入れます。

西洋野菜と日本のねぎが妙に合って、一風しゃれた味が口中にひろがり、なかなか結構なサラダです。

二、三枚まぜる

紅茶のポットの中に、干したペパーミントの葉を二、三片いれてお湯をそそぎ、紅茶をいれてみました。上等の紅茶でなくても、いれ方もアレコレむずかしいことはなく、ただ熱湯さえ入れれば、おいしいお茶になります。

紅茶は時間をおかずにうすめにい

れて、砂糖もミルクも、お好みにします。ハッカの香りと、スーッとした味が加わった、のみ心地のよい飲みものです。

古漬けチャーハン

ぬかみその古漬けを少し塩出しして細かく刻み、すりしょうがや切りごまをまぜ、玉子を加えて、チャーハンを作ってみました。

古漬けは先に炒めて、水分をとばしておきます。味付けと香りにしょう油を少々たらし、でき上りに切りごまと刻んだ青じそをちらします。

独特の酸味がきいて、食欲がすすみます。

くず切りふうに

細い春雨をもどして、冷たくひやして、黒蜜で食べます。口当りがやわらかく、なかなかけっこうなお味です。

また、レモンを落した砂糖蜜や、きな粉をまぶしても、くず切りに負けない、ちょっとしたおやつ、デザートになります。

鮭缶でみそ汁を

先日うかがったお宅で、鮭缶のみそ汁をいただきました。

ダシで大根やにんじん、里いもを煮て、やわらかくなったら鮭缶をほぐして入れ、最後にみそで味をととのえます。

お椀に盛って、小口切りのねぎと七味唐辛子をふります。味にコクのあるみそ汁でした。

目玉焼きを

毎朝の目玉焼きを、和風に。

玉子をふつうの目玉焼きのように焼きます。そして、黄味をつぶしてちょっとおしょう油をたらし、かつおぶしをかけ、白味とまぜていただきます。

洋風とは、またちがった味で、ごはんによく合います。

和菓子をスプーンで

和菓子には、黒文字や和風のフォークをつけますが、老舗のお菓子屋さんで「黄味しぐれ」をいただいたとき、金色の小さなスプーンがついていました。

とても食べやすく、これからはこれにしようと思いました。

新じゃが田楽

直径2、3センチの新じゃがは、そのまま揚げて、塩をふるだけでも

おいしいものですが、それを串にさして田楽にすると、目先が変ってちょっと、ごちそう風になります。

ゆでたこんにゃくと組み合せてもわるくありません。

さんしょ入りのみそ、くるみみそなど、ちょっとコクのあるおみそが合います。

フォーク置き

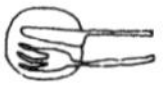

引出物にいただいた銀色の小皿を食卓に並べて、箸置きのようにナイフとフォークを置いてみました。
なかなかステキで、棒状のものより具合がよく、テーブルクロスを汚す心配もありません。

のり巻きに

かんぴょうの海苔巻きをまくとき白ごまを煎って、わさびと一緒に、かんぴょうのわきにちょっとのせて巻きます。
ごまの香りがして、甘辛いかんぴょうに、わさびの辛味が不思議と合って、大人っぽい味の海苔巻きになります。

車にお盆

車で出かけるとき、小さなお盆を一枚もっていきます。
途中ひと休みするとき、車内で休憩して、お茶などのむというとき、せまいところで、平らなところはありませんから、意外に重宝します。コップとか食べものも、お盆にのせた方が落ち着くし、安心して休めます。

地図を

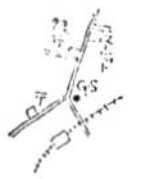

近所に引越してこられた方に、近所回りの地図を書いて、必要と思われるところに印をつけて、差し上げました。
スーパーマーケット、クリーニング屋さん、郵便局、それに病院、歯医者さん、薬屋さんなどの場所も、忘れずに書いておきます。
行きたいと思ったとき、どこにあるかすぐにわかって、たいへん助かったと、お礼をいわれました。

入浴時間

いそがしくて、お風呂はたいてい寝るまえに、カラスの行水のように急いで入っていました。
日曜日に、早くからわかして、明るいうちにゆっくりと入ってみました。この頃なら寒くありませんから湯ざめもしません。
なんとなくさわやかで、温泉気分を味わえるような、のんびりした気持になって、一週間の疲れがぬけるようでした。

絵手紙のプレゼント

長いこと入院している友人に、絵てがみ集を買ってプレゼントしたら、たいへん喜ばれました。

絵を楽しむだけでなく、そこに書かれている文章や文字にはげまされて、明るい気持になった、といっていました。

カギに鉛筆

このごろ、ドアのカギがかかりにくくて困っていましたら、建具屋さんが、芯のやわらかい鉛筆をカギに塗ってごらんなさい、と教えてくれました。

やってみると、びっくりするほどスムーズに、カギがまわるようになりました。油をたらすとゴミがつくから、鉛筆の芯のほうがいいそうです。錠前のカンヌキが飛び出すところにも、ていねいにぬります。

カギをかけるたびにイヤな思いをしていましたが、それからは気持よく、閉めたりあけたりしています。

ゆるんだネジ

メガネのネジは、いったんゆるみだすと、締めても、またすぐゆるんできます。

ネジを締めたところに、瞬間接着剤を一滴たらしておくと長もちします。

背中にさげる

大きなペンダントや、長いネックレスをさげていると、顔やお茶碗を洗うとき、手元に垂れさがってきてジャマになります。だいじな瀬戸ものに、ぶら下っているアクセサリがあたって、ヒヤッとすることもあります。

ちょっと後へ、背中の方へまわしてから洗うと、少し重いアクセサリなら、前へ垂れ下ってくる心配がありません。安心して洗えます。

間接照明

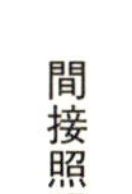

部屋のあかりを消して、アームライトを天井に向けてみました。ぼうっとしたやわらかい光が部屋全体にひろがって、雰囲気が変わります。

こうこうとした照明より、暑苦しいときには気持が落着き、いい気分です。

小物干し

小物干しは、たとえ雨にあたらな

くても、外に出したままにしておくと、すぐにきたなくなってきたり、さびてきたりします。

洗タクものをとりこむとき、忘れずに、小物干しも家の中へ入れてしまうクセをつけておくと、イタミがだいぶちがいます。

角を切る

白黒や、ネガカラーフィルムの現像が出来上ったら、フィルムの四隅を少しだけ、ハサミで切っておきます。

袋に入れるとき、ひっかからずに入れやすいし、ネガどうしがあたっても、傷をつけずにすみます。

わが家の絵本

写真屋さんでくれる24枚くらいの小さいポケットアルバムに、子どもの好きな動物や自動車の写真、絵葉書、家族の写真などをはさんでおきます。

小さい子が見るのに、ちょうど手ごろな大きさで、よろこんでみています。

この絵本、あきてきたら、すっかり中味を変えられるのも、いいところです。

カードを活用

近頃、文房具店には、大きさも形も、さまざまな情報カードが並んでいますが、ハガキ大の無地のカードを買っておくと、とても重宝です。

気に入った料理をメモしておく、買った洋服を書いておいて、コーディネイトを考える、新しいお店の地図を書いておくのに便利。〈郵便はがき〉と書いて切手を貼ればハガキとして使えます。同じ大きさで揃えるのが、整理のコツです。

時計バンドを

腕時計のバンドは、革でも金属でも、毎日使っているうちに汚れてきます。

革製のものは、布に、皮革用のクリームを少々つけてすりこむといいし、金属製は、バンドのつなぎ目などふしぶしを、古いブラシのようなもので汚れを落とすと、汗臭さもとれてさっぱりします。

小さな花も

丈の短い花を花ビンにさすとき、花ビンが深すぎたり、口が大きすぎたりして、うまく活けられないときがあります。

花をさすスポンジがあればいいのですが、ないときは、アルミホイルをくしゃくしゃにして花ビンの中に入れると、短い茎をおさえてくれて、上手に挿せます。

アクセサリで

喪服を着たあとで、どこかへまわらなくてはならないとき、とても困ります。

そういうときは、ちょっと派手なマフラーやネックレス、あるいはベルトなどをべつに持っていきましょう。帰りに、首にまいたり、かけたり、しめ直したりして、喪服の雰囲気を変えて行くと、黒い服でも気にならず、気分が落着きます。

ハムステーキに

ロースハムのステーキには、よくパイナップルや、アップルソースなど、甘いものをつけますが、ご飯のおかずには少々……。

そこで、おしょう油をつけて焼いてみました。油とおしょう油の相性は、なかなかです。

わさび漬でもつけて。

一息おいて

せっかくきれいに焼けたつもりの目玉焼や焼き魚を、お皿にうつすとき、下がフライパンについてうつしにくく、黄味がくずれたり、魚の皮がはがれて、みすぼらしい姿になることがあります。

あわてずに一息おくと、水分がでるのでしょうか、取りやすくなり、きれいに盛れます。

むきクルミを

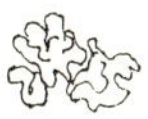

乾物や中華材料のコーナーに売っている、むきクルミを一袋買っておくと、いろいろに使えて、重宝します。

そのまま、おやつやおつまみにするのはもちろんですが、細かくきざんで、サラダにちらしたり、チャーハンをつくるときに炒め合せても、おいしいものです。

使うとき、フライパンでちょっと炒ると、カラッと、香ばしくなります。

ひと味違うお茶漬け

フライパンか中華なべに、やや多めに油をとって、ご飯を平たく押しつけて、こんがりと焼き、おこげをつくります。

これをくずして茶わんにとり、きざんだ漬け菜、ゆかり、ごま、ほぐした塩鮭、牛肉の佃煮などをのせて好みでしょう油をたらし、熱い番茶かほうじ茶をたっぷりかけます。

香ばしく、パリパリとした、なんともいえないおいしいお茶漬けになります。

山芋ドレッシング

野菜サラダのドレッシングの中に山芋をすりおろしてみました。山芋のねばりが、ドレッシングの味を野菜によくからませ、味にコクが出ます。

ドレッシングは、酢と油に塩コショーのシンプルなものがあいます。

柳川もどき

どじょうの代りに、ひき肉を使って、ごぼうのささがきを入れ、お酒とみりんとしょう油少々で味をつけ、とき玉子をかけて柳川ふうに土なべで煮《た》きました。

どじょうぎらいの人、肉ずきの若い人、こどもたちが、大よろこびでした。

お茶をカップで

番茶や昆布茶を湯呑み茶碗でいただくと、手が熱くなって飲みにくいものです。

紅茶茶碗にそそぎ、茶卓を敷いてみました。

雰囲気もなかなかで、持ちやすくお茶がおいしくいただけました。

こんにゃく炒め

ホットプレートやフライパンで、肉や貝るいを焼いたあと、こげつく前にうすく切ったこんにゃくを炒めます。

おいしさがこんにゃくに移り、プレートの汚れも少なくてすみます。

おからのサンドイッチ

いろんな具をいれて、ていねいに炒ったおからは、ごはんのおかずによく合いますが、パンとも相性がいいのです。

おからを作るとき、余分に作っておいて、次の日、サンドイッチにします。

うすく切ったパンに、バタとからしを塗ってから、おからをはさみます。おからは、たっぷり入れます。

はさんだら軽く押え、パンになじませます。

煮汁を

かれいやメバルなどを煮るとき、水のかわりに日本酒を使って、酒とみりん、しょう油だけで煮ますと、とてもおいしくできます。

もし煮汁が残ったら、ゴボウやコンニャクを煮てもけっこうですし、冷蔵庫に入れて煮こごりにしてもいいでしょう。

たっぷり残ったときは、冷凍にしておいて、また魚を煮るときに使うと、経済的です。

ぜいたく野菜

ブロッコリー、芽キャベツ、いんげん、じゃがいもなど、ゆでて、バタで炒めると、肉や魚のつけ合せにいいものですが、これをバタで炒めたあと、日本酒かワインをふりかけて、ちょっと蒸し煮にします。

コクが出て、一味ちがったつけ合せができます。

熱い湯を

コーヒーや紅茶の濃さの好みは、ひとによってちがいます。

お客さまなど、好みをよく知らない人にコーヒーや紅茶をお出しするときは、熱い湯を、しゃれた土びんにでも入れて添え、それぞれ、好きに薄めていただきましょう。

アスパラガスのサラダ

夕食のサラダに、グリーンアスパラガスが、人数ぶんにはちょっと足りなかったので、しまってあったカン詰のアスパラガスをあけて、いっしょに盛り合せてみました。

グリーンと白、色どりもきれいで、お味もけっこう。すがすがしい一皿が出来上りました。

揚げものの粉

揚げものをするとき、大人数だと粉をはたくのに手がかかります。

おいもやレンコンなどは、切ったらザルにとり、上から粉をぜんたいにふりかけ、ザルごとポンポンと返すと、いっぺんに粉がついてしまいラクです。

よけいな粉は下へ落ちますから、つきすぎることもありません。

オイルサーディン風

めざしを焼いて、頭とわたをとりひたひたくらいの油につけます。油の中には、スライスしたにんにくを

入れておきます。半日もすると、オイルサーディンができます。

そのままいただいてもいいし、サラダ、サンドイッチ、カナッペなどに使っても、おいしいものです。冷蔵庫で四、五日はもちます。

とろろ昆布に

オニオンスライスの上に、とろろ昆布をのせ、酢じょう油をかけて食べます。
とろろ昆布と酢がよく合って、玉ねぎのにおいをやわらげます。
何もないときの箸休めの一品に、酒の肴に、いいものです。

茶卓を

コップにジュースやアイスコーヒーを入れて出すとき、コースターをしきますが、お茶の茶卓を使ってみました。
ちょっと変った雰囲気になって、なかなかいいものです。ふだんは戸棚でねむっている茶卓も、こんなとき役に立ちます。

カロチンサラダ

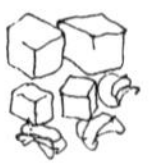

さつまいもは7、8ミリのサイの目に切って水にさらし、にんじんは一まわり小さいサイの目に、玉ねぎは1センチ角のザク切りにします。
さつまいもとにんじんをゆで、ゆで上りに玉ねぎも入れて火を通し、ザルに広げて酢をふって、冷めたらマヨネーズであえます。お弁当のおかずにもいいでしょう。

肉を切るとき

かたまりの肉を家でウス切りにしようと思っても、なかなか肉屋さんのようなわけにはいきません。
冷蔵庫のフリーザーで、まわりを少し凍らせてから切ると、肉をしっかり押えられて、切りやすくなります。もちろん、あまり凍らせすぎると、切りにくくなります。

コーンで

食卓になにか色がほしいとき、塩コショーでかるく炒めた、たっぷりのコーンのうえに、みじん切りのベーコンをカリッとするまで炒めてかけ、洋風に。
また、ゆでたコーンにかつおぶしを多めにふりかけ、和風ドレッシングかしょう油をかけて、和風にと、黄色の一品を食卓にそえます。

スペシャルソース

冷蔵庫の整理をしたら、ウスター

ソース、トンカツソース、ケチャップなどが少しずつ残っているので、小さい鍋に一しょにして、ワインをまぜて、とろ火でコトコトと煮てみました。

　冷めてから、口の広いビンにうつし、冷蔵庫に入れておきます。

　ハンバーグの焼汁にまぜたり、シチュウやスパゲティのソースに少しまぜると、味にコクが出ます。

熱々のとき

　暑いときも寒いときも、熱々の飲みものはおいしいものです。しかしネコ舌で、飲めない人もいます。
　こんなとき、カラの湯呑みやカップを添えて出し、その場でさっと入れかえてもらうと、飲みごろの熱さになって、ネコ舌さんもご満足。
　ホットミルクなら、冷たい牛乳を添えておくのもいいでしょう。

固形のおしろいは

　コンパクトの固形のおしろいは、しばらく使っていると、真中がへって穴があき、感じがわるくなってきます。
　パフに粉をつけるとき、まわりから中ほどへと、気をつけてつけていくと、だいぶ長いこと、きれいな状態で使えます。
　使いはじめが肝心です。

タオルのハンカチ

　大雨や吹き降りのときは、傘をさし、レインコートを着ていても、けっこうぬれるものです。
　いつも、レインコートのポケットに、タオルのハンカチを一枚とポリ袋を入れておきます。
　訪問先でも、帰宅したときでも、ちょっと身づくろいができて、さわやかな気分になれます。

蛇口にスプレー

　台所、洗面所、浴室の蛇口やトイレのパイプなどの金属部分は、水アカや油汚れで、きたなくなりがちです。
　一カ月に一度くらい、スプレー式の潤滑油（たとえばＣＲＣ）を吹きつけて、乾いた布でよくふいておくと、いつもピカピカで、気持よく使えます。

まずトイレを

　はじめてみえたお客さまには、部屋にご案内する前に、まず、トイレの場所を教えるようにしています。
　さりげなくトイレはこちらですというと、たいていの方がいかれます。

その間にさっと片づけて、お茶の用意をすると、お互いに落着いた気分になり、ゆっくりとお話ができていいものです。

財布のなかに

千円札を一枚とか、お釣りの小銭がなかったりして、友達やまわりの人にお金を借りることがあります。

少額だと忘れがちですが、こんなとき、名前と金額を小さいメモ紙に書いて、財布の中に入れておくと、忘れずに返せて、お互いに気まずい思いをせずにすみます。

端布で

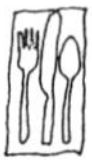

スプーンやナイフ、フォークをテーブルに並べるとき、幅10センチ、長さ25センチ位の、しっかりした布を用意してその上におきます。小さい布ですから端布のまわりをかがって使います。柄はちがってもかえって楽しいものです。

テーブルがいたまないし、シャレていて、ちょっとレストランへでも行ってお食事をしているような気分になります。

額縁のすべり止め

壁にかけた額が曲っていると、落着かず、みっともないものです。額縁の下の両端に、消しゴムか、やわらかい発泡スチロールの切れはしを接着剤でつけておくと、壁と額縁のクッションになって、ずれるのが防げます。

カギにゴム

やっと家についたのに、バッグの中でカギがどこかへ行ってしまって、ドアの前で、あちこち中をかきまわしたりして、あわてるようなことはありませんか。

キーホルダーに輪ゴムをつけて、バッグの内側に安全ピンでとめておきます。ゴムがのびますから、そのままカギ穴にさしこめるし、下側の方にまぎれても、ゴムをたぐると、すぐに出てきます。忘れて出かけることもなくなりました。

懐紙のおしゃれ

お茶をたしなむ人でなくても、ふだんハンドバッグに懐紙を入れておくと、便利です。

お菓子をくるむだけでなく、メモ用紙がわりとか、借りた金銭を返すときとか、いろいろに使えます。

懐紙のすかし模様で四季をたのしむのも、すてきなおしゃれです。

懐紙は、デパートの茶器売り場や

和紙をおいている店にいくと、あります。

雑巾

トイレの雑巾は、使ってくたびれたタオルで作るので、みすぼらしいものになりがちでした。

思いきって、新しい淡い水色とピンクにしてみました。それからは、お掃除が気持よく出来て、ほんとによかったと思っています。あなたもどうぞ。

長ぐつのなか

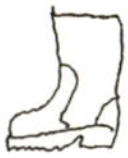

長ぐつは奥深かなので、中の汚れがよく見えませんから、ついそのままはいてしまいがちですが、案外、土くれやホコリで汚れているものです。

白い靴下ではくと、すぐ汚れがついて、よそのお宅で靴をぬいだときに、はずかしい思いをします。

たまにはくときには、きつくしぼった雑巾で、中もよくふいてから、はきましょう。

紙袋を小さく

丈の長い細めの紙袋に、ものを詰めるとき、鋏で上の方を切ります。

丈を短くすると、ものを入れやすいし、折りかえしも少なくなって見た目もスッキリし、使いやすくなります。

お見舞いに

入院している方に、お花の代りにきれいな写真がたくさんのっているガーデニングの本をあげました。

花の始末をしなくてすむし、退院後も楽しめましたと喜ばれました。

ハンガーに干す

パンティストッキングの干し方。

センタク屋さんから届く針金のハンガーに、ストッキングの胴を手前に折ってかけます。向う側の両足の先を、マタの間から胴の前に引き出します。

こうして干すと、ハンガー一本に3足はかけられます。センタクばさみで止めなくても、風が吹いても、落ちる心配がありません。

豆ご飯に湯葉を

グリンピースのご飯を炊くとき、湯葉をいっしょに炊き込みます。油揚げとはまたちがって、おいしいご飯になります。

湯葉は生でも干し湯葉をもどしても。あまり小さく切らないで、おしょう油と日本酒をふって入れます。

水気をきって

青菜類を油でいためるときのコツは、洗った菜っ葉に一滴も水気を残さないくらいの気持で、じゅうぶん水気をきってからナベに入れます。

またナベのほうは、少し多めの油をとって、煙が出るくらい熱くしておきます。そこへ菜っ葉をぎゅっとしぼっていれ、底から手早くまぜて一気に炒めてしまいます。

こうすると、おなじ青菜いためでも、シャキッとしておいしく、色もきれいに出来上ります。

カレーに玉子

カレーショップのマネをして、うちのカレーライスにも、やわらかくゆでた玉子を入れてみました。

カレーの味がまろやかになっておいしいし、スタミナもつく感じでけっこうです。

残ったカレーで、具が少なくなったときに入れると、見た目も豪華な玉子カレーに早がわりします。

甘納豆を

お弁当にちょっと甘いものが入っていると、おいしくいただけます。ほんの少し甘く煮たお豆などは、箸休めにも、デザートにもなって、たのしいものです。

甘納豆のいんげん豆や、お多福豆にさっと熱湯をかけて、まわりのお砂糖を落して使いますと、意外とおいしい即席の煮豆になります。

おみそとチーズ

おみそとチーズは、意外な味のハーモニーを生みます。

サバのみそ煮のトッピングに、おろしたチーズをかけたり、煮上る直前にサイコロに切ったチーズを入れたりすると、コクのある味に仕上ります。香りのやわらかいチーズがおすすめです。

キャベツを

フライやカツにそえるセン切りキャベツがあまったら、翌朝、キャベツ玉子にしてみましょう。

作り方は、セン切りキャベツをしんなり炒め、塩コショーして、とき玉子を全体にからめ、やわらかいうちに火をとめます。

和風パンケーキ

おやつや夜食に、そば粉入りのパンケーキを作ります。ときにはチリメンじゃこ、炒った白ゴマ、海苔、かつおぶしや昆布の佃煮をまぜて焼くと、これがまたおいしいのです。

おしょう油やソースをつけてもよいし、そのままでも。そば粉と小麦粉の分量は、好みにします。

蒸しがれい

かれいの干物を焼くとき、身はほどよく焼けても、よくエンガワが黒く焦げてしまって、たべられなくなります。

そこで、焼くまえに調理バサミでエンガワを切って、身と別に焼いてみました。

ちょっと魚の形は変りますが、食べやすいし、エンガワもこんがりいい具合に焼けました。

お酢ごはん

お酢味をつけた白いご飯があまったので、翌日、もみのりをかけ、わさびじょう油をふって、食べてみました。

若い人には、トリそぼろやでんぶや、ビン詰の鮭のフレークなどをのせるといいでしょう。さっぱりと口当りがよく、おいしいものです。

日本茶のように

外国人のお宅でジュースをごちそうになりました。

日本の湯のみ茶碗に、カン入りかビン入りの、冷たいオレンジジュースが、日本のお茶の分量くらい入っていました。

コップでいただくより少なめで、ちょっと、のどをうるおすには、適当な分量でした。サイダーなども、こうすると、たくさんに分けられます。

おつまみにも

短冊に切った油揚げをもう一度新しい油で揚げますと、かえって油っこさがぬけて、カラッと口あたりがよくなります。

これをお皿に盛って、その上に長ねぎを白髪に切ったもの、かつおぶし、七味、その他、季節によってはしその葉、ゆずなどをちらし、おしょう油をかけてまぜると、出来上ります。

小さな一皿になるし、おつまみにもいいものです。

鮭を

甘塩の鮭の切身を二つに切って、日本酒とおしょう油半々に、一晩漬けてから焼くと、塩鮭とはちょっとちがうなかなかのお味。

お弁当のおかずにも。

梅のさとう漬け

梅漬けや梅酒はよく作りますが、梅のさとう漬けはいかが。

青くてかっちりした梅をえらんで一晩、塩水につけます。あくる日、水を切ってから、手で押して二つに割ってタネをとります。

この梅をビンにひと並べして、さとうをかけます。その上にまた梅、さとう、と交互につめてフタをし、冷ぞう庫に入れておきます。

一カ月くらいで、パリパリと甘ずっぱい梅のさとう漬けが出来上ります。

サラダに下味を

じゃがいもをマヨネーズで和えたサラダは、少々もったりします。

ゆでたら、なるべく熱いうちに切って、フレンチドレッシングか、酢をさっとふりかけて下味をつけてから、マヨネーズで和えると、しっかり味がついて、ずっとおいしくなります。

あんパンを

先日、おみやげにあんパンをいただきました。

それはカゴに入って、萌黄色のちぢみの紙に包まれ、色どりのよい、レモン色のリボンで結んでありました。もちろん、その地方では有名な店の、とてもおいしいあんパンでした。

高価なケーキとはまたちがった、心のこもった、親しみを感じるプレゼントでした。

おろしに酢を

焼魚には大根おろしがよく合います。たっぷり添えたいものですが、鯖やブリ、はまちなどの脂の多い魚には、そのまま付けないで、酢をきかせた大根おろしがよく合い、お魚がおいしくいただけます。

二杯酢でも、甘酢でも、生酢でも好みの味で。

クレソンの新芽

クレソンを使ったときに、残った

茎を切って空ビンにさし、毎日水をとりかえていましたら、白い根と、ちいさな新芽が出てきました。

　ちょっと大きくなったやわらかい葉をつみとって、サラダに入れて楽しんでいます。

塩をまぜる

おにぎりをたくさん作るとき、ひとつずつ手に塩をつけないで、ボールにとったごはん全体に塩をふって混ぜてしまいます。
　ここで塩かげんをきめれば、どれも同じになるし、おにぎりの中まで味がつきます。
　中味を入れない小さいおにぎりは、いつもこうしています。

サーディンサンド

オイルサーディンに小麦粉をはたいて、フライパンでキツネ色のバタ焼きにします。
　熱くて香ばしいところに、レモン汁をしぼります。このまま食べてもいいのですが、クロワッサンをあたためて、はさんだり、食パンにはさんだりすると、おいしいサンドイッチになります。
　一緒にはさむのは、玉ネギのうす切りなど。

生臭い布巾

布巾についた魚のニオイは、洗っても洗ってもなかなかとれず、困ってしまいます。
　こんなとき、酢をたらした水にしばらくつけておくと、生ぐささがとれ、さっぱりします。混ぜる割合は、ニオイの程度にもよりますが、カップ5杯の水に、酢カップ半杯ほどです。

台所にネジ回し

台所は、ナベの持ち手やフタのツマミ、食器棚や調理台のトビラのとっ手など、木ねじで止めてあるものがけっこうあります。
　ネジ回し一本おいておくと、なにかと便利です。
　手近かにあると、ゆるんでいるのに気がついたとき、後まわしにせずにすぐしめられますから、いつも気持よく使えます。

返さなくても

たくさんある、お魚の切り身などに塩をふるとき、まず、マナ板の上にパラパラと塩をふります。

　この上に切り身をのせ、上からもパラパラと塩をふると、お魚を返さずに一回で両面にふれて、とてもらくです。

雨の日ノート

梅雨がやってきます。また今日も雨かとイライラするより、雨の日にすることを書き集めておいて、雨を待ち受ける策はどうでしょう。

ガラス拭き、たまった端布や毛糸の使い途を考える、佃煮や煮こみものをする、ごぶさたしている人に手紙を書く、思っていることを書きとめてみる、好きな音楽をきくなど。

いっそ、雨支度をきちんとして雨の中を歩くのもいいでしょう。緑はきれいだし、雨景色は気持が落着きます。

旅のおみやげに

旅行のおみやげというと、土地の名産や名菓となりがちですが、地元のスーパーやコンビニエンスストアでさがすのも一興です。

その地方でしか売られていないものを見つけたらシメたもの。よいおみやげになります。

ベニヤ板で

たまに洋裁をやろうと思っても、布を広げたり、裁ったりする場所がなくて困ってしまいます。厚めのベニヤ板を一枚買ってきて、長さ百二十センチか百三十センチぐらいに切って、切り口にヤスリをかけておくと、いい裁ち板になります。

食卓の上においてやってもいいし、場所がなかったら、外でやってもいいでしょう。

靴のヒモ

スニーカーの靴ヒモが、結んでも結んでも、歩いているうちにほどけることがあります。そんなときのほどけない結び方。

まず、いつもの通りに蝶結びしてから、二つの輪をもって、ひと結びします。こうすると、見た目もふつうの蝶結びとかわりません。

昼寝にタイマー

短時間でも時間があれば、昼寝をすると気分がよくなりますが、寝すごしたらたいへん。といって針音が

する目覚し時計だと気になります。

そんなとき、針音のしないデジタル式のキッチンタイマーをつかいます。静かな上に、正確で、じゅうぶんに目覚しの役目をしてくれます。

携帯電話の目覚しを使っても。

旅行にガムテープを

旅行先で、鞄のチャックがこわれたり、おみやげの紙袋が破れてしまうと、大へん困ってしまいます。
布のガムテープを一つ旅行用具の中に入れておきます。思いがけず役に立つものです。

安全待ち針

カーテンなどで、長い距離を縫うとき、何本も待ち針をうつと、布を動かしたとき思わぬところに刺さって、痛いおもいをすることがあります。
先の方は、待ち針のかわりに安全ピンでとめておくと、つきさす心配がなくて安全です。
安全ピンは、針いっぱいに遊びのないようにとめておいて、近くまで縫ってきたら、待ち針に打ちかえます。

ヒモをつける

懐中電灯には、肩からななめにかけられるくらいの長さの、しっかりしたヒモをつけておきましょう。
暗いところで、両手を使って用事をすますときに、いちいち、そばにおかないですみます。

段カットふうに

小さい子の散髪は、じっとしていないので危いし、なかなか難しいものです。
時間をかけて、ていねいにきっちりそろえようと思わないで、手早く段カットにしてしまいます。こうすると、長いところや短かいところがあっても気にならず、格好よく散髪できます。

瞬間接着剤で

石こうボードのように、もろい壁には、フックのようなものは、下がしっかりしないから、つけにくいものです。
そんなとき、木ねじを打つところに、あらかじめ、瞬間接着剤をしみこませて、固めておくと、しっかりフックをとりつけられます。

帯じめをベルトに

外人向けのお店をのぞいたら、帯

〆に「シルク・ベルト」と書いた札をつけて、売っていました。

　箪笥にしまってある帯〆を思い出し、取出して、うつりのいいワンピースに一結びし、はしをちょっとはさみました。しまりがいいのが何よりですし、帯〆がきれいですから、なかなかシャレた雰囲気になりました。

インスタント掃除

急に、お客さまがみえることになり、掃除する時間がないときは、あわてます。
　まず玄関をみて、散らばった靴を下駄箱へ、そして花がしおれかかっていたら捨てる、次にトイレと洗面所を点検して汚れていないか、トイレットペーパーはあるか調べ、タオルを取替えておく、それだけでも、ちょっと整って、ずいぶん違うものです。

着てみる

　ひまなときに、手持ちの洋服の組合せを考えます。
　ブラウス、スカート、アクセサリを総動員して、いろいろ試して着てみるのです。すっかり忘れていたもので、とてもいい組合せがみつかったりして、思わぬもうけものをすることがあります。それに、いらない服を始末する機会にもなります。

刃ものを

　庖丁やハサミなどは、どこの家庭でも必要なものですが、縁起をかついで、刃ものを人にプレゼントするのをためらう人がいます。
　こんなときは、「ご縁は切れませんように」と一言、メッセージを入れてプレゼントすると、気分が軽くなります。
　人によっては、5円玉をいっしょに入れたりします。

豚のステーキ

　しょう油に、タマネギをすりおろして加え、そこにロースの厚切り肉をつけておき、焼くとき好みでニンニクを入れます。
　肉のクセがとれ、ほのかな甘みと香ばしさのある、ひと味ちがう豚のステーキです。

新玉ねぎ

　きれいに洗ってから、アルミ箔に包んで、なかがやわらかくなるまでオーブンで蒸焼きにします。
　焼きたての熱いうちに、バタをおとしていただきますと、やわらかな舌ざわりと甘みが、なんともいえません。
レモンとおしょう油でもいけますし、玉子の黄味とバタで作るオランデーズソースなら、ご馳走です。

目玉かくして

ただの目玉焼きですが、早い半熟のうちに、柏餅のように二つ折りにし、砂糖ちょっとと酢、しょう油をたらして、ジュッジュッとからめるように焼き上げます。
いつもとはちがうおいしさで、ごはん向きの目玉焼き。

ハーブミルク

ちょっと甘味をつけたホットミルクを、濃いめにだした好みのハーブ茶で割ります。ハーブの香りが鼻先をかすめ、なかなかの味。

暑いときは、冷たくしても。

貝割れと椎茸

生椎茸を細切りにして、さっと炒め、塩をパラパラとふったものと、貝割れ菜をまぜ合せます。
ピリッとした貝割れ菜と、しんなりとした炒めた椎茸が、不思議に合います。パンの朝食のときや、おかずがちょっとたりなくて、あと一品ほしいときなどに、どうぞ。

即席ポタージュ

ポタージュスープというと、野菜を煮たり、こしたりで、けっこう手間がかかりますが、かんたんにできるポタージュを一つ。
固形スープか缶詰のコンソメで、人数分のスープを作り、この中にフレークのマッシュポテトを、一人分大サジ2杯位ずつ加えます。
これを煮立ててとかし、バタを入れて、仕上げに生クリームか牛乳を加えると出来上ります。パセリがあればみじんに切って、色どりに散らします。
とても手軽な、じゃがいも風味のポタージュスープです。

ミニみそ漬け

一切れだけ残った魚や肉を、簡単にみそ漬けにする方法です。
適当なポリ袋に、大サジ1杯ほどのみそとお酒を少しとり、もむようにまぜます。この中に魚なり、肉を入れ、まんべんなくみそがまわるようにして、口を閉じてしまっておきます。
みそが少なめですから、冷蔵庫で半日以上おくほうが、おいしくなります。

オムレツに

プレーンオムレツを焼いて、上にきざんだパセリやカイワレをたっぷりかけます。ちょっと変ったところで、アンチョビの身を細かくきざんで、いっしょにちらしてみました。

色どりもきれいで、ちょっと目先も変り、アンチョビの塩味で味がしまって、とてもおいしくいただけました。

トリの皮せんべい

トリをつかうとき、皮がジャマになることがあります。

とった皮は、塩コショーするなり照り焼きのしょう油につけるなりしてから、そのままのばしてアミでこんがりと焼きます。余分なアブラが落ちて、パリパリして、なかなかのお味です。

箸やすめの一品に、おつまみに、けっこう喜ばれます。

みそ漬けアラカルト

みそ漬けの野菜がちょっと塩っぱいなというとき、生の野菜をサッと塩もみしたのとまぜ合せると、塩気もうすらぐし、和風のサラダ感覚でたべられます。

大根のみそ漬けに大根の塩もみ、きゅうりのみそ漬けにきゅうりの塩もみといった、同じ野菜の生と組合せるのもいいし、キャベツの塩もみに生姜のみそ漬けなどを組合せるのも、いいものです。

ダシをまぜる

トリの風味と魚の風味はよくあいます。固形のチキンブイヨンに煮干のダシをまぜてみました。

ラーメン、野菜スープ、うどん、カレーなど、手軽な料理に、一種類のダシだけで作るよりも、とても深みのある味が加わりました。

たらこドレッシング

フレンチドレッシングを作るときに、たらこをほぐして、一緒にまぜました。ほんのり色もついて、けっこうなドレッシングになりました。

もちろん塩漬のたらこでもいいのですが、どちらかというと辛子めんたいこの方が、ピリッと辛味が加わって、味がしまります。

一味おいしく

鉄板焼きやポークソテーなどは、大根おろしとポン酢やしょう油でいただくと、さっぱりとおいしいもの

ですが、この大根おろしにリンゴのすりおろしを混ぜます。とくに豚肉とはよくあって、一味ちがった味でいただけます。

　とりわけ、子どもたちには好評。

サラダ菜の再生法

　サラダ菜は日が立つと、全体がまだ青々としていても、葉先だけがフチどりしたように色が変ってきて、そのまま飾れないことがあります。
　そんなとき、キッチンバサミでまわりを細く切り落すと、一まわり小さいきれいな葉に変って、飾り菜にも充分使えますし、気持よくたべられます。

大小のおにぎり

　家族そろって遠足やハイキングへいくとき、大、小のおにぎりを適当にとりまぜて、にぎっていきます。
　おなかのすいている人は大きいのを、小さい子は小さいの、また、もう少しほしいけれど、一コでは多すぎるというときは、小さいおにぎりを取ればいいのです。

コーラ・オ・レ

　コーラなどの清涼飲料に冷たいミルクを少し注ぎ、氷を浮かべます。アイスクリームフロートのような、やわらかな口当りで、さっぱりした飲みものになります。
　炭酸がノドにきつすぎる方には、ぴったりです。

うすいうちに

　ちょうどよくでた日本茶は、おとなにはおいしいものですが、逆に、小さい子にはニガくてだめなことがあります。
　お湯をきゅうすにそそいで、まだよく出ていないときの淡いお茶を、先にこどもについでやると、においはちゃんとしているし、味もこどもにはちょうどよく、よろこんで飲むようになりました。

ナベのふちのコゲ

　しょう油の煮物を煮つめるとき、ナベのふちからコゲてきます。コゲないうちは、なかに落せばいいのですが、コゲてきたら、ふきんで手早くふいてとります。なかに入ると煮物がコゲくさくなるからです。板前さんのお話。
　ソースを煮詰めるときも同じです。

塩昆布を

　椎茸やかんぴょうなどの具に、錦

糸玉子をかけた五目ちらしに、塩昆布を少々そえて、出します。
　おすしは甘いですから、最後に昆布をたべると、味がしまって、とてもよく合います。

アイスクリームに

　アイスクリームは、冷たくておいしいのですが、お年よりや小さい子には、ちょっと口当りをソフトにして食べさせたいときもあります。
　そんなとき、生クリームを少し、なければ牛乳をちょっと甘くして上からかけると、おいしくなるし、まろやかにもなります。

浮身を

　ディナーのご馳走に、缶詰のコンソメスープを使うとき、そのままではちょっと物足りない気がします。
　そんなとき、スープで作った玉子どうふを浮身にします。スープでといた玉子を茶碗にでも入れて蒸し、冷めてから、アラレに切るか花型でぬいて、温いスープに入れると、おいしそうになります。

フタの方に

　ケーキやカステラが余ったときは密閉容器にとって、冷蔵庫に入れておくと、水分がとばず、なかのにおいも移らないので、そのままおいしく食べられます。
　このとき、密閉容器を逆さにしてフタの上にケーキをおき、本体を上からかぶせますと、ケーキのクリームや飾りがくっつかず、形もくずれずに、ラクに出し入れができます。

夏の章

結婚記念日

結婚記念日は、当人以外はたいてい忘れているものです。それだけに10年目に花を贈ったら、とても喜ばれました。

　結婚の通知を受け取ったときとか話しているときに、それとなく聞いて、住所録にでもメモしておき、10年20年といった大きな区切りのときに、カード1枚でも送ってあげるといいと思います。

Tシャツに

去年までよく似合っていた、グレイやこげ茶色のTシャツを着ると、肌がなんとなく、くすんでみえてきました。

　考えたすえに、こげ茶にはオレンジ色の、グレイには濃いピンクのバイアステープで、Tシャツの衿ぐりをくるんでみました。

　予想以上の効果あり、です。

タオルを

小包を送るとき、荷物にすき間ができたら、タオルを詰めます。布ですから、形が自由になって詰めやすいし、受け取る側も重宝します。

　一人暮しの方なら、タオルの数も少ないでしょうから、喜ばれます。

キズをかくす

木製の家具やドア、柱、壁などにちょっとしたキズがつくことがあります。このキズに、クレヨンを塗って補修すると、かんたんにキズがかくれます。

　もちろん、クレヨンは直すものと同じような色を選びます。キズにクレヨンをこすりこみ、はみ出た部分を、布できれいにふきとっておくだけです。

　これでキズが目立たなくなって、見た目が、たいへんよくなります。

流行を一つ

若い人は、流行の服、バッグ、靴でさっそうと歩いていますが、年を重ねると、古いものもたまり、いつも流行のものというわけにはいきません。

　そこで、ブラウスでもセーターでも一つ、流行の型、色にして合せると、けっこう今風になってすてきです。バッグや靴、帽子、髪型でも。

小さな座ぶとん

長いドライブに出かけるとき、車のトランクの中に、30センチ四方ぐ

らいの薄い座ぶとんを、何枚か入れておきます。

座りすぎてお尻が痛くなったときはもちろん、クツを脱いで足をのせたり、枕のようにして首すじをもたせかけたりと、いろいろ使えて役立ちます。

時刻表を見るとき

時刻表は、全国のアシが網羅されているだけに、なにか、さがすのにも、ひと苦労することがあります。

よく使う路線など、関係の深いページには、色紙などはって目じるしをつけ、それに線名などを書いておくと、すぐわかって便利です。

明かりを消して

むしむし暑い夏の夜、たまには天井に明るく輝く螢光灯や電気を消して、スタンドなど手許の明りだけにします。

気持が落着いて、涼しく感じますし、窓の外のお月さまが、こんなに明るかったのかと、久しぶりに気がついたりします。

五円玉を

海外旅行に行ったとき、お世話になったり、友達になった外国人に、五円玉に赤や青のきれいなリボンを結んでプレゼントすると、大変よろこばれました。

外国では、穴の開いたコインが珍しいし、稲の絵があるのでお米の話や、五円とご縁の縁起のことなどで話題が広がります。

カタカナ語辞典を

年とった母の一番の楽しみは、新聞を毎日、すみからすみまで読むことです。

しかし、最近はわからない言葉がふえたとこぼすので、最新のカタカナ語辞典をプレゼントしました。横文字の言葉がわかりやすく解説してあって、とてもよろこびました。

額縁をきれいに

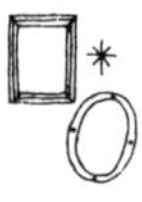

日当りのいい日に、家中の額縁のガラスをきれいにしましょう。かけっぱなしで、裏側や縁のまわりもけっこうホコリがたまっています。

洗剤を淡くとかし、雑巾はしっかり絞って隅々まできれいにします。

スカーフに

大好きなスカーフが、とうとうすり切れてしまいました。うすいシフォン地で、そこから切れば短くなっ

てしまうし、かがるのも何かわびしいし……。

　思いついて、そこにタックをとりました。一本だとわざとらしいので二本同じようにとりました。また新しい感じのスカーフになって喜んでいます。

押入れの戸

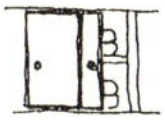

　うちうちだけのときや、長時間出かけるときは、押入れの戸を真中によせて、両はしを開けておきます。
　なんとなく空気が通って、湿気もいくらか違いますし、なかも整頓しておくようになりました。

CDを買ったら

　新しくCDを買ったとき、ケースの外側についている帯を、ジャンル別にわけて、写真をはさむアルバムにはさんでとっておきます。
　CDが増えても、何を買ったかすぐわかるし、レコード会社のホームページなどが書いてあったりして、役に立ちます。

輪ゴムのしおり

　しおりのない本を読むときに、輪ゴムを一本用意します。
　ページの間にはさみこんでおけばすべり落ちにくく、本のページに跡をつけることもない、格好のしおりになります。電車の中での読書のときには、最適です。

郵便リレー

　たくさんの友達をまとめて撮った写真を一人一人に送ってあげるのは、手間も、切手代も、便せん代もたいへんです。
　そこで、リレーにしました。
　最初の人に全員分の写真を送り、その人は自分の写真をとって、次の人に残りを送るという具合に、順々に送っていくのです。送るのは一人だけですからラクですし、メッセージもいろいろと書けます。

イヤリングで

　小さなスカーフを首に巻いて、ブローチでとめようと思いましたが、何となく大きくて重くるしい感じです。
　ちょうど、片側をなくしたバネ止めのイヤリングがありましたので、これでとめてみたら、小さくて、軽くて、可愛らしいアクセサリになり、ぴったりでした。
　使わなくなっていた片方だけのイヤリングですが、それ以来愛用しています。

レストランで

夏休みに一家そろって旅行が出来ればいいのですが、お父さんの都合やこどものクラブなどで、なかなか日が繰り合わない、あるいは予算が足りないという家もあります。

こんなとき、一晩だけでも、ふだん行かないしゃれたレストランで、ご馳走の夕食をたのしみましょう。泊ることを思えば安いし、夏休みのいい思い出にもなります。

にんじんチャーハン

チャーハンを作るときに、すりおろしたにんじんを入れます。

庖丁を使って、にんじんをほそくとかミジンに切るよりも、簡単に細かくなります。でき上りも、赤いにんじんが一様にまぶって食べやすく、見た目もとてもきれいです。

ポテトチップスサラダ

サラダを酢油ドレッシングであえるとき、市販のポテトチップスを細かく砕いて、いっしょにまぜます。

ポテトチップスは塩味がきいて歯ごたえも香ばしく、ガーリック味、コンソメ味、七味ふうなどと、いろいろありますから、そのときそのときで使い分けると、ちょっとした味のアクセントになります。とくに菜っぱと合わせると、相性がいいようです。

すいかを切るとき

大きいすいかを割るとき、そのままでは、底がコロコロして庖丁が入れにくいものです。ふきんをよじって、グルッと輪にして、すいかの下にざぶとんのようにしくと、安定して切りやすくなります。

あとは、マナ板の上で切ります。

骨せんべい

魚をおろすときは夢中で、いらないところはすぐ捨ててしまいますが鯵やいわしの中骨を油で揚げると、パリパリと大変おいしいカルシウムいっぱいの骨せんべいが出来ます。

骨に塩をふって、ゆっくりと空揚

げにするだけですから、簡単につくれます。

ポン酢ソース

ハンバーグには、ドミグラスソースが合いますが、大根おろしにポン酢をまぜ合せた、ポン酢ソースをかけてみました。

　ドミグラスソースとはちがって、さっぱりとした味です。

カボチャのお茶受け

　知り合いのおばあさんを訪ねたとき、冷たくしたカボチャの煮物を、ガラスの器に入れて、冷えた麦茶と一緒に出してくれました。

　残りもの、と恥ずかしそうに言っておられましたが、そんな感じが全然しないで、とてもおいしくいただきました。

酢みそを

　夏はバーベキューをする機会が多くなりますが、毎回、肉や野菜をバーベキューソースにつけていただくのは、飽きてしまいます。

　酢みそもいっしょに作っておき、好みでつけるようにしました。バーベキューソースよりさっぱりとしてとくに焼いた野菜にはよく合って、好評です。

切り方を変える

　サラダのおいしい季節です。

　野菜の切り方というと、つい、その家ごとできまってしまいがちです。いつもトマトはくし形に切っていたら、輪切りにしたり、さいの目に切ります。

　きゅうりにしても、セン切り、乱切り、庖丁でたたいてから切ってみるとか、変えてみます。それだけでも、目先きがかわって、新鮮な感じのサラダになります。

ごまだれそうめん

　冷たいそうめんの出番が多くなってきます。いつもつけるおつゆが同じなので、これにごまダレをたっぷりまぜてみました。

　さっぱりとしたそうめんの味にコクが出て、変った風味でおいしくいただけました。

冷たいスープ

　暑い日に、冷たいスープはいかがですか。

　冷たいスープというと、コンソメやじゃがいもで作ったヴィシソワーズやコーンスープなどを思いうかべますが、キャベツや玉ねぎをザク切りにして、スープの素でやわらかく煮て、冷やしたスープもいいものです。

　これなら、ひまなときに作っておけるから便利です。スープの実はなんでもいいのですが、ベーコンやソーセージのように脂っぽいものは、冷やすと、脂が固まってしまいますから向きません。肉を入れるなら、ハムとか、脂をとったトリ肉がいいでしょう。

ラー油と酢

　暑さのため、食欲の衰える季節です。

　わが家では暑くなりはじめると、食卓にラー油と酢を出しておくようにしています。ちょっとふりかけるだけで、辛味や酸っぱ味が加わって食のすすむこともしばしばです。

トマトソース

　大ビン入りのトマトジュースが残ったら、夏むきのさっぱりとしたトマトソースを作っておくと、いろいろに使えて便利です。

　玉ねぎのみじん切りをバタかオリーブ油で炒め、トマトジュースを入れ、細かく切ったピクルスを入れて弱火で煮ます。少し煮つまったら塩コショーして煮ます。これを分けて冷凍しておき、スパゲティや肉やシーフード、ナスなどに。

生姜ごはん

　新生姜が出たときに、細く針に切ってご飯に炊き込む、生姜ごはんをぜひ作ってみて下さい。

　お米カップ3杯に、細く切った生姜をカップ8分目、ダシにしょう油少々と塩を加えて味をととのえ、ふつうに水加減して炊きます。

　炊きたてはもちろん、冷めてもおいしいご飯です。

冷たいものの塩味

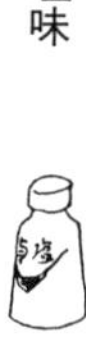

　冷たいスープや、冷たいおかずなど、冷やしてしまってから、塩気がたりない、というようなときは、そのまま塩を加えても、とけないから味がつきません。

　一度お湯の中に塩を入れてとかして、濃い塩水をつくり、これを冷ましてから入れると、よくまざって、塩味がきいてきます。

そうめんお焼き

　ゆでたそうめんが残ったとき、フライパンにゴマ油をひいて、うすく一面にのばし、弱火で、下がパリッ

とするまで焼きます。

きざみねぎたっぷりとけずり節をのせ、おしょう油をまわしかけて、ひっくり返し、ちょっと焼きます。紅しょうがをそえて。

小玉ねぎ

よく食べにいく天ぷら屋さんで、お野菜を注文したら、小玉ねぎをヨコ半分に切り、コロモをつけて、揚げてくれました。

小玉ねぎは、西洋料理にしか使えないと思っていたら、玉ねぎの甘さが口の中でとけて、小さくて食べやすく、おいしい天ぷらでした。

おいしいタラコ

塩漬けのタラコは、酢をかけたりしていただくのもおいしいですが、中味をビンにとり、日本酒をヒタヒタにそそぎます。箸で軽くほぐしてからフタをし、冷ぞう庫に一晩おきます。

塩気がなれ、お酒をふくんだタラコは、ごはんにも、お酒の肴にもおすすめです。好みでレモンをしぼってもいいでしょう。

おからプラス豆腐

炒りおからは、おからと具を炒め合せて作りますが、少しおとうふを加えると、おいしくなります。

おとうふは水気をよくしぼり、おからの三分の一から四分の一くらい。お互いをなじませるようによく炒めると、しっとりとした口当りに仕上ります。

塩ゆでに

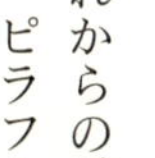

青菜やさやえんどうをさっとゆがくとき、ふつうは、熱湯に塩一つまみ落してから入れますが、さきにゆがく野菜に塩をふって、かるくもんでから熱湯に入れますと、青く、きれいにゆで上ります。

板前さんがよくやっています。

セロリを

ぎょうざを作るとき、ひき肉、ねぎ、椎茸などといっしょに、白菜やキャベツをなかに入れますが、そのかわりにセロリの葉や茎を細かく刻んで入れてみました。

セロリの香りがほのかにするさっぱり味のぎょうざで、好評でした。

ピラフとスープ

これからの季節、出かける日の夕飯に、ピラフと冷たいスープのとり合せもいいものです。

出かける前に、バタライスを炊き、具も用意しておきます。スープは作って、冷ぞう庫に入れておきます。

　こうしておくと、帰ったら炒め合せるだけで、すぐに夕食がたべられます。あと、生野菜のサラダでもあれば、充分です。

タテに切る

　イカの足は、味はいいのですが、かき揚げにしても塩辛にしても、お年寄りや、歯のわるい人には、固くて食べにくいものです。
　少々めんどうですが、タテに二つに切って使ってみましたら、足とは思えないほど、歯当りがやわらかくなって、喜ばれました。

トマトから

生のトマトでも、食べ方はいろいろです。そのままで、塩をかけて、砂糖をつけて、マヨネーズで、ドレッシングでなどなど。
　大勢のお客様のとき、冷やしたトマトに、かけるもの、つけるものをいろいろ用意してお出ししたら、ケンケンガクガク、トマト一つで話が盛り上ってしまいました。

夏のデザート

　冷凍のスポンジケーキやチョコレートケーキを、うすく切って、その上にアイスクリームをのせて出します。
　おとな向きには、ケーキに洋酒をたらすと結構ですし、缶詰の桃か洋梨をうすく切って、形よくケーキの上においてから、アイスクリームをのせて、生クリームで飾ると、とても豪華版になります。
　不意にお客がみえたときなどにもいいものです。

長い髪

　若い女の人の長い髪は、それなりにいいものですが、混んだ電車の中では、後の人の顔や肩に毛先がかかって迷惑しています。ことに暑いときはたまりません。
　せめて電車の中では、ハンカチや幅広のゴム輪で髪を束ねて肩から前へたらして下さると、顔や肩にかかることがなく、とても助かります。

小さくまとめて

　キャンプや山登りに行くとき、持っていきたい衣類を重ねてみると、意外にかさばって、あと、なんにも入りそうにありません。そこでこのかさばる衣類を、リュックに入れる前に太めの輪ゴムで止めて小さくま

とめるか、旅行用の圧縮袋に入れると、ふくらまず、ずいぶん余裕ができます。
荷物をたくさん入れたいときに。

夏のハンカチ

女の人は、外出するときはハンカチを二枚、三枚と持っていて、上手に使いわけていますが、男の人は、汗の多い夏でも、一枚で一日過ごしてしまう方が多いのではないでしょうか。
どうでしょう、男の人もハンカチを、手をふくためと汗ふき用に、二枚持ってみては。手をふいたぬれたハンカチで汗をふくこともなく、気持のよいものです。

後ろで結ぶ

ちょっと、肩から背中にかけてのアキが広いかな、と感じていたTシャツに、細長いスカーフを蝶結びにして、後ろに回してみました。
蝶結びがうまくカバーしてくれてアキが気にならず、雰囲気もエレガントです。後ろにポイントがくるのがシャレているのでしょう、「すてきね」とほめられました。

賞味期限

細かい字で書かれた賞味期限は、うっかりすると見落とします。
見やすいところに、マジックで大きく書いておいたら、期限切れになる食品が減りました。
頂きもののお菓子も要注意です。

孫からの贈り物

こどもが高校生になって、中学のときに使っていた英語の辞書がいらなくなったから、英会話を習いはじめたおばあちゃんにあげました。
字が大きいから、いちいちメガネをかけなくても読めるし、ひきやすいといって、大よろこびです。

布の花びん

アートフラワーが花びんに差してあります。花の色と花びんの色がよく合って、すてきです。
よく見ようと顔を近づけたら、花びんには花と配色のよい布が張ってありました。花に合わせて工夫してあったのです。
中の花びんは、発泡スチロールか何かでしょうか、軽く持ち上がる花びんでした。

留守にするときは

留守にするときは、戸締り、火の

始末というのは誰でも気をつけますが、水の始末も、お忘れなく。

　水洗トイレの具合が悪くて、旅行中ずっと水が流れっぱなしになっていて、たいへんな水道代を請求された人もいますから。

バスタオルを

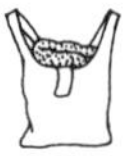

　野外でのコンサートや、踊り、劇をみるとき、ベンチや地面に長く座っていると、腰が冷えてきます。
　座ぶとんはカサばるので、バスタオルを小さくたたんで、スーパーの買物袋に入れて持っていき、そのまま腰の下にあてると、とても暖かです。タオルは汚れないし、大きさも調節できて便利でした。

牛乳パックで

　花火の季節です。花火をするときは、やはり、火のことが心配です。わが家では、いつも牛乳パックを2コ用意します。
　一つは半分の高さに切って、中にローソクを立て、花火をつけるのに使います。少々の風があっても火は消えません。もう一つは、たっぷりの水をはって、終った花火をつけて火を消し、始末します。
　こうしておくと、安心して花火をたのしめます。

庭のジャングル

　庭には夏草が生い茂り、夏虫がとびかっています。
　ヒマなときに、望遠鏡を持ち出して、窓から庭を眺めてみませんか。庭がなければ、道ばたの草むらでもいいでしょう。
　雑草の茎が大木のように、虫もちがった生物のようにみえて、なかなかおもしろい眺めが展開します。
　夕立のときに眺めたりすると、あたかもジャングルにスコールがきたようです。

すこし休んで

　日射しの強い日、外から家のなかへ入ると、暑いので、強めに冷房のスイッチを入れてしまいがちです。
　すこし休んでから入れると、急に冷やされずにからだにいいし、節電にもつながります。

おしぼり

　寝ぐるしい日がつづく暑い夜には、冷蔵庫におしぼりを一本用意しておきましょう。
　夜中にふっと目ざめたときなど、冷たいおしぼりで顔や首すじの汗をぬぐうと気持よく、いくらか寝つきやすくなります。

下駄のおすすめ

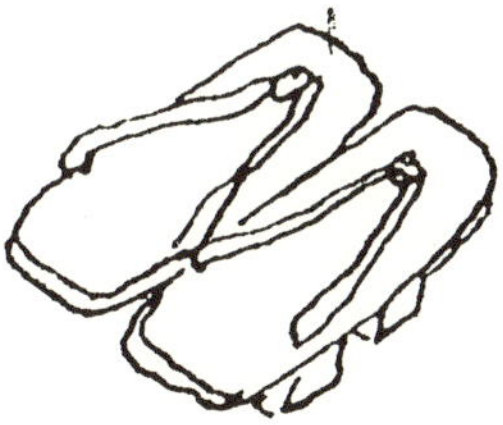

夏のあいだ、よく下駄をはくことにしています。素足に木の感触は、靴やサンダルのうっとうしさにくらべたら、たいへんな違いです。

足の指の一本一本も、のびのびとして、空気も吸います。歩くと鼻緒がしっかりと、足を下駄にとめてくれて、サンダルをはくときのような不安定さがありません。

この頃は夏になると、下駄をはくのが、たのしみになっています。

旅行カバンに

海外旅行用の大きなカバンは、ふつう家族みんなで使います。何年かぶりで出かけることになり、とり出したら、カギを誰がもっているのかどこにあるのか、おき場がわからなくて困ってしまいました。

カバンを使い終ったら、カギをカバンのとっ手にしっかりつけておくと、他のカギとまぎれたり、行方不明になったりせず、こんど使うときに、安心です。

おかゆとバラ

友だちが風邪でダウンしたとき、レトルトパックの白がゆを1ダースにバラを2輪添えて、届けました。

なおってから「おかゆがとてもありがたかった。バラも、枕元に花ビンをおいて、毎日水をとりかえたので長持ちした」とよろこんでくれました。

ハンガースベラーズ

クリーニング店の針金ハンガーはかさばらず便利ですが、欠点は、化センのブラウスなどがツルツルすべることです。

輪ゴムを3、4本ずつ左右の肩の部分にはめておくと、すべらずに具合よく使えます。

食卓を涼しく

おそばやさんで冷麦を注文しましたら、ガラスの鉢の下に、スダレでできたランチョンマットが敷かれて

いました。

さっそく、家でもマネしようと思い、のり巻き用の巻きすの、大きめのを用意しました。この上にそうめんや冷麦の器をのせれば、涼しく、おいしそうで、この夏は大へんたのしみました。

そうめんや冷麦でなくても、おかずの一鉢盛りも、食卓に巻きすをおいて、この上にのせると、夏の風情になりました。

いかどんぶり

刺身になるいかを、いかそうめんのように細く切って、しょうがじょう油で和えます。それをどんぶりに盛ったアツアツのご飯にのせます。上にもみのりをかけたり、あればイクラをちょっとのせると、ごちそうになります。
いかの味に、しょうがきいて、暑いときでも食がすすむ一品です。

フルーツサラダ

ももやキウイ、なし、メロンなどせっかく皮をむいたのに、まだ若くて、がっかりすることがあります。
こんなときは、そのままたべてしまわないで、レモン汁をかけ、ラップに包んで冷ぞう庫に入れておきます。サラダの生野菜にこれをまぜると、おいしくいただけます。

おかかの煮つけ

かつおぶしをけずったおかかを、しょう油と日本酒で、いるように煮ておきます。味は、しょう油がちょっと勝つくらいです。削りぶしでもけっこうです。
あたたかいご飯に、おべんとうによし、おにぎりの中に入れても、おかゆにもあって、けっこうなものです。
とくに食欲のない日など、このおかかの煮つけでいただくと、ごはんがすすみます。

水ぎょうざに

水ぎょうざのタレは、しょう油でも酢でも、酢とカラシでも、ラー油でも好みでいいのですが、あつあつにバタを落として、とけかけたところに酢をかけていただくのも、なかなかです。

ペペロンチーノふう

ペペロンチーノといえば、ニンニクと赤唐辛子のパスタですが、パスタの代りにポテトを使っても、シャキシャキした歯ざわりで、しゃれた一品になります。

じゃがいもをマッチ棒位のせん切りにし、水にさらしてから、スライスしたニンニク、赤唐辛子をオリーブオイルで炒めたなかに入れて、さらに炒めていただきます。

夏の煮もの

大根やにんじん、干し椎茸をトリなどと煮るとき、味つけにポン酢を少し入れます。すっぱい味が加わって、さっぱりとした、夏向きの味に出来上ります。

ポン酢がなければ、お酢を少々加えてもいいでしょう。

納豆にチーズ

納豆と、1センチ位のさいの目に切ったプロセスチーズをあえ、しょうゆ油で味つけします。好みでネギかアサツキを入れます。

ちょっと変った組合せですが、舌ざわりもなめらかだし、チーズ特有のニオイも消え、チーズ嫌いの人でもおいしく食べられます。

ピクルスを

サンドイッチにはさむきゅうりのサラダを作るとき、生のきゅうりにピクルスのきゅうりを細かく切ってまぜてから、マヨネーズであえてみました。

ちょっと酸味がついて、けっこうな味のサンドイッチでした。

変り天ぷら二題

マッシュルームに、薄めのころもをつけて、サッと揚げて、揚げたてをいただくと、やわらかくて、マッシュルームの水気がたっぷりあって、とてもおいしいものです。

＊

茎のついたはじかみしょうがの根にころもをつけて、ふつうの天ぷらにします。

何本も揚げるときは、くっつきますから、茎をはなして持って、先のほうだけ油の中へ入れます。お酒やビールに、お魚の天ぷらのあとに、一、二本そえると、さっぱりとしていいものです。

おこうこ巻

むし暑さで食欲がなくても、朝食ぬきの出勤は、体にこたえます。

かんたんに口に入れられるように細いのり巻をこしらえて、食卓に出しておいてはいかがでしょう。

なかは奈良漬、野菜のみそ漬、タクアン、きゅうりと青じそ、梅干とおかかなど、お好みで。

あわただしく出勤するときも、す

ぐにたべられて、たすかります。

ボリュームライス

夏バテ防止にボリュームたっぷりのこんな洋食はいかがでしょうか。

チキンライスを皿に盛り、その上に食べやすいように切ったカツをのせてトマトソースをかけ、目玉焼きを一つのせます。

サラダとスープを添えて。

なまりを

なまりは好ききらいがありますがこうしてサラダふうにすると、意外においしい一皿ができます。

たっぷりのカイワレを二つくらいに切って大きめの皿にならべ、ラッキョウを薄く切って、ちらします。その上に、なまりを小さくほぐしてのせ、しょう油、日本酒、ゴマ油、酢少々で味をつけます。

おつまみにもいいでしょう。

氷をつつむ

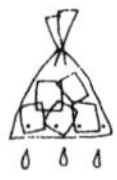

車で出かけるときなど、氷をクーラーボックスや発泡スチロールの箱に入れていくことがあります。このとき、氷が、とけた水に漬かっていると、早くとけてしまいます。

かたまりの氷なら新聞紙でぴったり包み、ポリ袋入りなら、袋に穴をあけて水を出やすくしておくと、とけ具合がかなりちがいます。

小骨を抜くとき

魚の小骨を毛ヌキで抜くとき、抜いた骨が毛ヌキにくっついて、とるのに手間がかかります。

そんなときは、ボールに水をはってそこに毛ヌキをくぐらすと、カンタンに小骨がはなれます。

簡単クルトン

クルトンは、スープの浮き身や、サラダに入れるとおいしいものですが、油で揚げるのが面倒です。

揚げるかわりに、食パンをサイの目に切ってアルミ箔にのせ、オーブントースターでカリッと焼きます。

あっさりしたクルトンです。ただ水がしみこみやすいので、早目にいただきます。

しそサンド

しその葉の香りのいい季節にこんなサンドイッチはいかがでしょう。

まず、しその葉をごく細かくきざんで、バタをたっぷりぬったパンにのせ、上からレモンの汁をたらたらとたらしてから、はさみます。

ふつうの食パンでもいいし、黒パンでもけっこうです。さっぱりとして、香りがよくて、おいしいものです。

ハムや玉子のサンドイッチのなかに一、二コ入っていると、なおさらひきたちます。

ぼっかけ

麦入りの温いご飯に、さっと焼くか、熱湯をかけた油揚げのせん切りと、小口切りのねぎをたっぷりのせて、お吸物よりやや濃い目のだし汁を熱くして、上からかけます。
ひと昔前、大阪では、これをぼっかけといっていました。夏の食べものです。ちょっといけます。

夏のくず餅

よく冷えたくず餅、いつもは黒みつと黄粉ですが、わさびじょう油や辛子じょう油も、さっぱりしてなかなかです。甘いものの嫌いな方、暑いからちょっと口あたりをかえて、というときにどうぞ。

かぼちゃマヨネーズ

ゆでたかぼちゃをつぶしたものにマヨネーズを加えると、あざやかな色と、素朴な甘味のソースができ上ります。
かぼちゃは、うらごしすると、もっとなめらかなソースになります。魚のフライによくあいます。

佃煮の塩気で

塩からい佃煮は、おいしいものですが、とりすぎはよくありません。大根おろしにまぜたり、きゅうりやみょうがのせん切りにまぜて、佃煮の塩気でいただくようにすると、量もそれほどとらずに、味がたのしめます。

箸やすめ

セロリは葉の方を捨ててしまうことが多いのですが、ちりめんじゃこと炒りつけると、風味満点の箸やすめができます。

セロリは葉っぱだけでなく、葉のついている軸もななめにうす切りにして油で炒りつけ、セロリ二、三本として、じゃこを手のひら一杯いれて、お酒としょう油を落とし、水気がなくなるまで炒り上げます。

ゆがいてから

野菜のおいしい季節です。しゃきっとしたサラダもいいのですが、歯のわるいお年寄りには、食べにくい

ようです。

トマト、きゅうり、なすなど、小さい角切りにして、一度サッとゆがき、冷ましてから、ドレッシングであえます。

アボカドそうめん

食べ頃のアボカドを半分に切って果肉をスプーンですくいとり、つぶしてから、そうめんのつゆを少しずつ入れて、ワサビをまぜます。

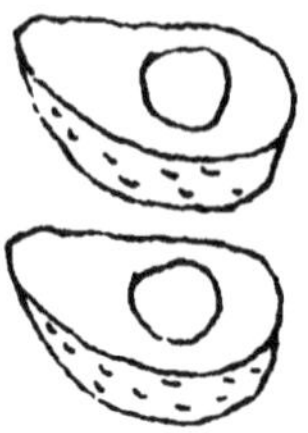

ガラス鉢かスープ皿に冷そうめんを盛り、アボカド入りのつゆをかけて、こまかく切ったゆで玉子をのせます。
色もあざやか、ひと味ちがうそうめんがいただけます。

果物でスタート

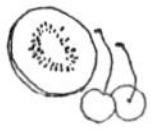

くだものは、ふつうデザートとして食後に出しますが、オードブル風にさいしょにいただくのもいいものです。ことに暑い季節は、さっぱりとして、あとの食事がおいしくいただけます。
みかん類、キウイ、さくらんぼ、りんごなど、たべよく切って小さめの器にちょっぴり出すのが効果的。ただバナナのような甘く、おなかにもたれるような果物は向きません。

オシャレちがい

この頃は、一歳足らずの子にジーパンをはかせたり、黒やモスグリーン、グレイなどの大人っぽい色の服を着せたりしますが、そういったオシャレは、大きくなってからで充分です。
子どもらしいかわいい服は、ほんの数年しか着せることが出来ませんし、子どもは赤やグリーン、黄色、青、ピンクなど、はっきりした色が大好きで、自分の着ている洋服で、「これは何色」といって、色をおぼえるものです。
この時期は、子どもらしい色の動きやすい服を着せてやりましょう。

小さな鶴

旅先の宿で、電話機や電気スタンドの横、床の間の隅に、金、銀、色の和紙で折った小さな鶴が、ちょこんと置かれていました。親子の鶴が並んだのもあります。

何でもないようですが、なかなか風情があって、心がなごむ思いがしました。玄関の花びんの横などに置いてもいいでしょう。

座席表を

よく劇場にいかれる方は、もうご存じでしょうが、最近、劇場の案内書がたくさん出ています。なかでも座席表の出ているのが一冊あると便利です。

前もって自分の席がどの辺りか知っておけば、まごまごしないですみますし、ことに観劇券を贈るときなど、座席表をコピーして、印をつけて、券といっしょに差し上げれば、喜ばれるでしょう。

旅行カバンを

旅行用のトランクが汚なくなって洗剤をつけてタワシで洗ったのですが、ちっともきれいになりません。

迷った末、カラースプレーを吹きつけました。すっかり生まれかわり、買いかえないですみました。

目立つ封筒で

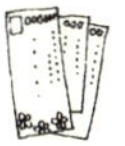

電話、ファクス、Eメールと、手近な通信手段がいろいろある世の中ですが、自筆そのままの手紙は、かえがたい良さがあります。

手紙を出すとき、私はいつも薄い色がついた、模様入りの封筒を使っています。これだと、たくさん届くダイレクトメールに紛れても、すぐ私からと、わかってもらえます。

浴室のカビ防止に

浴室にカビがつくと、タイルの目地が黒くなって汚ないものです。

これを防ぐには、家族がお風呂に入ったあと、浴室の壁や床、天井についた水気をふいておくのが一番ですが、ぞうきんでふくのは、けっこう手間がかかり、面倒です。

そこで、ガラス磨きに使う、車のワイパーのような形をしたゴムベラで、壁や天井の露を落とし、床の水も排水口に流しておきました。

これならラクにできますし、カビのつき方も、ずいぶん違います。

おみやげにCD

気心の知れたお宅に伺うとき、いつもお花やケーキといったおみやげではと思い、まよいました。

そこで、自分の好きなCDを持っていってあげました。

しばらくたってから、その音楽をきくたびに、あなたを思い出すといって、たいへんよろこばれ、よかったと思いました。
ことに、音楽好きのかたには、こんなおみやげもいいものです。

大人のTシャツを

子どもが一人でごはんを食べはじめるころ、ふつうのエプロンでは短かくて、ヒザのあたりがベチョベチョになります。
そこで、大人のTシャツをたっぷり着せて、エプロンがわりにします。センタクもラクです。

いい道具で

夏休みの宿題に工作があります。見ていられずに、つい手を出してしまうのが親心ですが、その前に、こどもだからといって安いものにせずいい道具をそろえてあげましょう。
よく切れるハサミ、ちゃんとしたノコギリ、使いやすいトンカチなどよい道具を使えば、少しはマシなものを作るかもしれません。
親が作った夏休みの宿題なんて、感心しませんものね。

駅のスタンプを

旅先の駅で、電車を待っている間に時間があったら、友人や自分宛にはがきを書きます。
売店で官製はがきや絵はがきを買って、その駅のスタンプを押し、旅先の印象やその駅のことなどをちょこちょこ書きとめるだけですが、その駅にしかないスタンプは、旅のよい思い出になります。

ゴルフ用の傘

雨の日に、赤ちゃんをおんぶして出かけるときに、ゴルフ用の傘があったら使います。
たっぷりと大きくて、背中の赤ちゃんもおかあさんも、ぬれる心配がありません。
派手で、よく目立つから、安全かもしれません。

文鎮の使いみち

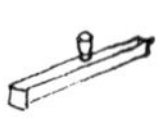

子どものころ、お習字で使っていた文鎮がでてきたので、いろいろに使っています。
辞書をしらべるとき、上にのせると虫めがねが使いやすい、本をみながら料理を作っているときのページ押えに、風のある日の新聞おさえ、お裁縫のときの布地おさえなど、使いみちがあるものです。

思い出の写真

旅行のときは、名所旧蹟といわれ

る古い建物や、いい景色ばかり写真にとりがちです。

でも、なんでもない町や村の景色や人たち、お土産を買ったお店、泊ったホテルやレストランなど、絵ハガキやガイドブックには、ゼッタイない風景の写真もとっておくと、かえって懐しいものです。

トイレのタオル

厚手の、真白のふかふかしたタオルをいただきました。ふつうのサイズより幅がたっぷりしています。
これをトイレにかけてみたら、家族に大好評です。見た目も、手ざわりも頼もしく、気持いいのです。

近くの方にも

夏休みに田舎に帰るとき、おみやげはすこし余分に持っていって、両親や兄弟が日ごろお世話になっている方たちにもさし上げましょう。
近所で話し相手になって下さる方や、かかりつけのお医者さん、品物を配達してくれる商店の人などに、日ごろのお礼をいって、これからのこともお願いしておきます。
いざというとき、すぐに力になっていただけるのは、やはり近所の方ですから。

小さなガマロを

消費税をとられるようになってから、一円玉や十円玉の小銭がふえてきて、小さなガマ口では間にあわなくなりました。
そこで、この不用になったガマ口に、ハンコや指輪、チェーンのネックレスなど小物を入れて使っています。パッと開いて中が見やすいし、止め金もしっかりしまります。
また、旅行にもっていくときなどこれに入れておくと、まとまって便利です。

喪服に

喪服は、ほかの季節は和服でも、夏だけは暑いから洋服という方も多いと思います。
そんなとき、黒のスリップがあればよいのですが、なければ、肌色のスリップにします。白のようにすけないので、ずっと黒い服がきれいにみえます。

串ざしメロン

夏の集りに、なにか果物を出したいと思うとき、メロンを二、三種とり合せ、一口大の角切りにして竹串に刺し、お皿に並べます。
見たところすてきで、おいしそう

で、第一たべやすいのです。デザートにも、オードブルにも、こうすると、変っていて、口直しにもいいものです。

冷たいサンドイッチ

これからの季節、おやつのケーキのかわりに、冷たくしたサンドイッチもいいものです。乾かないようにサランラップでぴったり包んで、冷ぞう庫に入れておきます。

3センチくらいに小さく切って、熱い紅茶といっしょにどうぞ。

ネバネバ集合

なめこ、オクラ、ふのり。こんなネバネバのものばかりを入れたみそ汁はいかが。

ダシはきちんととって、みそは薄めにします。熱いのはもちろん、冷やしたネバネバみそ汁もわるくありません。

枝豆を蒸す

枝豆はふつうゆでますが、蒸して食べるのも、おいしいものです。

たっぷりの塩でもんで、1時間半から2時間おいてから、蒸し器で10分くらい蒸します。塩味が枝豆のなかまでちょうどよくしみて、はじけるような口あたりです。

フルーツのソテー

朝のトーストに、果物のバタいためをのせます。りんご、バナナ、パイナップル、いちじくなど。薄切りにして、バタで両面焼きます。

仕上がりに砂糖をふったり、りんごやバナナならシナモン、好みでお酒をふっても。

ジャムとはまたちがってさわやかです。焼きたてをのせてもいいし、冷やしたのでも。

じゃあじゃあ奴

冷奴がおいしくなってきました。じゃあじゃあ麺の肉みそを、少し余分につくっておき、冷奴にのせると、味が変ってごちそうふうになります。

辛いのが好きな人は、一味唐辛子を加えたり、シソの葉のセン切りを上にのせたりすると、ひと味ちがいます。

レタスで包んで

チャーハン、チキンライス、ドライカレーの炒めご飯や焼きそば、ビーフンなど、大皿で出して、めいめいがレタスで包んでたべます。

簡単なスープをつけて。

巻きスダレ

雑貨の安売りコーナーで買ったプラスチックの巻きすを、重宝して使っています。
ほうれん草などを茹でたあと水気を絞る、お皿かボールの上にひろげて、お豆腐や野菜をのせて軽く水を切る、魚の切身に塩をするときも、その上に並べてからふると、べチャつきません。

レモンを

生野菜のサラダをつくるときに、レモンを半分に切って、ナイフか庖丁の先で、果肉をこまかく切りながら出して、サラダにまぜます。
こうすると、ドレッシングにしぼって入れるよりも、レモンの風味がさわやかでさっぱりとしたサラダになります。

アスパラの味噌漬

アスパラガスがおいしくなってきました。太いものをさっとゆで、ミリンでゆるめた味噌につけます。
だいたい一晩位ですが、漬けすぎると身がしなびてきます。漬け加減と味加減をみながらお好みで。

ペパーミント牛乳

甘いジュースや炭酸水を飲むよりは牛乳をと、なるべく牛乳を飲むようにしていますが、やはり少々あきてきます。
冷めたい牛乳にペパーミントのエッセンスを2、3滴おとしてみました。好みで砂糖を少し入れてもけっこうです。
お客さまにも、たまにはお茶のかわりにこんな牛乳をお出ししてもいいでしょう。

青じその天ぷら

青じその葉を天ぷらにするとき、葉の真中のすじをとって四つに切り重ねてコロモをつけて揚げます。
一枚そのまま揚げるより揚げやすく、パリッとした歯ごたえがあって、しその香りも味もまして、青じそらしい天ぷらです。

この夏、ぬか漬を

いつもは、秋の終りにぬか床をしまい、次の年の夏の初めに出して、新しいぬかをたしてぬか床を作っていましたが、秋の終りのぬか床は、だいぶくたびれています。
そこで夏の盛りのおいしいぬか床

を、三分の一ほど冷凍庫に入れて冷凍してとっておき、次の夏に、このぬか床に新しいぬかをたして漬けたら、とても早く、おいしいぬか漬を食べることが出来ました。

　前の年の残りのぬか床は、そのまま漬け捨てにしてしまいます。

ハチミツを

ハチミツはレモンと相性がいいのでドレッシングに使います。
　レモン、オリーブ油、白ワイン少々、塩コショーに、ハチミツをかくし味に加えますと、まろやかで、さわやかなドレッシングになります。とくに、レタスやキャベツなどの葉っぱに、よく合います。

すき焼きの肉

育ち盛りの子が三人もいると、すき焼きや焼き肉のとき、ナベに肉を入れると、またたくまに姿を消し、あげくは「誰がたべた」、「ボクまだちっとも食べてない」と、言い争いになります。
　そこで、はじめに子どもの分だけ皿に分けて、本人の前に置いておくと、自分の肉を好きなとき、好きなだけナベに入れて食べられるので、落着いて食事ができるようになりました。

レモンそうめん

そうめんのおいしい季節がやってきました。そうめんの薬味は生姜とシソの葉、ネギがふつうです。
　ちょっと趣きをかえて、レモンの皮をごくうすくそいで、細く細く切ります。これを冷やしたそうめんにまぶし、つけ汁をつけていただきます。つけ汁にも、少しレモンの汁をおとしておきます。

ゆで玉子に

ゆで玉子を二つに切ったものに、塩とカレー粉をふりかけ、フライパンに油をひいてこんがり焼きます。
　味の変化がつくし、形もくずれにくく、お弁当によろこばれます。

さしみのつまを

さしみのつまについている大根の細切りは、おいしいのですが、食べにくいので、つい残してしまいがちです。
　そこで、二つか三つ、庖丁を入れて短かめにして添えたら、おしょう油もつけやすく、食べやすくなって、残らなくなりました。
　それでも残ったら、マヨネーズで

サラダふうにいただくのも、わるくありません。

アイスクリームを

モモやイチゴなどを刻んでフルーツゼリーを作りますが、さましたゼラチン液にフルーツをまぜるときにバニラアイスクリームを加えて固めると、ババロア風に変身します。

また、とかして、カスタードソースとしても、使えます。

インスタントだしに

時間がなくてインスタントのだしを使うとき、昆布だけは、本物を入れるようにします。

もともと昆布はお湯が沸騰する前に引きあげるもの、だからインスタントのだしを使うのと同じ時間で、ちゃんとだしがとれ、うま味が増します。

ぬれぶきんを

食事の仕度をしていると、ちょっとつかった庖丁、マナ板、ボールなどを、いちいち洗って、また使うということがあります。

こんなとき、ぬれぶきんを一枚手もとに用意しておき、使ったらすぐふくようにすると、ちょいちょい洗う手間がはぶけて、ラクです。

板前さんから、ききました。

水茶漬け

お茶漬けというと、熱いお茶をジャッとかけて、というのが普通ですが、あつあつのご飯に、冷たい水をかけていただくのも、暑いときには、いいものです。

梅干しやシャケはもちろん、ジャコやえのき茸の佃煮なども、この水茶漬けによく合います。

黒砂糖を

黒砂糖があったら、お砂糖のかわりに細かく砕いて、ヨーグルトに入れます。独特のかおりと甘みがよくあって、コクのあるおいしいヨーグルトになります。

ポットに

麦茶の季節です。冷たくした麦茶

を保冷の効くポットに入れて、テーブルに置いておきます。

小さい子どもがいると、麦茶を飲むために冷蔵庫の開け閉めが多くなりますが、こうしておくと、その回数も減り、省エネになります。

ナプキンを

とかく夏は、つめたい飲みものや果物をいただくことが多く、着ているものに、シミをつけやすいものです。
お客さまに、なにかお出しするときは、お食事でなくて、お茶のときでも、ナプキンを用意して、ひざの上にかけていただきましょう。喜ばれること必定です。

パーティに

お友達のパーティに招ばれて、出席しました。
パーティなんて、はじめてですから、なにを着て行ったらいいか迷いましたが、真白なワイシャツに黒いスカート、衿もとに真珠のネックレスをして行きました。
清楚で、きれいで、とてもステキと好評でした。

CDの交換

中高生になった子どもたちと、ときどきCDの交換をしています。
すっかり無口になった息子たちと話す糸ぐちになりますし、流行の曲もわかって、気分が若やぎます。

換気扇をまわす

暑い日、外出先から閉め切ったわが家の中に入ると、ムッとして、なんともたまりません。
そんなとき、まず第一に、窓をあけて、お台所やお風呂場の換気扇をまわします。天井のほうにもたまっていた熱い空気が抜けて気持よくなり、それだけでも、涼しくなったような気がして、ホッとします。

お部屋に小皿を

しょう油を入れるような、有田焼などのかわいい小皿がいくつかあれば、アクセサリ入れにするのはいかがですか。
指輪やピアス、イヤリングなど小さなアクセサリを入れて棚に並べれば、ちょっとした部屋のアクセントになりますし、使うときは、すぐに選べて便利です。

壁のアルバム

ひとり暮しのお年寄りをお訪ねし

たら、壁の模造紙に、子どもの運動会やお誕生日や、ピアノの発表会などの写真が、いっぱい貼ってありました。

「これは孫、こっちはひ孫よ。アルバムに貼りきれないのを壁に貼ったら、いつも孫たちといっしょにいるみたい」と楽しそうでした。

写真をこんなふうに使うのも、いいアイデアだとおもいました。

濡れタオル

夏の旅行で、一ばん重宝だったのは、水で絞ったタオルでした。汗をふいたり、手をふいたり、いろいろに使えます。
それも、おしぼりタオルよりも、ふつうの大きさのものを、小型の防水バッグにいれて持ち歩いたほうが便利です。
使ったら、水の出る所で、ゆすいで、いつもきれいにしておきましょう。

レシートを

買物をしたときもらったレシートを、少なくとも四、五日はとっておきます。
家計簿はもちろんですが、二、三日日記をつけ忘れたとき、レシートの店の名や時間が、その日何をしたか思い出す、手がかりになります。

名前をなのる

以前お目にかかったことはあるけれど、こちらの名前を覚えていらっしゃらないかもと思ったら「○○です」と名のることにしています。
相手の方は、私の名前を思い出せなくて、具合の悪い思いをされているかもしれませんから。

小クーラーボックス

2リットルほどの小さなクーラーボックスが安く売られています。
海へでかけるとき、このクーラーボックスをカメラバッグのかわりに使います。密封されますから、潮風や海水、砂から守ってくれます。

キャリーカート

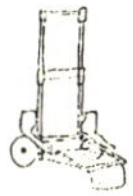

旅行用のスーツケースをのせて運ぶキャリーカートが家にひとつあると、旅行にあまり行かない人でも、けっこう重宝します。
灯油のタンクや重い箱を運ぶときや買物のときなどにも、使えます。

記念切手を

海外へ旅行するとき、日本の記念

切手のきれいなのを、いろいろ持っていきます。

外国の人の中には、切手を集めている人がかなりいますから、ちょっとした旅先きでのお礼や、思いがけず親しくなれるきっかけになったりして、とても喜ばれます。荷物にならないのが、いいところです。

ビー玉剣山

縁日などで、きれいなビー玉がいろいろと売られています。透明なのを買ってきて、ガラスの細い花びんに入れて花を生けました。

透けてみえても、かえって涼しげだし、花が止まり、花びんは底が重くなって落着きます。

消えるプレゼント

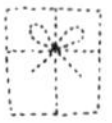

こどもの誕生会のプレゼントは、オモチャなどが多いのですが、お互い狭い家では困ることがあります。

そこで、女の子には小さくまとめた切り花、男の子には手作りのプリンやクッキーにしています。ワーッと喜んで、まもなく消えてなくなります。

一人一役

わが家では、こども一人ずつに、年齢に応じてお風呂の掃除、食事の後片づけ、ちょっとした買物などとお手伝いの役がきまっていますが、90歳のおじいさんにも、一役たのみました。

お風呂で使ったバスタオルと足ふきマットが乾いたら、きちんとたたんで、棚に置く役です。自分も一役かっているのがうれしいのか、毎日干し上がるのを待っています。

大家族だと、家族一人ずつに役目をきめておくと、たいへんたすかります。

犬の首輪に

犬を飼う家が多くなりました。犬の首輪にも電話番号を書きこんでおきましょう。

くさりを離れてウロついているのをみたら、電話で飼主にれんらくがとれますし、知らない犬にかみつかれたり、玄関先にフンをされたりしたときは、逆に飼主がわかっていいのです。

電池を逆に

山へ持ってゆく懐中電灯は、リュックサックのなかで、なにかのはずみで押されて、スイッチが入ってしまい、つきっぱなしになっていて、肝心のときに役に立たないことがあ

ります。

なかの電池をひとつだけ反対にしておくと、安心です。使うときは、ちゃんと入れ直します。

二つのおしぼり

暑い日、外からいらした方に熱々のおしぼりと、よく冷えたおしぼりの両方をお出しします。
好みでどちらか一方を使っていただくのもいいし、熱いのでふいてから、冷たいので肌をひきしめてもいいし、また冷たいので汗をひかせてから、熱いのでゆっくりふいていただくというのもわるくありません。

アイ・オープナー

ホテルの朝ごはんのメニュウをみると、アイ・オープナーと書いて、冷たい飲みものが並んでいます。おもいっきり冷やしたオレンジジュース、レモンを絞った野菜ジュースなどをのむと、目もパッチリ、胃も目覚めて活動をはじめるからでしょう。
暑い間だけでも、出勤するひとの寝起きに、冷たいジュースをサービスしてはいかがでしょうか。冷たくひやしたフルーツでもいいのです。気分もシャキッとして、食欲も出るし、働く意欲もでてきます。

涼風焼豚

焼ブタはふつう甘めのタレとか、煮汁で作ったこってりしたタレで食べますが、酢じょう油ときざみネギで食べてみます。
さっぱりとしていくらでも入ります。暑い日のそうめんのつけ合せなどには、ことによく合って、おいしいものです。

青しそで巻く

さっぱりした漬ものがほしい季節です。らっきょうのしそ巻きなどいかがでしょう。
しそのさわやかな香りと、らっきょうの甘酢がとけあって、ご飯のおかずにも、ビールの肴にもけっこういけます。

パイナップルサラダ

パイナップルを小さく切って、きゅうりやピーマンと一緒にフレンチドレッシングであえます。
涼しげで、甘酸っぱいデザートのようなサラダ。生でも、缶詰でも。

レモンじょう油を

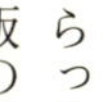

暑い時期は、どうしても食欲がお

とろえます。わが家では食卓に、しょう油ビンともうひとつ、レモン汁としょう油を1対3で合せたレモンじょう油のビンを置いています。

漬物に、焼魚に、刺身に、サラダに、冷奴にとかけていただくと、さっぱりとして好評です。

トマト入り

いつも作るチャーハンに、トマトの粗みじん切りを加えます。サッパリとした味わいは、暑いときには喜こばれます。
トマトの量は好みですが、4人分で大きめのを1コぐらいです。

氷入りのときは

暑いときにいっきに飲める冷たい飲物はおいしいのですが、コーヒーでも紅茶でも、濃いめに入れても、氷がいっぱい入っていると、飲むときに表面が薄まっていたり、飲み残りが水っぽくなったりします。

別に、濃いめに出したものを小さいポットかミルク入れに入れて出しておくと、薄まってきたらたして、最後まで、自分の好みの濃さで飲めます。

水気を切って

キャベツやモヤシや菜っぱなどをいためるときは、強火でさっさっといためるのがコツですが、どうしても水がでてしまうことがあります。
こうなったら、いちどザルか、ストレーナーにあけて水を切ってからまたナベに戻して、味つけします。
このほうが、味がぼけずに、しっかりとつき、見た目もおいしそうに出来上ります。

トロミを

焼ノリをもんで、実にするノリ吸いはおいしいし、なにもないときでも、すぐにお吸いものができて便利です。ただ、そのままでは、ノリがすぐお椀の底に沈んでしまうのが、残念なところです。
そこで、吸い加減のダシができたら、片栗粉少々を水ときして流し、うすいトロミをつけてから、ノリをもんで浮かしてみました。ノリが沈まず、見た目がきれいです。

針しょうがを散らします。

冷たいのがご馳走

夏の食卓にサラダを出すときは、おかずの中で一番先に作ります。野菜は器に盛りつけ、ドレッシングはボールに作って、別々にラップをかけて冷蔵庫へ入れておきます。

他の料理を作っている間によく冷えますから、いただくまえに取り出して、ソースとあえて、すぐテーブルに出すと、すっかり冷たくなっていて、食がすすみます。

ねぎみそ

いわしやあじ、さばを焼いたときふつうは大根おろしを添えますが、たまたま、大根がなかったので、長ねぎをきざんで、おみそを合せたものを添えてみました。ちょっと魚につけても、口直しにいただいても、なかなかけっこうでした。

枝豆ギョーザ

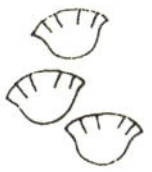

枝豆はゆでてサヤから出し、うす皮をとってから、すりこぎで軽くつぶします。この中にネギのみじん切り、あればハムのみじん切りも少し加えてまぜ合せ、塩とゴマ油少々で味をつけます。これを餃子の皮に包んで、熱湯の中でゆでます。

ゆで上りのところを、酢でいただきます。

すっぱいキャンデー

夏、山に登るとき、甘いキャンデーを持っていくよりも、レモン味などのすっぱいキャンデーをたくさん持っていくことをおすすめします。甘いキャンデーよりもさっぱりして、カロリーの補給になる上、含まれているクエン酸などのすっぱみはシゲキになって、気持をシャキッとし、疲れをとってくれます。

わかめを冷凍に

わかめをもどして、洗って茎をとり適当な大きさに切るのは、時間に追われているときには、けっこうめんどうなものです。

少し多めに用意し、ざっと一回分ずつに分けて、冷凍しておくと便利です。生わかめも、こうしておくと、あのコリコリした新鮮な歯ざわりがいつまでも保てます。

あわせジャム

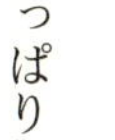

アンズのジャムとイチゴのジャムがビンの底に少しずつ残って、なか

なか空になりませんでした。

そこで、両方を小鉢に入れて、スプーンで混ぜ合せました。ここにレモン汁をしぼり込んで、少し香りと酸味をつけて食卓に出したところ、好評でした。

大人だけなら、ブランデーをちょっとたらしても。

おかかのにぎり

酢をまぜたすしごはんを、小さくおすしのように握って、おかかのしょう油まぶしをのせます。
食欲のない暑い日、さっぱりとしておいしくたべられます。

小かぶのサラダ

小かぶの浅漬けはよくしますが、うすく切って軽く塩をふり、フレンチドレッシングであえると、口あたりのよいサラダになります。パプリカを一ふりすると、色どりもきれいです。
パンにはもちろん、ごはんにもよくあいます。

シソおろし

大根おろしにしらす干しは、きまりものですが、塩鮭やアジの干物などの焼きざまし、たらこやめんたいこをほぐしてあえても、軽いおかずになります。
このとき青じそを細くきざんでまぜると、夏むきにさっぱりします。酢漬の赤じそも、酸味が加わってけっこうです。

アイスクリームの演出

お客さまにアイスクリームを出すとき、レストランでやっているように、器にアイスクリームを盛ったら紅茶茶碗のお皿に、小さいレースペーパーを敷いて、その上に器をのせて出します。
なんでもないアイスクリームが、とても華やかに、おしゃれに見えます。

ザルとボール

ザルがちょうど入る大きさのボールを一つきめて、ザルとボールの組合せをつくっておきます。
ゆでたそうめんや冷麦を水で冷やすとき、この組合せに入れて、水道の下におくと、水だけ流れて、そうめんは流れださないから、安心して他のことができます。

きゅうりを

お漬物や酢のものにするには、ち

ょっと太すぎるきゅうりは、白うりのようにあんかけにすると、おいしくいただけます。

きゅうりは皮をむき、二つ割りにしてタネをとり、乱切りにします。これを、すまし汁よりやや濃いめに味をつけたダシ汁で煮ます。きゅうりがやわらかくなったら、片栗粉をといて流し、器に盛って、すりしょうがを添えます。

セロリ二題

セロリがみずみずしくて、おいしい季節です。このセロリを3、4センチの拍子木に切り、ハムの細切りと一緒にかき揚げにします。

＊

もう一つはセロリご飯。葉も一緒に細かく切り、ごま油でサッと炒めて、しょう油で風味をつけたセロリを、炊き上がりのご飯にまぜ込みます。昆布ダシで炊いたご飯ならいっそう味がよくなります。

コーヒーにレモン

紅茶にレモンはいうまでもありませんが、コーヒーにも意外によくあうようです。

ロシアへいったときホテルでこれを出されて、はじめはふしぎに思ったのですが、飲んでみると、レモンの香りと酸味がちょっと加わって、けっこうおいしい、ひと味ちがうコーヒーでした。

魚焼きにフォーク

合せ網で魚を焼いていて、網にくっついてしまったとき、魚を網からはがすのに、フォークを使うと便利です。

焦げついた方を上にして、魚がついているところをフォークの背で、ちょっと押さえると、身をくずさずに、簡単にとれます。このとき、ついている網の部分を、フォークの歯の間に嚙ませるように当てるのがコツです。

カットグラスを

カットグラスのコップが、なんとなくうす汚れてきました。

古い歯ブラシに洗剤をつけて、カットのキザミの部分をよくこすり、ぬるま湯につけて洗ってみました。すき通るように光ってきました。

花びんや置物のカットグラスも、こうやってみがくと、輝いて、びっくりするほどきれいになります。

夏帽子二つ

毎年、防水生地のと、麦わらのと

二つ帽子を買って、夏を迎えています。風に飛ばされないように、彩りのよいヒモをつけて、壁に掛け、今年も夏ばてしないようにと、元気をつけます。

　変哲もない帽子ですが、毎年、ちがった感じの帽子をたのしんでいます。

ウェットティッシュを

　顔に汗をかいたとき、ウェットティッシュで押えると、ひんやりして気持がいいのですが、せっかくのお化粧がおちてしまいそうです。
　薄いハンカチやガーゼでティッシュを包んで押えると、冷たさもつたわり、お化粧もさほどおちません。

名前で呼ぶ

　入院している祖父のお見舞いに行くと、「ここはいい病院じゃ。ワシみたいに八十を過ぎた者にも、○○さんと呼んでくれる」といいます。
　ハッとしました。親しみをこめたつもりの「おじいちゃん」という呼び方よりも、一人の社会人としての「○○さん」の方が力強く、生きる力もわくのでしょう。薬に勝る看護だなと思いました。

贈りものは週末に

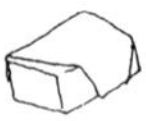

　新しい方に名産品やお菓子を送るとき、先方に金曜日か土曜日、週末のゆったりした気分のときに着くように送りたいものです。
　とくに、野菜や果物など、いたみやすいものや、料理しないと食べられないものは、週末につけば、家族でそろって楽しく食べていただけるし、こちらの気持も、通じるというものです。
　それに、共働きの家では、平日に着くと、受けとれなくて再配送になることが多いのです。

下半分に

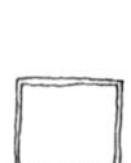

　窓をあけると、外からも見えてちょっと……というとき、窓の下の方に、細いテンションバーを渡し、長さ30センチほどの短かいカーテンを作って、とりつけます。
　外を通る人からは中は見えませんし、窓の上の方があいていますから中からは表がみえて気持よく、息苦しくありません。

ソファに

　いつも腰を掛けている居間のソファに、夏の間だけ、バーゲンで買っておいた木綿の生地を、四角く縫って、かけてみました。

すっかり部屋の雰囲気が変り、涼しげで、ソファが汚れないで、たすかっています。

封筒を利用するとき

封筒に大事なものを入れて持歩くとき、必ず住所、名前、電話番号などを書いておきます。もし、封筒を落したときも、こうしておくと、早く見つかります。

よその会社の封筒のときは、消して自分の住所にしておきます。

三つの言葉

なさっている方もあると思いますが、海外旅行に行くとき、その国の言葉がわからなくても〈こんにちは〉〈さようなら〉〈ありがとう〉だけは、おぼえていきましょう。

挨拶をし、お礼をいうだけでも、その国の人たちと気持が通じ合い、

親しくなれるものです。

ほんとの水泳シーズン

水泳のシーズンが終ってから、本格的に水泳の練習に取り組んでみてはいかがでしょう。

スイミング教室の先生の話では、夏は大忙しで、きちんと教えるのは大変、夏が過ぎてからが、ほんとうに泳ぎたい人のシーズンとか。

来年の夏をめざして、がんばりましょう。

スカーフを

病院で診察や検査をするとき、私は大きめの薄手のスカーフを持っていくことにしています。

脱いだ服のうえにちょっとかけたり、「上半身を脱いで」といわれて待たされるとき肩にかけたり、いらないものをつつんで手に提げたり、寒いときに肩にかけたりして重宝しています。

風呂敷を

柄のいい風呂敷があっても、使うことがほとんどなく、引出しの中で眠っています。

テーブルクロスに使ってみることにしました。小さかったら、配色の

よいテーブルクロスの上に広げます。上から透明のビニールをかければ食事のときは汚れません。

意外とハイカラで、変わった雰囲気をたのしめます。

枕の下に

八月、九月と、夏の盛りは寝苦しいし、頭に汗をかきます。
枕カバーの下に、汗とり用のタオルを一枚入れておくと、ひどく汗をかいても、枕までしみません。
枕カバーはすぐに洗えますが、枕まではなかなか洗えませんから。

説明書も持って

旅行などにカメラを持っていくとき、いっしょに説明書も持っていきましょう。
このごろは、カメラの機構が複雑で、よほど慣れていないと、使い方がわからないことがあったりするからです。ちょっとした事故も、説明書を読めば直せることがあります。
また車内などでゆっくり読んで、撮り方を勉強することもできます。

お気に入りの写真

写真うつりが悪くてと、おなげきの方に。
写真の上手な方に、フィルム一本か二本分ぐらい、いろんな角度からパチパチ、撮ってもらいます。
出来上った「顔」を並べてみていくと、かならずお気に入りの顔があるはず。そのあと撮るときは、それを参考に、ハイ、ポーズ。

冷たいタオル

夏は、お客さまがいらっしゃると冷たいタオルを用意しますが、家の人にも冷たいタオルを作っておきます。
外から帰ってきたときや、お茶のときなどに、冷ぞう庫からタオルを出してあげると、ほっと一息ついて元気が出て、きっと嬉しく思うでしょう。

路傍の草

どんな植物にも名前があります。道傍の雑草の一本一本にも、ちゃんと名前がついて、図鑑にのっています。
ためしに、駅までの道に、どんな植物が生えているか、休日のヒマなときにでも、しらべてみてはいかがでしょうか。
こどもさんもさそって、いっしょに見て歩くとたのしいし、草花の名前を覚えるよい機会にもなると思います。
図鑑は、帰化植物や園芸品種ものっているものが便利で、役に立ちます。

大きく一声

お年よりと同居している家をたずねたときは、大きい声で一言、声をかけましょう。
返事もなく、知らん顔をされるかも知れませんが、お年よりにとっては、自分の存在を認めてくれたと、内心はうれしいのです。

キムチトースト

トーストにバタをたっぷり塗ってキムチをのせていただきます。
バタの風味とキムチのうまみが溶けあって、なかなかです。
トーストはやわらかめで、焼きすぎないのがコツ。

ガスパッチョふうに

夏の朝食は、冷たいジュースだけにしている、という人に。
アラレに切った、パンや固ゆで玉子、きゅうり、アボカド、玉ねぎ、ピーマンなどをひやしておいて、トマトジュースや野菜ジュースをいただくときに入れます。つまり、実だくさんのジュースにします。
また、ジュースと冷たいコンソメをまぜてもいいでしょう。
今日はいそがしい、という日などには、ジュースだけより、おなかがしっかりとします。

みそ汁に

夏の日のみそ汁の実に、そうめんはいかがでしょう。
とりあわせは、たいていのものはあいますが、おいしいのはナスや油揚げ。にゅうめんとは一味ちがっておいしいおつゆになります。

ミルクゼリー

夏には、喉ごしのいい食べ物が欲しくなります。
わが家では、栄養たっぷりの牛乳で、砂糖も何も入れないゼリーを作り、冷蔵庫に冷やしておきます。
ポイントは、ゆるめのゼリーにすることで、ガムシロップやジャムを好みにかけます。

竜田揚げに

とりの竜田揚げをつくるとき、つけておくおしょう油の中に、ショウガをおろして入れ、香りづけにしますが、おろさずに、細い針千本にき

ざんで、とりにまぶして揚げてみました。
　ショウガの香りがしっかり残った食欲をそそる夏むきの一品です。

同じフルーツ

　いちご、オレンジ、メロンなどのシャーベットやアイスクリームに、同じフルーツを生で一切れそえてみます。
　見た目もきれいですし、いただくとき、オレンジやレモンなら、上から絞ると、味がこくなります。
　また、最後に生のフルーツを一口いただいて、口の中をさっぱりさせるのもいいものです。

和風なすグラタン

　トマトソースをつかった、なすのグラタンは美味しいですが、明太子をつかった和風のグラタンも、なかなかです。
　1センチの輪切りにしたなすを油で炒めて、グラタン皿にしきつめ、上にうす皮をとった明太子をまんべんなくおき、とろけるタイプのチーズをのせて、オーブンで焦げ目がつくまで焼きます。

クリームチーズで

　クリームチーズを1センチ角に切り、小口に切ったネギとかつおぶしをたっぷりのせます。
　しょう油をたらすと、ちょっとした箸やすめになります。

夏の朝食に

　朝ごはんに、「コショーごはん」と「ショーガみそ汁」のコンビネーションをおすすめします。
　荒びき黒コショーをごはんにパラッとかけ、みそ汁におろしショーガをおとしただけです。
　2種類のさわやかな香りと辛味のハーモニーは、目ざめてまもない体に活力をつけてくれます。

ノリの佃煮で

　トコロ天は酢じょう油と辛子でたべるのがふつうですが、伊豆へ行ったとき、ノリの佃煮を落としてたべることを教わりました。
　磯の風味も加わって、なかなかの味でした。

酢めしのおにぎり

　暑いときは、さっぱりとした口当りのものがおいしいです。そこでおにぎりを作るとき、ご飯にすし酢をまぜて塩鮭、ジャコ、ゴマなどをま

ぜ込んでにぎります。

おすしの仲間のようなおにぎり、けっこう食が進みます。

酢ポーク

豚もも肉のかたまりをゆで、三杯酢につけて冷蔵庫にいれておくと、いろいろに使えます。

薄切りにして、きゅうりやミョウガのセン切りをそえて、漬けておいた酢をかけ、サラダに、サンドイッチに、セン切りにして冷し中華の具に、炒飯にと重宝します。

皮をむくとき

夏ミカンやハッサクの皮をむくとき、庖丁でタテに4カ所ほど切れめを入れ、ヘタの部分をちょっと落して、そこからむきます。

白いうす皮も一緒にとれて、きれいにむけます。

変りねりゴマ

ゴマをすりつぶして、ヨーグルトを加えてペースト状にし、好みで蜂蜜か糖蜜でちょっと甘味をつけます。エジプト料理のタヒーナ。

パンにバタのかわりに、これをぬって、野菜をはさんでいただくと、栄養もあるし、ほのかに甘ずっぱさがきいて、なかなかです。

豚ねぎ天

細かく切った豚肉と、小口切りにしたたっぷりのねぎを、天ぷらのコロモでつなぎます。スプーンですくって油に落し、かき揚げの要領で揚げます。

カリッと香ばしく、豚肉も一緒ですから、ネギ嫌いの子どもも喜んで食べてくれます。

天つゆか、辛子じょう油で。

フルーツの器

グレープフルーツの皮が、しっかりしていて、きれいだったら、実をたべたあとの皮を器につかいます。

中をきれいに掃除して、ゼリーを流しこんだり、果物を細かく切って盛り合せ、アイスクリームをのせたり、サラダを盛ったり、面白い器になって、たのしいものです。

タコの串焼き

タコを2、3センチのブツ切りにして4、5切れを串に刺し、サッと軽く塩をふって焼きます。サッパリとした味で、けっこうなものです。

塩をふらずに、焼いてから、しょう油を少しつけ、レモン汁をかけて

食べても、ちょっと酸っぱくなっておいしいものです。

絹サヤに砂糖

絹サヤは、色どりにちらしずしや煮ものにそえますが、そんなとき、ゆでてザルに上げたら、熱いうちに砂糖を一つまみふります。

こうすると、ほのかな甘みが加わって、口当りがよくなります。

さやいんげんの佃煮

さやいんげんを煮つけるとき、しなっとするくらい、一日ほどザルに広げて干してから煮こみました。

味がよくしみて、佃煮ふうのちょっと変った歯ざわりになりました。煮汁は水としょう油を同量に、みりんと砂糖は好み。汁を少なくして炒りつけるように煮ます。

ジンジャーマヨネーズ

マヨネーズは、みそ、しょう油、辛子など、いろんな調味料と合せてたのしめますが、おろししょうがもいけます。おしょう油もちょっと加えて、好みの味にします。

ワカメなどによく合います。

変りソース

果物をいただくときなど、ちょっとソースがほしいことがあります。アイスクリームをしばらく室温において、洋酒をたらすと、なかなかおいしいソースになります。

塩で冷やす

ゼリーなど、ものを早く冷やすには、冷蔵庫に入れるよりも、やはり氷の方が早く冷えます。

それも、氷、ボール一杯に対して塩を一つかみの割合でまぜると、氷の温度が零下10度位に下りますから冷えかたがよけいに早くなります。

ミルクティ味のかき氷

ミルクティ味のかき氷はどうでしょうか。

濃く煮出した紅茶に、砂糖を加えてシロップにします。かいた氷を器にもり、冷ましたシロップをかけ、練乳をかけます。紅茶のシロップと練乳がまざり合って、コクのあるミルクティ味になります。

コーヒーで同じように作っても、おいしいでしょう。

トマトと玉子で

やや多めの油で玉子を炒め、ふわ

っとなったら、櫛型に切ったトマトを加え、さっと炒めて塩で味をつけます。

　トマトの酸味と、玉子のほのかな甘味の調和が、さわやかです。暑さで食欲が落ちたときの朝食に、おすすめの一品。

コップ立て

　冷たい飲みものを、子どもたちがひんぱんに飲むようになると、コップがいくつあっても足りません。
　コップ立てを、流しの近くの、子どもの手の届くところに置いて、飲んだら必ずゆすいで、立てておくようにしました。
　夏の雑用が少し減りました。

寝ゴザ

　暑い夏は、ふとんにゴザをしいて寝ると気持のよいもので、習慣にしていましたが、シーツとふとんの間にゴザをはさんでみたら、肌ざわりは、この方がいいのです。
　直接ゴザを汚さず、シーツを洗えばいいので、おすすめです。

地図に

　東京都の一枚地図を、持っています。
　私は散歩が大好きで、知らない町をブラブラとよく歩きます。そして家に帰ってから、行ったところを赤く塗るのです。乗った電車やバスの路線も塗ります。
　地図をみると、この道はここへ通じるのかとわかって面白く、二重のたのしみになります。ときには、すてきなお店を発見したり、お買得な商品にぶつかることもあります。
　地図に赤地がふえるように、歩いています。

帽子とパラソル

　夏の布帽子やパラソルには、毎年防水液をふきつけておいてから、使いはじめます。
　ずっと汚れにくくなるし、にわか雨のときにも役に立ちます。

こどもの日

　夏休み、いい機会です。ある一日こどもに家の仕事から一つえらばせて、させてみます。三度の食事の支度、部屋の掃除、トイレや浴室の掃除、中学生になれば、ペンキ塗りもできそうです。
　自分で計画させ、やり方も考え、買物もさせます。ぐっとがまんしてアレコレ指図しないこと。下手でも失敗してもけっして叱らないこと。

もう少し小さい子には、食事のあと片づけ、ゴミの収集日にはゴミ運びの手伝いをさせると、大人の仲間に入ったようで、うれしそうです。

ポストカード

旅に行くと、行く先々のポストカ

ードを購入することにしています。旅先からもどり写真を整理するときに、行った場所ごとに分類して、ポストカードもいっしょにアルバムに入れておきます。

とても見やすく、思い出のアルバムが完成します。

表札を新しく

古くなったりして、読みづらくなった表札を、思いきって作り直してみましょう。

文字をはっきり書くのはもちろんですが、いままでのものより、ずっと大きなものにするとか、色ペンキを使って、楽しい表札にするとか、読みにくい名前にフリガナをつけるとか、家族全員の名前を書くとか、いろいろ工夫してみるのも、いいものです。

水やりのコツ

鉢植えやプランターの植物の水やりは、その植物によってそれぞれちがいます。

そこで「ゼラニウム・土が乾いたとき」というように、水のやり方を一つ一つ木のラベルに書いてさしておくと、迷わないし、旅行で留守になり、人に頼むときにも便利です。

助手席をお客さまに

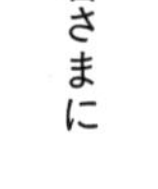

アメリカで車に乗せてもらったとき、運転は奥さん、ご主人は後部座席、私は助手席を勧められました。

日本では後の席のほうがいい席、助手席は危険が多いからと、お客さまをあまり座らせませんが、前の助手席は窓いっぱいに景色が見えて気持がよく、おかげでとてもすばらしいドライブが楽しめました。

口紅を買うとき

口紅を買うとき、よく手につけて

色をみますが、手と唇とでは、色が違います。

　指で唇につけて、鏡で笑ってみると歯の色とのうつりもわかり、顔を明るくする色が選べます。

ガラスの器で

使わないで眠っているガラスの小鉢やお皿があったら、夏の飾り物にいかがでしょうか。
　一輪挿しや、植木鉢の受け皿にしたり、ビー玉や貝がらなどを入れておくだけでも、涼しげによそおえます。

浮輪のかわりに

海水浴の季節、泳げない人でも海へ行くのは楽しいものです。でも、泳げないからといって浮輪を持って行くのはちょっと……という人へ。
ビーチボールを持って行ってはいかがですか。浜では、みんなで投げ合いをして遊べますし、ボールにつかまって波に乗って楽しんだりもできます。
　ただし、深いところへは絶対にいかないように、気をつけて下さい。

せんたくばさみで

吹きぶりのはげしい日の外出に、洗たくバサミを三、四個、用意していくと便利です。
　レインコートが風であおられたら前スソをとめたり、買物袋の口から雨が吹きこんだら、これで押さえたりします。

旅行をするとき

旅仕度を、手早くするコツです。大きめの空き箱を用意して、小はカードやカギ、洗面用具から、大は着がえの下着や服まで、旅行でつかうものをかたっぱしから、これに入れていきます。
　終ったところで、ハンドバッグや旅行カバンなどに、整理しながら詰めれば、たりないものも気がつきますし、面倒な仕度も、簡単にすみます。
　荷物が多くなりそうなら、ここでさらに選んで、必要なものだけに減らせばいいのです。

スナップをつけて

2、3歳位の子は、頭が大きくて首が細い子が多く、Tシャツの首まわりが、だらんとしがちです。
　首まわりの肩のあたりに、スナップの凸と凹を2センチほど間をあけてつけてみました。頭からかぶったら、止めて縮めます。

大きめのシャツでもこうしておくと、首まわりがしまっているので、だらしなく見えません。

ファイルですっきり

保険やクレジットカードの書類、お店のメンバーズカードの規則など小さくても重要な書類はけっこうたまります。知らないうちに有効期限が切れていることもあります。
　小さめのファイルに整理して見やすくし、年度ごとにチェックすれば机の引き出しもスッキリします。

テーブルクロスは

テーブルクロスをテーブルにかけるときのコツを一つ。
　クロスを四方にきちんと垂らすのは、とくにテーブルが大きいと手こずるものです。クロスを四つにたたんだ十文字点をテーブルの真中に合せ、そこになにか重石になるものを置いて、ずれないようにします。それから、クロスをまわりに広げていくと、まがらないでラクにかけられます。

メニュウ立てを

レストランやコーヒー店で、メニュウなどをはさんでテーブルにおいてあるメニュウ立て、あれをわが家ではいろいろに使っています。
　家族への伝言や、なれない料理を作るときの材料や手順を書いたメモをはさみます。机にじかに置くより目立つし、料理のときは手許に持ち運べて便利です。
　その日の領収書や、届いたハガキや手紙、忘れては困ること、その日に片づけることなどを、はさんでおいてもいいでしょう。

メロンの盛り合せ

夏が近づくと、アンデスメロン、夕張メロン、プリンスメロン、キンショーメロン……など、おいしいメロンがいろいろ出てきます。どれも手ごろな値段ですので、集りのときなど、二、三種のメロンを大きめのサイコロに切り、ガラスの器に盛り合せます。
　メロンのちがう味わいを楽しめるし、見ためもきれいです。

小さなオムレツ

お汁をすくうおたまに、うすく油をひいて、ここに、とき玉子に牛乳を少し入れ、塩コショーで味つけしたのを流して、魚アミの上で焼きます。一個の玉子で、3枚ぐらいできます。

中に残りものや、チーズ、ハムを入れれば、かわいいオムレツです。小さな子のお弁当などによろこばれます。

先手をうって

ちらしずしのご飯をたくとき、昆布とかつおぶしで濃いめのダシをとり、このダシでかためにたきます。

　こうしておくと、酢の量や具の味でちょっと失敗しても、けっこうおいしいちらしずしができます。

スイカを

スイカを大きく切って、一切れずつお皿に盛って、スプーンでいただくとき、底の皮をちょっと落し、平らにしてのせます。

　スイカの底が落着いて盛りやすくなり、いただくときもガタつきません。

はんぺんを

えびのグラタンを作るとき、はんぺんをえびぐらいに切っていれますと、えびだけより、かえっておいしくなりますし、増量にもなって経済的です。

　小さい子や、歯のわるい人には、この方がたべやすいでしょう。

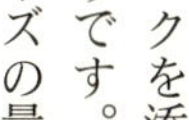

小間切れチキンカレー

チキンカレーというと、ふつうトリの骨付き肉か、もも肉のブツ切りを使いますが、1センチ角くらいの小間切れにして入れ、ルーで煮込みます。野菜もおなじように1センチくらいの角切りにします。

　具が小さいので、ご飯となじんでとても食べやすく、小さい子や、お年より向きのカレーです。

　青みに、グリンピースを散らします。

バナナシェイク

ふつう、バナナと牛乳をミキサーにかけますが、このバナナミルクにクリームチーズを少しまぜると、味にコクがでます。

　これに、クラッカーと生野菜のスティックを添えると、軽い朝食にぴったりです。

　チーズの量は好みに、甘みは砂糖でもハチミツでも。

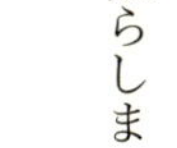

枝豆を

枝豆がきれいに色よくゆで上っていると、大へんおいしそうです。枝豆をサヤのまますり鉢に入れ、豆の三分の一くらいの水を加えてこすり合せ、サヤの毛をとります。

　これを洗ってざるに上げ、サヤの両端を切って、塩をまぶして熱湯でゆでると、きれいにゆで上ります。

トマトにウイスキー

トマトがおいしい季節です。真赤に熟したトマトを、よくよく冷やして薄く切り、砂糖をふって、ウイスキーを好みにふります。
　果物代りのしゃれたお八つです。

つけ汁はあたたかく

冷たいおそうめんや冷麦を食べるとき、つけ汁もよく冷やしていただくのがふつうです。
　これを、かつおのダシの熱いつけ汁でいただくと、冷たいおそばがちょっとあたたかくなって、口当りがよく、冷房で冷やされたからだがリラックスするような気がします。おつゆの中に、なすなどの野菜を入れても、おいしくいただけます。

ハーブおろし

焼肉などにそえる大根おろしに、細かく刻んだパセリをまぜます。緑色がきれいですし、香りもよく、しょう油ともよく合います。
　パセリ以外に、ミント、バジルなど好みの生のハーブをきざんでまぜてもけっこうです。

キャベツ入り

キャベツのたっぷり入ったチャーハンです。具はキャベツと豚肉、残りものの野菜、全部細かく切って、ご飯と炒めます。
　お店のようにパラッとはしませんが、小さい子どもにはかえって食べやすく、豚肉とキャベツの味が相まって、なかなか結構な一皿です。

いかのひれ

いかのお刺身を作るとき、ひれと足は、煮たり焼いたり、ほかのことに使いますが、ひれも細く切ってお刺身にしてみましょう。
　コリコリして、身よりおいしいという人もいます。

ぬかみそに

ぬかみそ漬がおいしい季節になりました。酒粕がのこっていましたから、ぬか床に加えて、きゅうりやなすをつけてみました。味にふかみが出てきました。
　野菜のぬか漬もひと味変ってきてオードブル風にも使え、なかなか好評です。

変りシャーベット

りんごやオレンジなど、安いフルーツが手に入ったとき、甘く、ジャムのように煮て凍らせておきます。

氷のようにはかたくならず、シャリシャリとして、泡立てた生クリームでもかけると、りっぱなデザートになります。

そばサラダ

もりそばでは、ちょっと物足りない、もう少しごちそうを、というとき、日本そばの上に、大根ときゅうりのせん切り、かいわれ菜など、細切りの野菜をたっぷりのせ、長ねぎのみじん切りも散らします。そばつゆにサラダオイルを少々まぜたタレをたっぷりかけて、まぜながらいただきます。

それに、冷やし中華のように、錦糸玉子やハムのせん切りをのせると和風冷やしそばになり、夏の立派な昼食にはもちろん、夕食にもなります。

茄子ずし

塩づけの茄子のヘタをとり、そのままタテにうすく切ります。にぎった酢のご飯の上に、しょうがか、わさびをちょっとおいて、茄子をのせます。

さっぱりとした漬もののにぎりが出来上り、暑いときに、食欲をそそります。

エシャロット天ぷら

エシャロットは、味噌をちょっとつけていただくと、ビールのおつまみなどに、さわやかでおいしいものですが、天ぷらにしてもなかなかけっこうです。

茎のほうはちょっと残して、根の太いところに、火が通りやすいようにタテに切りこみを入れ、コロモにさっとくぐらせて揚げます。揚げたてを天つゆでいただきます。

いちごドレッシング

いちごをつぶして、レモンをちょっとしぼり、塩コショー少々しま

す。好みでオイルや甘み、赤ワインなどを加えても。
　ゆでた白魚、ウド、帆立貝など、白いものをこのドレッシングで和えるときれいです。

ハーブをそえて

　冷奴というと、大葉と生姜とみょうがなど、薬味がワンパターンではありませんか。
　たまには、大葉のかわりに、ミント、バジル、レモンバームのような洋風のハーブを刻んでのせてみて下さい。
　しょう油ともよくマッチし、いつもとはちがう冷奴が味えます。

漬けたきゅうりを

　かっぱ巻きをつくるとき、生のきゅうりではなく、浅く漬けた糠漬けのきゅうりと、白ゴマを芯にして、巻きます。生のゴワッとした舌ざわりや青臭さがなく、酢めしによくあいます。
　ちらしずしにきゅうりを散らす場合も、糠漬けにしたものをうすく切って入れると、酢あじのごはんとよく合って、なかなかの味わいです。
　きゅうりは、くれぐれも漬けすぎないこと。浅づけをうすく切って入れます。

ミルクフロート

　コーヒーやジュースにアイスクリームを浮かすのはよくやりますが、牛乳にアイスクリームはいかがでしょう。
　両方をよくまぜ合せて、ミルクセーキ風にしたり、軽くまぜてアイスクリームをたのしんだりします。甘さもほどほどで、大人にも喜ばれます。
　好みでアイスクリームを多くしたり、色どりにジャムを落としたり、チョコレートをけずって上に散らしたりします。

和風カリカリベーコン

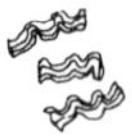

　トーストや目玉焼きにつけ合せるカリカリベーコンは、大根おろしと合せ、おしょう油をたらすと、ごはんのおかずにもおいしいです。
　カリカリにするには、弱火でじっくりといためます。塩気があるのでおしょう油はひかえめに。

小鉢に

　アイスクリームやシャーベットを和風の小鉢に盛ってみました。
　ガラス器に入れた、いつものアイスクリームとは姿が変って、日本のお茶に合う雰囲気です。和食のあとのデザートにも、向いています。
スプーンも、金属のものでなく、あったら木のものにします。

ナタデココと

ココナッツから作ったナタデココという、甘いシロップに漬かったビン詰や缶詰があります。

グレープフルーツや甘夏みかんがそのままでは、ちょっと酸っぱいとき、実をとり出して小さめに切り、このナタデココとシロップにまぜて、よく冷やしておきます。
ナタデココは白いですから、どんな果物をつかっても、色がきれいで合います。
手軽で、さわやかで、暑い日に向くしゃれたデザートが、一品できます。

冷やし野菜

器にざるを敷いて、細かく砕いた氷をたっぷり入れ、上に野菜をのせます。
トマトやきゅうりのうす切り、ゆでたアスパラガスやじゃがいも、にんじんやセロリのセン切り、色どりに小さく切った果物やミカンの缶詰ものせました。
酢みそ、マヨネーズ、中華ドレッシングなど、好みでいただきます。
暑い日、こんな一品もいいもの。

ひき肉で

ひき肉を油でいため、しょう油、酒、砂糖、あれば豆板醤でちょっと辛めに味つけして、とっておくと、いろいろに使えて便利です。
チャーハンやラーメンの具にもなるし、野菜を炒めたのに加えると、味の補いになります。
レタスやサラダ菜に一口ほどご飯をとり、このひき肉を入れて巻いて食べるのも、おいしいものです。

きな粉白玉

夏のおやつというと、つい冷たい飲みものとかアイスクリームということになりますが、冷めたい、きな粉白玉はいかがでしょうか。
白玉粉を小さな団子にしてゆで、

氷水でよく冷やしてから、砂糖を少しまぜたきな粉をたっぷりまぶします。

ツルンとした白玉に、きな粉のこうばしさがなかなかよく合って、口あたりのよい、おいしいおやつになります。

甘さは、きな粉にまぜる砂糖の量で加減してください。

お皿の裏側

ふだん、食事のあとでお皿を洗うときは、ほかにもいろいろ洗いものがあるので、糸ぞこのでっぱりの内側まではつい手がとどかず、いつのまにか黒ずんできています。

ひまなときに、ちょっと時間をかけて、ナイロンたわしか、古い歯ブラシにクレンザーをつけてゴシゴシこすると、黒ずみはきれいに落ちます。

ついでに、ティーカップや急須の持ち手のところなど、洗いにくいところをきれいにしておくと、いつも気持よく使えます。

秋の章

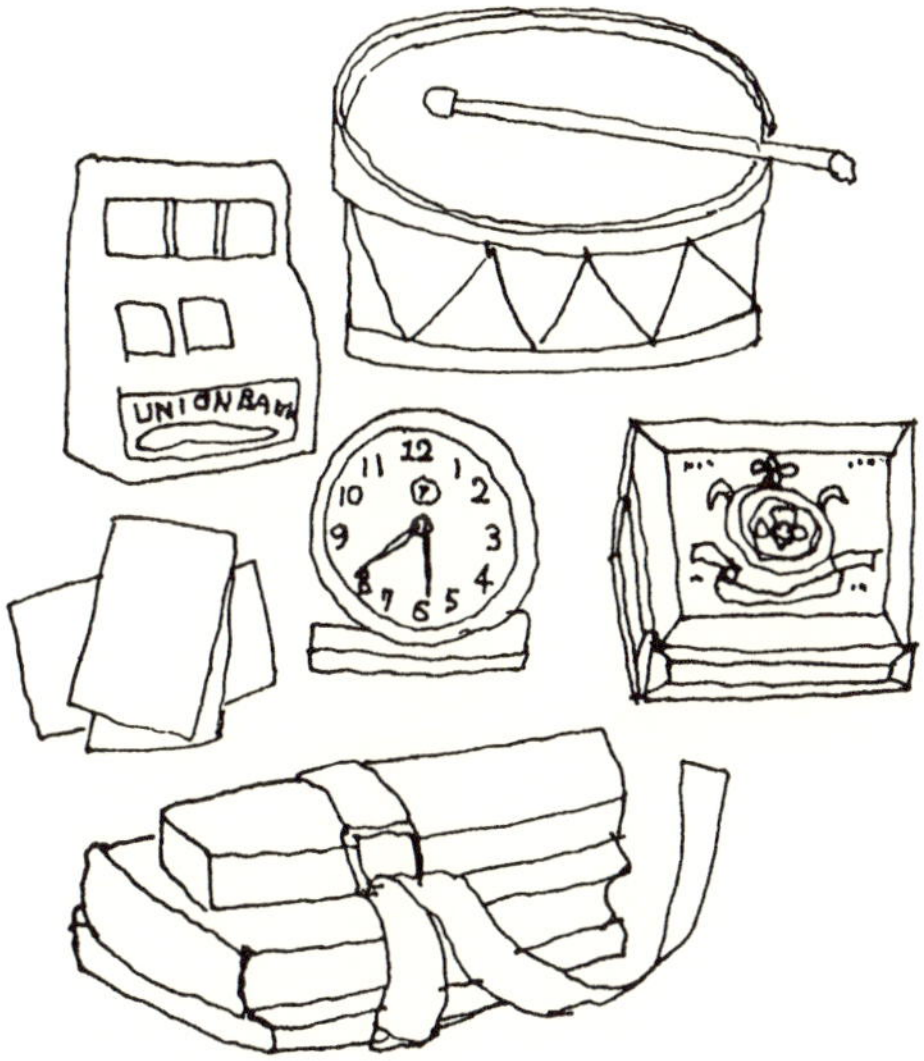

低い山へ

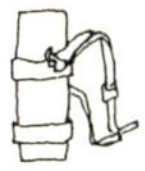

秋から初冬にかけて、山へ登ってみませんか。低い山がいいのです。樹々は葉を落し、山道に厚く散り敷いています。紅葉がさかりの頂上に立つと、爽やかな秋の風が、額の汗に快く過ぎていきます。

目安は、登りが2時間まで。どんな低い山でも、身仕度はちゃんとして、地図や磁石、チョコレートやカンパンのような非常食、水筒、雨具は必携です。

写真のとり方

おたがい、写真を撮ったり撮られたり、よくしますが、できた写真をみると、すましたヨソ行きの顔とかカチカチの顔がほとんどです。

写真をとるとき、まず、すましたところで一枚とったら、ハイ終りましたと、表情がくずれたところで、もう一枚シャッターを切っておくことです。

ほんのちょっとした動き、角度で、おもいもかけず生き生きした写真がとれます。

雑誌の立て方

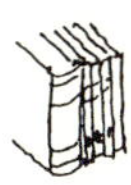

大判の月刊雑誌をとっていると、すぐにたまるし、本棚に立ててもぐにゃぐにゃして、扱いにくいものです。

一年分くらいごとに、背のしっかりした厚めの本を間に入れて立てると、これがブックエンドの役目をしてくれるので、扱いよくなります。

首のあいたものを

美容院や床屋さんに行くときは、なるべくエリのないものか、エリがついていても、首まわりがゆったりとあいたものを着ていくようにします。

タートルネックやハイネックなど首までかくれるものは、切った髪の毛がエリにくっついて、とりにくいし、シャンプーをするとき、しにくいのです。

それに、エリ足の感じがつかみにくくて、上手にカットができないそうです。

留守番電話の効用

留守番電話は、ずい分普及していますが、けんかをして、なかなかその人にあやまれないときや、面とむかって言いにくいことなどあるときに、留守番電話を利用して話しておくと、けっこう助人になって、けんかをしたときなどは、お互いに気分

がほぐれます。

相手がいないのを、みはからってかけるのが肝心です。

病院のベッドに

病院に入院して、ベッドからおりるとき、からだが弱っているので、スリッパがスッとはけず、床の上におりてふらつき、足を汚してしまうことがあります。

そんなとき、ベッドの下に、小さい厚手のタオルかマットを置いて、スリッパをおいておきます。その上にいったんおりてからスリッパをはくと、安心です。

手のひらで

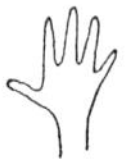

お風呂に入ったとき、たまにはスポンジやブラシを使わずに、手のひらに石けんをつけて、からだを洗ってみて下さい。

ふだんは通りすぎているすみずみも、しっかり洗えるし、このへんはちょっと肉がついてきたかな、なんてこともよくわかります。

覚え書き

結婚式などの記念にいただいた引出物の裏に、いつ、だれに、なぜ、と記しておきましょう。案外忘れてしまうものです。

その道具を使うたびに、いろいろの思い出がよみがえります。

S字フックを

バスの中で、座席についている、つかまるところに、S字フックをかけて、それにスーパーかどこかのポリ袋に入った荷物をかけているおばあさんがいました。

「床におけない荷物がかけられて便利なので、外出のときは、いつもS字フックを持って出るようにしているんですよ」とのこと。なかなかいい方法だと思い、それからは、いつもバッグのポケットに一つ入れていますが、電車でもけっこうかけるところがあって、重宝しています。

箱は捨てずに

コンピューターを買ったら、外箱は、場所をとるようでも、捨てずにとっておきましょう。

修理に出すこともあるし、人に譲るときも、精密な道具だけにきちんとパッキングできて、重宝します。

お気に入りの服

二歳の娘は、洋服に好き嫌いがあって、洋服を出してやっても、なん

だかだ言って、なかなか着がえません。

　初めは怒っていたのですが、どうもお気に入りがあるらしいので、自分でタンスから選ばせるか、二、三種類出して選ばせるようにしたら、喜んで着るようになりました。

呼び鈴に

　先日、暗くなってから、お友だちの家をたずねたら、玄関の呼び鈴のところに、夜光テープを丸く切って貼ってありました。

　あたりが暗くなっても、ベルのところが目立ってわかりやすくて、いい考えだとおもいました。

ボタンを変える

　金ボタンのついていた黒いスーツのボタンを、黒いボタンにかえて、急場しのぎの喪服にしました。

　いままで着ていた喪服を出してみると、少し小さくなっていて困ったのですが、間に合って、たすかりました。

片づけてから

　お年よりだけで暮している家に泊ることがあったら、帰るときには、使ったフトンや食器類を、すっかり片づけ、部屋を掃除してから帰るようにします。

　親しいお家なら、ついでにお風呂やトイレの掃除などもしておくと、よろこばれます。お年よりにめいわくがかかりませんから、また気やすく泊まることができます。

玄関に貯金箱を

　この頃は出費もさることながら、消費税やらなにやらで、つり銭の関係か、お財布やポケットに小銭がふえて困ってしまいます。

　そこで玄関に貯金箱を置いてみました。出かけるときや、外出からの帰りぎわに小さなお金を入れておくと、意外にたまって、おどろいています。めんどうでも、なんだか、お小遣いをもらったような気になっています。

輪ゴムを

　雨傘の柄に、必ず輪ゴムを2本巻きつけておきます。

　傘をとめるのはもちろんですが、近頃、デパートやスーパーなどの入口に、雨傘用のプラスチックの細い袋がおいてありますが、持ち歩いているうちに、すっぽりぬけてしまうことがあります。

　輪ゴムで袋の上をとめておけば、

安心です。

キリッと

暑さもすぎ、そろそろ家の中も片づけよう、などという気もおきてきます。掃除をするとき、どうせよごれるからと思って、いい加減な格好ですませがちです。

そんなとき、思い切って、キリッとすてきなTシャツを着て、きれいなエプロンをかけてみましょう。気持よく働けます。

栗のピラフ

栗の季節です。若い人にはこんな洋風の栗ご飯もよろこばれます。

バタライスを炊くとき、皮をむいて小さく切った栗と、おなじように切ったトリとハムを、バタで炒めていっしょに炊き込みます。味は、塩、コショーに、日本酒か白ブドー酒です。色どりにパセリのみじん切りをふると、きれいです。

アンチョビ風味

缶詰やビン詰のアンチョビを使うときに、漬けてあるオイルは、つい捨ててしまいますが、上質のオリーブ油なので、いろいろに使ってみてください。

スパゲティにたらしたり、魚をフライパンで焼くときに、焼き上りぎわにたらしたり、サラダドレッシングに入れたりすると、アンチョビの風味が加わって、おいしくいただけます。

納豆のお茶漬

カラシとおしょう油を入れてかいた納豆を、熱いご飯の上にのせて、上からお茶をかけます。お茶は、熱いほうじ茶です。

納豆のヌメリが、サラサラしたお茶漬とよく合って、けっこうなお味でした。

クリームいもッケ

里いもをすりおろして、生クリームか牛乳を加え、小麦粉をまぜて、かたさと味をととのえ、コロッケのたねとします。

揚げたてのコロッケは、クリームコロッケのトロリとした口当りと、ポテトコロッケのような味が、楽しめます。

ナスのおつまみ

ナスをタテに薄く切って揚げ、おろしたパルメザンチーズをふって、ミントの葉をちょっとのせ、くるく

るっと巻いて楊枝でとめ、アツアツをいただきます。
チーズとナスの風味が、よく合います。

さばのみそ煮を

秋さばの季節になりました。
みそ煮はよくしますが、このみそ煮をさっとアミで焼いてみました。
表面がパリッとして、なかはしっかりみそ味、なかなかの一品です。
中火で手早く、こがさないように焼くことです。

きのこのスープ

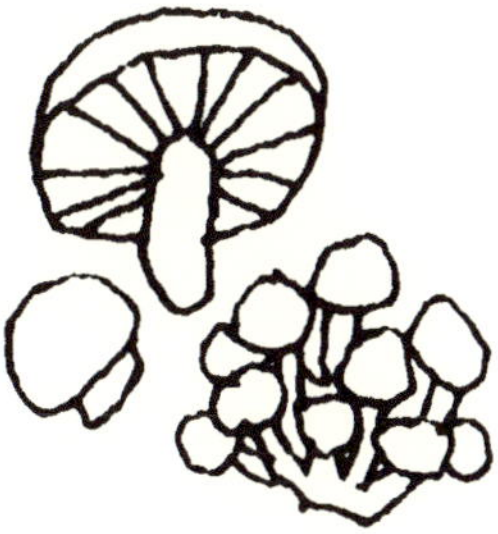

昆布のダシに、一口大に切ったトリ肉を入れて煮ます。ここに、きのこを何種類か加え、塩、酒、しょう油で味を整えます。
いろいろなきのこの味と、トリ肉がよく合って、美味しいスープになります。
この中に、うどんやおそばを入れても、雑炊のようにしても、なかなかです。

奈良漬タルタル

フライなどによくあうタルタルソース。マヨネーズに、ゆで玉子やピクルス、玉ねぎ、パセリのみじん切りをまぜ、レモン汁や塩コショーで味をととのえたものですが、この間ピクルスがなくて、奈良漬を使ってみました。
色も風味もちょっと変わったタルタルになりました。

食卓に壺を

ホテルで、テーブルの中央に、ビールのジョッキのような深さの、かわいい模様の器がおいてあるので、何かと聞いたらゴミ入れでした。一人用ジャムやバタの容器や紙ナプキンを、使ったあと、ここに入れるのだそうです。
家に帰ってマネしてみました。後片づけが少しラクになりました。

二段のうな丼

育ちざかりの子には、ご飯の上にうなぎをのせてタレをかけただけの一重うなぎ丼では、ものたりない様子です。

　あと一人前とまではムリでも、半人前くらい余分にうなぎを用意して、ご飯の間にはさむように入れて、二重うな丼にしてやりました。大満足、という顔でした。

白髪ねぎを揚げて

　ねぎを細く切って白髪ねぎを作りこがさないように気をつけながら、油でカラッと揚げます。
　パリパリとして香ばしく、肉じゃがにたっぷりのせたり、牛のたたきの薬味にしたり、サラダに加えたりと、いろいろに使えます。

きのことキャベツ

　きのこの季節。キャベツをザクザクに切って、油で軽く炒め、きのこを入れたらしょう油少しを加えてまぜ合せます。火を止め、フタをして、しばらくむらします。
　きのこの香りと、キャベツの甘みがとてもよく合って、おいしい一品です。

にんじんも具

　冷やし中華を作るときに、にんじんをできるだけ細いセン切りにしてさっと熱湯をかけ、具の一つに加えます。
　冷し中華にのせる野菜がふえますし、栄養的にもよく、色どりもきれいになります。

駅弁を

　旅先での予定が変わって、ちょうど夕食どきに家に着くことになってしまったので、ちょっと気を利かせて、駅弁を買って帰りました。
　これが思いがけない人気で、うばい合いになり、もっと買ってきたらよかったと思いました。
　めったに遠くに行くことのない人や、こどもたちには、駅弁はけっこうよいおみやげになります。

ピーマンに

　フライのとき、余ってしまったとき玉子とパン粉を合せて、四つ割りにしたピーマンに詰めて揚げてみました。肉詰めとはまたちがって軽く色どりもよく、ちょっとしたつけ合せになりました。
　コツは、ピーマンがクタッとならないように、手早く揚げること。

一段おいて

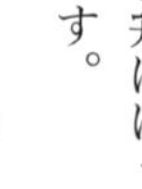

　煮立っている汁に、実のとうふや

里いもなどを入れるとき、汁がはねかえって、熱い思いをすることがあります。

　材料をマナ板やボールから直接汁に落とさないで、ちょっとめんどうでも、一度お玉の上にのせ、お玉ごと沈めるように入れると、汁ははねません。

オレンジくず湯

　片栗粉やくず粉を、熱湯ではなく、百%のオレンジジュースを熱くしてときます。酸味が強くなりますので、好みで砂糖を。
　疲れがとれるような、ホッとする味のくず湯です。

油で揚げる

　天ぷらやフライなど揚げものをしたあとで、スパゲティやマカロニを適当に折って、揚げておきます。
　カリカリに揚がったら、塩とコショーをちょっとふると、こどものおやつや、ビールのおつまみになります。
　赤とうがらし粉をふると、ピリッとして、これもまたオツな味。あまったら、缶やビンに入れてとっておくといいでしょう。

冷凍のすだち

　すだちの季節です。少しよけいに手に入ったら、すだちの汁を冷凍にしておきます。
　すっかりしぼり切るとニガ味が出ますから、八分通りしぼって、この汁を小さなキューブか、平たい板のようにして凍らせておきます。使うとき少しずつ、切るか折るかしてとかします。
　これから先、ナベものの季節に、重宝します。

白菜サラダ

　白菜のおいしくなる季節です。なるべく芯の白いところをコトコトやわらかくなるまで煮て、水気を切り酢油ソースにつけて、冷たくしておきます。
　缶詰のアスパラガスに似た味の、さっぱりしたサラダになります。

たき込みご飯

　たまには、さつま芋のたき込みご飯をたべてみましょう。甘みがあって、ちょっぴり、栗ご飯のようでもあり、こどもたちにもよろこばれます。
　よく洗ったさつま芋を1センチ角くらいの大きさに切って、水の量をふだんと同じにして、ちょっと塩味をつけて炊きます。

ぎょうざの皮で

ラビオリの皮には玉子が入るのが本式ですが、作るのにちょっと手間がかかります。既製のぎょうざの皮を使ってみたら、まあまあにできました。

牛のひき肉に、いためた玉ねぎをまぜ、塩、コショーして皮の間にはさみ、熱湯に落としてゆでます。

これをバタでいためて、トマトソースをかけ、粉チーズをふります。

軸を捨てずに

生椎茸の軸は、味があっておいしいものです。

軸の石突きだけを削って、タテに細くさきます。ナベを熱くしてマヨネーズを入れ、このさいた軸を入れて、からめるようにいためながら、しょう油で味をつけます。

捨ててしまえばそれまでですが、こうすると、ちょっと香ばしく、変った味の箸休めの一皿ができます。

りんごのせん切り

トンカツや魚のフライに、キャベツのせん切りを添えますが、このキャベツに、りんごを皮ごとせん切りにし、塩水につけて色どめしてまぜます。

見た目もはなやかになりますが、何より、りんごの甘ずっぱさでキャベツが数段おいしく、油っこい揚物にピッタリです。

カボチャを

カボチャは庖丁の刃がたたないくらい固くて、カンタンには切れず、大へん苦労することがあります。

そんなとき、そのままラップをして、電子レンジで二、三分あたためます。ちょうど切りやすいやわらかさになって、形よく、きれいに切り分けられます。

栗ひろいに

秋の一日、栗ひろいに出かけませんか。

なし狩り、ぶどう狩りは手でもぐだけですが、栗ひろいは、イガから実を取出す手間が楽しいのです。

上から落ちてくるイガが、頭にぶつかったり、足で踏んだりすると痛いので、長靴とツバの広い帽子をお忘れなく。

満員電車でも

混んだ電車の中で吊皮につかまっ

て乗っているのは、気が重く、疲れるものです。でも、イヤダナアと思わないで、こんなときしかできない体操をしてみましょう。

吊皮につかまったまま、かかとを上げて爪先立ちし、ゆっくり20数えておろします。爪先立ちのまま足首を回したり、力を入れたり抜いたりしてみます。こうすると、けっこう疲れもとれ、気分転換にもなり、混んでいるのが気にならず、目的地の駅についてしまいます。足首も細くなります。

イヤリングを磨く

強い夏の日射しのもと、色あざやかに楽しませてくれたイヤリングのうしろを見てみましょう。金具のところやねじ止めの部分は、意外に黒く汚れています。

ふきにくいところは、ハブラシのようなもので掃除してから磨くと、すっきりして、サビも防げます。第一、汚れていると、かぶれの原因にもなりかねませんから。

写真のお見舞い

親戚のお年寄りから、からだの調子をくずして、めずらしく「寝正月ならず、寝夏休みになった」とお便りをいただきました。

遠くて、お見舞いにも行けないので、家にあった家族、親戚、知人の写真を集めて送りましたら、思った以上に喜んで下さって「写真って、いいものですね」と、弾んだ声の電話をいただきました。

小銭入れ

ユーロが通用する国々は別として通貨がちがう国を巡る旅行のときは、小銭入れをいくつか持っていくと、便利です。

その国のコインを分けて入れておくと、チップや電話、ちょっとしたおみやげを買うとき、まちがわずに支払えます。お札は見分けがついても、コインは見にくいものです。

段ボール箱の封

入れものに使う段ボールの箱、開け閉めのたびにテープでとめると、テープをはがすとき紙の表面もはがれて、箱がだんだん傷んできます。

フタの観音開きが突き合わせになる部分に、前もって左右別々に粘着テープをくるむように貼っておき、閉めるとき、その上からテープを貼って封をします。

こうしておくと、開けたとき、テープで箱の紙がはがされずにすみますし、閉めるときも、今まで貼ってあったテープが、そのまま使えるので、新しいテープはいりません。ただし布テープを使うこと。

大人のキャップを

こどもの髪が長いと、お風呂に入ったとき、髪の下の方がぬれて、なかなか乾かなくてこまります。

大人のシャワーキャップをかぶせてみましたら、こどもはあんがい頭が大きいから、ゴムがとまって、髪の毛をぬらさずにすみました。

一人用も

家族でピクニックや遠足にいくとき、みんなで座れるようにと大きなシートを一枚もっていきますが、これとは別に、一人で座れるくらいの小さなシートも、何枚か用意しておきましょう。

大きく広げるだけの場所がないとき、いろいろ置きすぎて座る場所がなくなったとき、途中でちょっと休みたいとき、大きく輪になって座りたいときなど、この小さなシートが活躍します。

ちょんちょん洗い

スカートにシミをつけたりするとシミが残らないように、すぐたたいたりしますが、こどものものは案外、無関心です。

セーターやスカートに、おしょう油のシミなどがついているのに気がついたら、指先にちょっぴり洗剤をつけて、そこだけちょんちょんと洗い、ぬれタオルで、ふきとっておきます。

すぐとると、よく落ちます。

雨の日の外出

ひどい雨降りの中を出かけるときは、スカートはタイトスカートが一番です。

ゆったりしたフレアスカートや、長いパンツでは、雨がかかって、裾など、ぬれるところも多くなり、なかなか乾かず、あとで気持ちの悪いおもいをします。

ボタンに絵

古いカーディガンを新しい感じに

と思って、ボタンに模様を描いてみました。

金色のボタンに、マニキュアの赤いエナメルで、スッスッと、線を描いただけですが、雰囲気が変って、オシャレなカーディガンになりました。

失敗しても、除光液で消せるので気ラクに描けます。

大きな額に

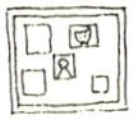

旅の思い出の写真、こどもたちの笑い顔、お友だちからの家族の写真など、そのまましまってしまうのはつまらないと思って、どうしたらいいかと思っていました。

先日、アメリカのお友だちのところで、大きな額にこどもやご両親、学校などの、いろんな写真を入れて廊下の壁にかけてありました。

早速、まねをして、たのしんでいます。

登山用品の店で

小さい子を連れて歩くときは、リュックサックやカッパ、レインハットなど、両手をあけられるものが便利ですし、安心です。

こういうものを買うときは、デパートやスーパーでさがすよりも、ハイキング用品専門店の方が種類も多く、丈夫で、質の良いものがあります。

逆からかける

掃除機をかけるとき、つい、いつも家の中の同じ場所からかけていましたが、逆の場所からスタートしてみました。

どうしても、終りの方はくたびれてきて、家具を動かさず、手を抜きがちだったのですが、最初だと、しっかり掃除機がかけられます。

それに、たまに逆方向からかけるのも、気分が変っていいものです。

アンダーセーター

ちょっとやせて、スカートのウエストがゆるくなってしまって困ってしまいました。

いつも上に着ていたうす手のセーターの裾を、スカートの下に入れてみました。ピッタリと合って気持よく、いつもと変った感じになり、気をよくしています。

また、短めの上着をはおるとき、セーターが出ませんから、たすかります。

よびかけるとき

人なかで、ちょっと離れたところ

にいる家族、とくに夫や父母などに用があって呼ぶときに、お母さんとか、ちょっと、とか呼んでも、だれのことか分からないだろうし、困ることがあります。

ある会合で、離れて立っている自分の夫を「○○さん」と名字でよんでいる人がいました。夫はちょっとびっくりしたようでしたが、すぐ気がついて用が足りました。

心ときめく図鑑

老眼鏡をかけるようになると、本を読むのがおっくうになります。

子どもたちの古い本箱を整理していたら、昆虫、魚、星、恐竜など、たくさんの図鑑を見つけ、絵と大きな字の説明に、思わず座り込んで読みふけってしまいました。自分の知らない世界がまだいっぱいあることに、心ときめく思いでした。

栗ごはんを

秋には一度は登場する栗の炊きこみごはん、残ったら、翌日はいためごはんに仕立てます。

サラダ油でなく、たっぷりのバタを使うのがコツです。栗をひろい出して別にいためてから、ご飯を一緒にいため合せると、ずっとおいしくできます。

また、栗の風味はちょっと消えますが、若い人には、ハムやソーセージをまぜると、よろこばれます。

煮豆のお茶うけ

甘いおやつがなかったので、ちょうどあった煮豆を小皿にもり、小さいフォークをつけて、お茶うけにしてみました。

好きなだけつまめて、甘いお菓子よりやさしい味がして、おいしくお茶をのみました。

紅茶やコーヒーにも、ケーキなどとまたちがった甘さで、意外とあいます。

粉チーズを

もしチーズがお好きなら、納豆をといたときに、辛子のかわりに粉チーズをふり込んでみてください。あと、おしょう油を加えてよくよくかきまわします。

炊きたてのご飯だと、チーズがほどよくとけて、なかなかです。

こどもさんや若い方なら、辛子よりもチーズがいいかもしれません。

ゼリーサラダ

夏の間、よくいただいたフルーツゼリーが残っていたら、サラダ風に

していただくのも、ちょっと変っていいものです。

お皿にレタスと薄切りトマトを並べ、まん中にゼリーをおいて、マヨネーズをフレンチドレッシングでのばしてかけます。甘くてすっぱい、さわやかなサラダです。

ゼリーの色によっては、きれいな一皿になります。

蒸し鶏

トリの胸肉の酒蒸しを多めに作っておくと、重宝します。
うすくスライスしてわさびじょう油で、しゃぶしゃぶのようにポン酢やゴマダレで、マヨネーズであえてお弁当のおかずにと、いろいろに使いまわせます。
蒸すのが面倒なら、ひたひたの水に、日本酒、塩、コショーを加え、水気がなくなるまで茹でてもけっこうです。

すりしょうがを

しょうがによってはセンイが多くて、すりおろしたしょうがに、スジのようなのがまじって、口当りがわるいことがあります。
こんなときは、すりおろしたら、庖丁でちょっとたたいておくと、センイが切れてなめらかになります。

ポテサラトースト

若い人の朝ごはんに、こんなトーストはいかがですか。
食パンにバタをぬり、その上にポテトサラダを盛ってナイフで平らにならし、オーブントースターで焼きます。
ポテトがあたたまり、パンの下側がカリッとなったら食べごろです。上にひきたてのコショーをパラパラふると、味がしまっておいしくなります。
チーズがお好きなら、粉チーズをふってもいいでしょう。

お好み焼きに

ゆでたそばやうどんが残ったら、食べやすく切って、お好み焼きふうに、小麦粉と玉子でといたものでまとめます。ほかに入れるものは、肉でも魚でも野菜でも、お好みに。
軽くておいしく、残りものの整理にもなります。お昼にでもいかがですか。

わかめの煮びたし

なにかもう一品ほしい、というとき、水でもどしたわかめをざくざく切り、おだしでさっと煮たて、針し

ょうがを散らしていただきます。

おだしの濃さは、うどんのおつゆ程度の濃さがいいようです。わかめはこげやすいし、煮すぎると、とろけてしまいますからご注意を。

春ならフキやたけのこと盛合せるといいのですが、わかめだけでも。

白玉ぎょうざ

白玉粉で作った、つるっと口あたりのよい水ぎょうざです。

白玉粉をボールにとって、まず水を、適量の半分だけ加えてあらねりしてから、残りの半分は熱湯を入れてよくねります。水だけよりも、こうした方が粘り気が出て、包みやすくなります。

これを一つまみずつ手にとって、平らにし、ひき肉と白菜を合せたぎょうざの具を包みます。熱湯に落として、浮いてきたら、ちょっとおいて冷水にとります。

ほぐした鮭に、ねぎや大葉をきざんで具にすると、さっぱりとした和風の味になります。

ぎょうざのタレ、酢じょう油など好みのタレで。

また、団子にまるめて、お汁に入れてもいいでしょう。

焼き鳥もどき

焼き鳥はみんな大好きで、ビールの肴にもおかずにも喜ばれますが、小さい子には食べにくいようです。

そこでさつま揚げを一口大に切り串に刺して、焼き鳥ふうにあぶりました。やわらかくて好評でした。

三種のカレー

辛口のカレールーで作ります。出来上り間際にカレーを三等分して、一つはそのままの味、他の二つは、そばつゆを入れて和風の味と、牛乳ととき玉子でやわらかい味に仕上げます。

少々手間ですが、これだけでごちそうの気分になりますし、家族それぞれ好きな味がたべられます。

大きなぶどうに

マスカットや巨峰などの、大きなぶどうを、病人のお見舞いに持っていくとき、房からとって、つけ根のところをナイフでちょっと、落としておきます。

こうしておくと、皮もむきやすくたべやすく、これを密閉容器に詰めていくと、よろこばれます。

ゆでてから

パセリは栄養も満点で、たくさん

食べたい野菜です。さっとゆでてかたくしぼり、ミジンに刻むとカサも減り、独特の香りもやわらいで、食べやすくなります。

　マヨネーズにまぜたり、オムレツやハンバーグ、コロッケ、チャーハンなどに入れたりと、いろいろにつかえます。

油揚げのお茶漬

　油揚げはアミで裏オモテをこんがり焼いて、細くきざみます。
　焼きたてをごはんにのせ、塩をちょっとふって、番茶をかけます。
　薬味は、きざみねぎやすりしょうが。三つ葉をこまかくきざんだのも、香りがよくていいものです。

三色ポテト

　粉ふきいもは塩味だけというのがふつうですが、ちょっと目先を変えて、塩の代りにパセリのみじん切りと粉チーズ、ごま塩、ゆかり（赤じその粉）をそれぞれまぶし、三色を大きめのお皿に盛り合せます。
　こうすると、粉ふきいもも、ちょっとしたごちそうになります。

しめった落花生

　うっかり落花生をしめらせてしまったとき、皮をむき低温の油で揚げると、カリッと香ばしくなります。
　ついでにチリメンジャコもさっと油を通して、落花生とまぜます。まぜ合わせる前に落花生もチリメンジャコも、よく油を切っておきます。

塩せんべいに

　丸い塩せんべいに、ちょっとバタをぬって食べてみました。
　いつものおせんべいとはちがって塩からさがうすらぎ、西洋ふうな味になりました。紅茶にとてもよく合って、たのしんでいます。

クルミごはん

　秋の季節になると、我家で炊く、人気のかわりご飯です。作り方は、ふつうの炊きこみご飯とおなじですが、クルミをすり鉢ですりつぶして、ダシでのばして炊きます。
　口の中に入れると、かすかに甘くほんのりクルミの香りが広がって、おいしいものです。

秋も麦茶で

　麦茶は夏のあいだ大活躍をしてくれましたが、決して夏だけのものではありません。
　そろそろ寒くなってくるこの頃、

少し濃い目に入れた香ばしい熱々の麦茶に、ほんの少しお砂糖を入れてうす甘くした一杯は、懐かしい味がしていいものです。

皮をスプーンで

根しょうがはデコボコしているので、皮をむきにくく、厚めに切ったり、コブの部分を切り落したりしがちです。

スプーンの丸くなっているフチを使って、皮をこそげるようにけずりとっていくと、面白いようによくむけるし、カーブやくぼみの部分の皮も、ラクに取ることができます。

ドレッシングで

ドレッシングというと、ふつうトマトやレタスなどの野菜にかけますが、鶏肉や豚肉のソテーや、魚のムニエルなどに、ちょっと酢やマスタードを効かせて使います。

和風なら、ユズや山椒を効かせます。油分は少し控え目の方がいいでしょう。

小盆も

お客さまが大勢いらして、お茶や食事を運ぶとき、まず大きいお盆で持っていって、近くに置きます。それを少しずつ小さいお盆にのせてお出しすると、とても運びやすいし、感じのいいものです。

なすを焼くとき

焼なすのおいしい季節ですが、なすを強火で焼くと、ころがしているうちに菜箸の先をこがしてしまい、みじめな姿になってしまいます。

割箸を使うと、こげても心配はありません。

ナイフとフォークで

家庭でハンバーグとかトンカツ、ロールキャベツなどをいただくとき、たまにはナイフとフォークにしてみるのはいかがでしょう。ご飯もお皿、お汁もスープ皿にします。

ちょっとあらたまった感じがして同じ料理がご馳走にみえます。これで、ぶどう酒をつけ、ロウソクでも点すと、雰囲気満点です。

こどもたちも、レストランみたいだと喜びますし、ナイフとフォークを使うのになれます。

本のプレゼント

自分の好きな本とか、他人にすすめたいような本があったら、二、三冊よけいに買って、一冊ずつきれい

な紙につつんで、リボンでもかけておきます。

急にちょっとしたお土産とかお礼の品が必要になったとき、これを使うようにします。あわてて買いに走ったりしなくてもすみます。

派手な色で

年配のご婦人が、バッグの中を見せて下さいました。黄色いお財布、鮮やかなショッキングピンクの化粧

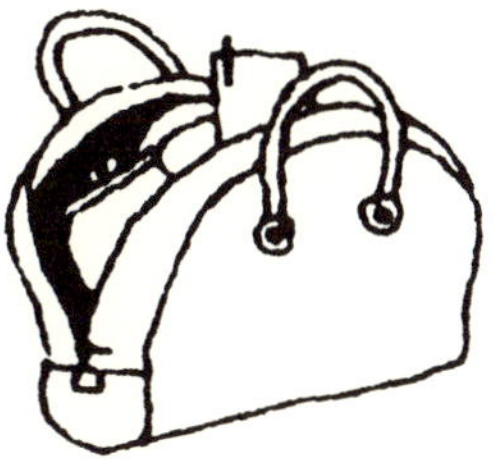

ポーチ、黄緑色の手帳にブルーのシャープペンシル、銀色の名刺入れ、パステル調の花柄ハンカチ……が入って、じつにカラフル。
「バッグの内側はたいてい黒でしょ。だから目立つ色にしておくと、うす暗い所でも迷わず、すぐ取り出せるのよ」とのことでした。

双眼鏡を

小さな双眼鏡を、いつもバッグに入れて持ち歩いています。
お芝居を見るときなどはもちろんのことですが、デパートの屋上へ行ったりして、まわりの景色をながめるときや、街を歩いていて、遠くの樹がきれいだったり、なんの樹だろうと考えたりするとき、この双眼鏡でながめてたのしんでいます。
肉眼では気づかなかったのに、葉のかげに思いがけず鳥がいたりして喜びも倍増です。

引越しの挨拶

近くに引越してこられた方が、ティッシュペーパーの箱に、ご家族4人の写真を添えて、ご挨拶にみえました。裏にお名前、お子さんには年齢と学校も書いてありました。
たまたま翌朝、登校のお子さんに声をかけたら、にっこりされ、お近づきにはよいアイディアと思いました。

黒いマフラー

どなたもマフラーは沢山お持ちでしょうが、黒い長めのマフラーがあると、いろいろに使えます。
不幸があったとき、紺やグレイの上着にボウのように首に結んでおくと、黒いブラウスのかわりになり、

ワンピースやセーターにすれば、喪章のような役目にもなって、便利です。

　また、寒いとき喪服で外に立っていなければならなくなったら、首に巻いておくとあたたかです。コートを着るときも好都合です。

マーカーで囲む

　新聞を読んでいて、あとでもう一度読みたいと思ったら、そこをマーカーで囲んでおきます。切り抜きたいけれど、まだ読んでいない人がいるときも、忘れないうちに印をつけておきます。
　あとで、どこだったかしら、ということにならないですみます。

引出しを一つ

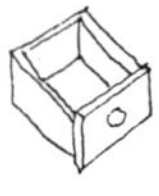

　こどもが3歳になったので、タンスの下の方の、こどもでも出し入れのしやすい引出しを、一つあけてやりました。
　自分のシャツやパンツなどふだん着るものと、大切にしているオモチャを少し入れ、毎日、自分で出し入れするようになりました。
　親もラクですし、こどもも自分の引出しができて、とてもうれしそうに使っています。

靴を洗うとき

　マンションでは、屋外に水道のない所も多いのです。子どもの運動靴など、ドロのついたものを洗うと、流しが砂でいっぱいになって、つまってしまう心配もあります。
　洗う前に、靴の中や外に掃除機をかけてドロをとっておくと、出てくるドロの量がぐっと少なくてすみ、気持よく簡単にきれいになります。
　掃除機の吸い口は、すき間用の小さいブラシがおすすめです。

定期便

　月曜日の朝、夫と子どもを送り出すと、まず電話を一本かけます。田舎に一人で暮しているおばあちゃんへの定期便です。元気でいるか確かめ合い、先週の出来ごとなどを聞いたり、孫の様子を知らせたり、泣いたり笑ったりの長電話。
　いっしょに住めない子から親へのせめてもの心くばりです。

タイムトリップ

　前によく通ったのに、最近は、とんとご無沙汰している、そんな場所が、どなたにもあるはずです。
　東京でいうなら、銀座や新宿のような盛り場、原宿や代官山のような町、あるいは映画館や美術館、デパート、寄席、専門店……、そんなところは、いかなくなってしまうと、格別の機会でもないかぎり、なかなか行こうとは思いません。

そこで、こんどの休日、おもいきって訪ねてみませんか。

過去と現在、両方の小旅行《トリップ》です。

プラスチックハンマー

肩がこってくると、頭痛の原因にもなります。誰かにもんでもらえばいいのですが、そんな相手がいつもすぐそばにいるとはかぎりません。
そこで、プラスチックのハンマーが一丁あれば、これで肩まわりを、コンコンとかるくたたきます。
肩にあたるところがプラスチックだから痛くないし、重さが適当であたりが気持よく、これでずっとらくになります。
ついでに、首すじや背中もたたいておきます。

見えないトゲは

足の裏にトゲを刺したときのことです。チクチクと痛いのに、どこに刺さっているかわからず、とうとうお医者さんにいってしまいました。
お医者さんが、ヨードチンキを塗ると、トゲが、黒くはっきり浮かび上ってきたではありませんか。もちろん、お医者さんは、アッという間にぬいて下さいました。

ゴムヒモのベルト

スリップが長めで、洋服の裾からちょっと出たり、スリットからレースがちらちら見えたりして、困ることがあります。
こんなときのために、1センチ幅くらいのゴム紐を用意しておき、スリップが長かったら、ゴムをウエストでむすんで、たくし上げておきます。ゴムベルトを用意してから、スカート丈を心配しないようになりました。

大きなクッション

ひじかけ椅子にもたれかかるときなど、大きめのマクラをクッションの代りにすると、ゆったりと大きくて、やわらかさも適当で、気持のよいものです。
ピロケースでなく、しゃれた柄の布でカバーをつくってかぶせると、大きなクッションになります。

逆さにして

スプレー式のペンキにも、水性タイプがでてきて、使いやすくなりま

した。

スプレー式の欠点は、吹き出すノズルが目づまりしやすいことです。

使い終ったら、かならず缶を逆さまにして、2、3秒吹かせます。こうしておくと、目づまりしないで、気持よく使えます。

刃を折るときに

カッターナイフの刃を折るとき、刃の折り線に合わせて目玉クリップをはさみ、はさんだ部分を指でしっかり押さえてポキンと折ります。
ちょっと力がいりますが、折れた刃は、クリップにしっかりはさまれていますから、どこかに飛ぶ心配もありません。刃折りがないときに。

すいているルートで

電車やバスに乗って出かけるとき大人だけなら、なるべく安いルートで行こうと考えますが、子どもをつれて行くなら大へんですから、すいているルートや、乗りかえの楽なルートにします。
ちょっとお金や時間がかかっても始発駅で乗りかえて、すいている電車でゆっくり座っていくと、気持に余裕ができてつかれません。

即席焼きみそ

豆皿か小皿に一面にうすくみそを塗り、オーブントースターなど、上火のきくもので、表面をこんがり焼き、すぐ食卓に出します。
みそには、からさのカドがとれるくらい砂糖をまぜてねり合せます。あと、刻みネギや青じそ、切りゴマ、けずりぶし、あるいは、ハムなどを好みでまぜます。即席のお酒の肴にもなります。
また、いただきものの佃煮やお菓子の木の箱など、フタだけはきれいな杉板だったりしますが、そんな板があったら、長さ4、5センチの長方形に切って、それにみそを塗って、上火で焼くと、ちょっと風情が出るし、木の香も加わって、ひと味ちがいます。

ちりめん梅干し

梅干しをタネからはずして小さくちぎり、この梅肉で、ちりめんじゃこと、たっぷりのさらしネギをあえます。
梅干しだけをたべるより酸っぱくなく、あたたかいご飯によく合います。

昨日のコロッケ

ゆうべ残ったコロッケを、あたた

めないでマヨネーズにカラシとレモンをまぜたのをつけてみましたら、カリカリしたポテトサラダのようでおいしくいただけました。

マヨネーズにケチャップをまぜても、わるくありません。パンによくあいます。

納豆いなりの天ぷら

食欲の秋には、食べごたえのあるおそうざいです。
二つに切った油揚げの中に、納豆を大さじ1杯くらい入れて、天ぷらのコロモをつけて軽く揚げます。あとは天つゆに、たっぷりの大根おろしでいただきます。

半分に切る

にぎりずしは、あの大きさだと、一口ではたべられなくて、タネとごはんがはなれてしまったり、かみ切れなかったりして、たべにくいことがあります。とくに、いかや貝には閉口します。
にぎりを注文するとき、板前さんにたのんで、半分に切ってもらいます。歯が痛いときや、口を大きくあけられないときも、たすかります。
ことにこどもにはこの方がたべやすいし、数も多くなって喜びます。

柿とレモン

柿が固くて、もうひとつ甘みが足りないとき、細く切ってレモン汁をまぶし、レタスなど添えると、サラダや酢のものがわりになります。
食べごろをすぎてトロトロになった柿でも、もし皮がむけなければスプーンで実をすくい出して、レモンをしぼり、冷たくしていただくと、酸味が加わって味がしまり、いいデザートになります。

スペアリブで

豚の角煮を、骨付きのスペアリブの角切りでつくってみました。ちょっと煮すぎても、身がしまらないでやわらかく煮えます。
煮上ったら、まだあたたかいうちに、骨をぐるっとまわすようにして抜いておきます。肉が少なくなりますから、少し多めに作ります。

栗がゆ

多めに炊いた栗ご飯がのこったので、ひたひたに水をさし、くつくつ煮て、おかゆにしました。
トロリとしたおかゆと甘い栗、かすかな塩味がけっこうでした。色どりに、三つ葉をこまかく切って、散らします。

マヨネーズ焼き

きざんだ野菜にマヨネーズをからめて、ホイルにつつんでオーブントースターで焼きます。マヨネーズの玉子がかたまり、玉子とじ風の、野菜のオイル焼きになります。

野菜は、緑のものとキノコ類がよくあいます。

にんじんのダシ

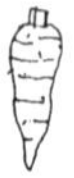

うどんのおつゆを、たっぷりの煮干しと、せん切りのにんじんでとってみました。

ダシが出たら、煮干しとにんじんを引上げて、しょう油と日本酒少々で味をつけます。煮干しだけのダシとはまた違う、にんじんのほのかな甘味と酸味が加わったコクのある味で、なかなかでした。

にんじんは捨てずに、うす味で煮直して箸休めにします。

切れ目を入れて

アジなど魚の空揚げをするとき、中の骨までは、なかなかしっかり揚がりません。

身をそぐように二、三センチおきに骨まで切れ目を入れてから、粉をつけて揚げると、骨まで揚がるし、見た目もちょっと変ります。

クルミチャーハン

昔、クルミを入れた炊き込みご飯がとてもおいしかったので、チャーハンでためしてみました。

クルミをオーブントースターで軽く焼いて香ばしくし、粗く砕きます。炒めたご飯にこれをまぜて、おしょう油で味をつけ、砂糖を少し入れます。色どりに玉子を。

下に敷く

お弁当のおかずの汁もれには、いつも気をつかいます。こんにゃくとか野菜の煮物など、汁をしぼったつもりでも途中で汁がもれてきたり、いただくとき、まわりに汁がにじみ出たりしていることがあります。

煮物の下に、けずりがつおや、と

ろろ昆布をたっぷり敷いておくと、汁は吸われて出ないし、敷いたものにも煮物の味がしみて、おいしくなっています。

明太子を

おみやげにもらった明太子の量が多かったので、いろんな料理につかってみました。なかでもよかったのは、冷奴との組み合せでした。

食べきれなくて余ったときは、どんなものとでも組み合せてみると、おもしろいものです。

唐揚げいろいろ

とりの唐揚げは、子どものお弁当の定番ですが、いつも同じ味で、何度も登場したのでは、飽きられてしまいます。

ころもをつける前に、とり肉をニンニクじょう油につけたり、カレー粉やバジリコをまぶしたり、みそをぬったりして、味を変えるのも一つの方法です。

また、揚げたあと煮こむと、しっかり味がつきます。

まず、ポリ袋に

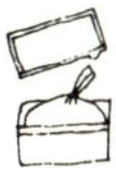

おでんとか、カレーとか、ちょっと多めに密閉容器に入れて持ち歩くとき、まず透明のポリ袋に入れ、口を締めてから入れます。

おつゆがもれる心配もなく、袋から器に移せますから、密閉容器が汚れなくて、気持のよいものです。

スダチに

スダチが活躍する季節です。

つゆをしぼるとき、半分にしてから、その切り口の皮のところに、ちょっと切れ目を入れておきます。

スダチは小さく皮が固いから、こうしておくと、しぼりやすくなり、つゆもたっぷりとれます。

ナス入り春巻

春巻の皮に、ナスとネギの細切りをよく炒め、ゴマ油で風味をつけたものを巻きこみ、揚げてみました。

皮のパリッとした口当りと、トロリとしたナスの口当りが、よく合います。

うるめの天ぷら

サッとあぶってたべるうるめイワシはおいしいものですが、このうるめに天ぷらの衣をつけて揚げてみました。どうかと思ったのですが、けっこういけます。

焼いた香ばしさとはまたちがう衣

の香ばしさが加わって、おやつにもお酒の肴にも、おかずの一品にもおすすめできます。

イカのワタを

生きのいいイカのワタは、塩からなどによく使いますが、あまったときは捨てないで、さっと水洗いしてラップに包んで、冷凍にしておきます。

これを、少しずつ輪切りにして、ちょっとしょう油をつけると、けっこうお酒の肴になるし、あたたかいご飯ともあいます。

変りぎょうざ

ひき肉、もやし、ニラなどの具を皮で包まないで、別に炒めます。

市販の大判のぎょうざの皮を、両面油焼きして、炒めた具と甘味をつけた練りみそと一緒にテーブルに出します。

それぞれが、この皮に具をのせ、好みにみそをつけていただきます。

とっくりを

ビールやワインが全盛で、とっくりはほとんど出番がありません。

おそばやそうめんのそばつゆ入れに、なべ料理のときのポン酢入れに使ってみました。けっこう使い勝手がよく、おしゃれな感じ。

カボチャサラダ

カボチャを小さい角切りにして、ゆでて水気を切ります。熱いうちにお酢を少しふっておき、冷めたらマヨネーズであえます。フレンチドレッシングであえて、おしょう油をたらしてもいいでしょう。

甘味と酸味がよくあった、また煮付けとはちがった、おいしいカボチャサラダが出来上ります。

変り納豆

ちょっと納豆が人数分に足りないというとき、他の具とまぜると、増量もでき、栄養も満点の一品になります。

セロリ、ニンジン、ネギは細かいみじん切りにし、きざんだ納豆とよくまぜて玉子一コをほぐし入れ、おしょう油を加えます。おしょう油は控えめに。

出かける前に

ティーポットや湯呑みには、自然と茶しぶがついて黒くなってきますがなかなか洗う機会がありません。

家族みんなで、一泊か二泊、家を

あけるとき、出かける前に、洗い桶に漂白剤を入れて、ふだん使っている急須やティーポット、カップや湯呑みなどをつけていきます。

帰ってきたら、びっくりするくらいきれいになっていて、気持よく、またおいしくお茶が飲めます。

ひと月おくれ

結婚のお祝いは、親しい人なら、新しい生活を始めてひと月くらいたってから、ほしいものをうかがってさしあげるのも、いいと思います。
近ごろは、ご当人の希望をきいてから、お祝いの品を、という人も多くなりましたが、それでも同じようなものが重なったり、こんなものをお願いすればよかったということもあります。
しばらくたってからだと、ほんとうに役に立つものが差上げられて、お互いに気持のいいものです。

子どもに懐中電灯を

暗くなってから、散歩や買物で外を歩くとき、子どもには懐中電灯をもたせています。
道は街灯で明るいのですが、人の姿はぼんやりして、はっきりしません。懐中電灯の光をみて、車や自転車にのっている人がスピードをおとしてくれるだけでも安心です。それに足もとが明るくなって歩きやすくなります。
お年寄りにもいいでしょう。

ハサミを

病院に入院するとき、小さいハサミを用意していきます。
お見舞にいただいた食べものなどこの頃は、パックされたものが多いので、口をあけるのにひと苦労しますから、重宝します。

ループタイを

父が使っていたループタイを、ベルトがわりに使ってみました。大きな七宝焼きのクリップを少し左わきに持ってきてとめました。そこからロープが2本、たれ下ります。

ふつうのベルトとはちょっとちがう感じで、シンプルなワンピースの素敵なアクセサリになりました。

地図と一円玉

自分の家の入っている5万分の1の地図を用意しておくと、いろいろ便利です。

時間のあいたとき、広げてながめると、オヤ、こんなところにこんなものがあるなとおどろかされます。

面白そうだと思ったら、早速、いってみることです。わが目でたしかめると、思いがけない発見があったりします。

一円玉を用意して下さい。一円玉の直径は、ちょうど2センチ、5万分の1の地図では1キロで、これを当てれば大体の距離がわかります。

留守中の郵便物

旅行などで、長いこと家を留守にするとき、ポストに郵便物がたまるのはなんとなく不安なものです。郵便局では、最高三十日まで、郵便物を局止めにしてくれます。郵便局に印鑑と健康保険証や運転免許証など、身分を証明するものを持っていけば手続きができ、期間がすぎると、留守中の郵便物をまとめて届けてくれます。

新聞も、販売店に連絡を忘れないように。

小さな釘

釘を打ったり、木ネジをしめるとき、小さいものは指で支えにくくてなかなかうまくいきません。

ふつうはラジオペンチではさんだりしますが、これがないときは、しっかりした紙に釘をさして、紙をもってやると、まっすぐに打ちこめます。

住所録にカバーを

住所録は持ち歩くし、よく使うものですから、表紙がすり切れたり、とじ目がゆるんだり、ボロボロになりがちです。

それに、新しい住所録にうつしかえるのも、やっかいなものです。

新しいうちに、透明な接着フィルムを貼っておくと、もちがよく、いつも気持よく使えます。

大びん小びん

家庭でつかうシャンプーやリンスには、ポンプ式の大びんも売っています。似たようなびんなので、シャンプーは大びん、リンスは小びん、と買いわけることにしました。

わが家では、シャンプーの方をたくさんつかうからです。

こうするようになってから、「おーい、どっちで洗うんだ」と、おふろの中から、老眼の家人に呼びつけられなくなりました。

ヨコに重ねる

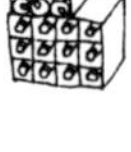

毎日飲む水やトマトジュースを、半ダース、一ダースと、まとめ買いをしていますが、いつも置き場所に

悩みます。

　ジャマにならないように、とり出しやすいようにと考えたすえ、箱ごとヨコにして積み重ねて、戸棚にしまってみました。戸を開け、ビンの頭を引くだけで取り出せて、とても便利です。ビールにもワインにも。

メモを作って

お医者さんにいくときは、からだの心配なこととか、お聞きしたいことを、メモにして持っていくようにします。
　診察していただくときは、つい緊張したり、心配したりして、うかがいたいことを聞きのがしてしまうからです。

ふだん着を

しゃれたパジャマを外出着にするのがはやりましたが、わたしはパジャマを買わずに、ゆったりとした部屋着やふだん着を、寝まきにしています。
　朝起きて、急ぐときはそのまま台所にたてますし、休日でゆっくりと寝ているときに、玄関のベルがなっても、あわてずにすみます。
　もちろん、昼間は別の服に着かえています。

ステインで

いつも、ステインの小さなビンを一本、住まいの応急手当用として用意しておくと、便利です。
　例えば、ニス仕上げのテーブルや椅子についたひっかきキズが白く目立つとき、また、板の間や玄関のドアなど、ニスがはがれたときに、ステインをボロ布に含ませて、キズの上からたたくようにすると、ステインがしみてムラを消せます。

女の子にも

上の男の子には前からグローブを買い与えていましたが、下の女の子も欲しがったので、グローブを買ってやりました。

　それから、上の子とよくキャッチボールをするようになり、近所の子の野球につれていってもらったりして、よかったなとおもっています。

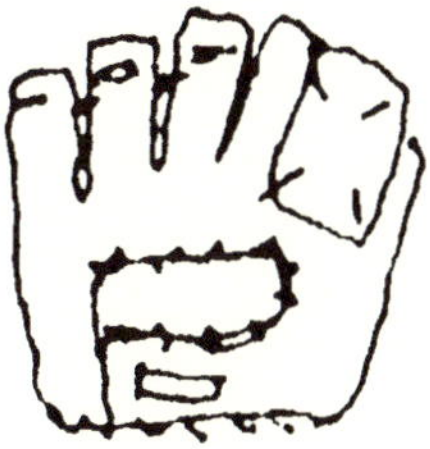

テーブルクロス

テーブルクロスを洗いました。たべもののシミのあとが、どうしてもとれず、目立ちます。

そこで、上にレースのクロスを重ねてみました。レースのクロスは、テーブルの上だけの大きさで、まわりに垂れませんでしたが、かえってフチのカットがきれいにみえて、すてきになりました。

ベルトを

ふつうのベルトは、バックルを前にしてしめますが、ちょっと気分を変えて、バックルを後にまわしてしめてみました。

洋服のデザインによっては、かえって全体がシンプルになってきれいな感じになり、なにもない後のスタイルにアクセントができてハデになり、いつもとはちょっとちがう雰囲気がたのしめました。

遮光カーテンを

遮光カーテンも、このごろはしゃれた柄ものがいろいろ出ています。

このカーテンを、寝室だけでなく書斎などにも使うと、だいじな本や壁にかけた絵や写真、壁紙などの日焼けがふせげます。

雨戸ほど大げさでなく、気軽に開閉できて便利です。

シチュウに

秋ですから、とれたての栗やリンゴ、いろいろのきのこが店先に並びます。いつものシチュウに、皮をむいた栗や大きく切ったリンゴを入れてみませんか。出来上りの15分前ぐらいに入れるだけで、シチュウの味はとくに変えません。

栗やリンゴにはちょっと甘みがありますが、それがアクセントになって、いつもとちがった季節のシチュウがたのしめます。

しめじやまい茸など、きのこを入れてもいいものです。

おにぎり二つ

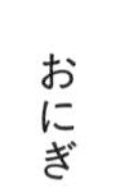

ちょっと変った、こんなおにぎりはいかがですか。

一つはバタ焼きのおにぎり。たっぷりのバタできつね色にいため焼きして、あと、かるくしょう油をぬります。バタとしょう油はよく合います。中味は梅干。

もう一つはおカカを入れてレタスで包んだおにぎりです。にぎりたてのあたたかいのもいいし、さめてレタスがしんなりしたのもわるくありません。野菜がいっしょにいただけるのもいいことです。

牛肉の甘辛煮とか魚の干物、かまぼこでもつければ、急ぐときの朝食やお弁当にいいものです。

玉ねぎ調味料

玉ねぎをみじんに切るとき、端の方はきざみにくいので、つい、捨ててしまうことがあります。
広口ビンに、ワイン酢か果物酢を半分くらい入れて、玉ねぎの切れはしを入れて酢漬けにしておきます。細かく切ってドレッシングにまぜたり、お魚のソテーにつけたり、カレーやシチュウを煮こむときに入れたりすると、風味が出て重宝します。

豆乳で

豆乳はあのニオイが嫌で敬遠していましたが、濃いめのダシ汁と合せて冷し汁にすると、おいしくいただけます。
小田原のあるお料理屋さんで出会った味ですが、わが家では志野の蒸し茶わんに入れて楽しんでいます。

サンドイッチに

サンドイッチをつくるとき、ハムやペーストなどといっしょに、青じその葉を一、二枚はさみます。サラダ菜よりも風味があって、なかなかおいしいものです。
レバーペーストやパテのように、ちょっとクセのあるものには、この青じその葉がことによく合います。

そうめん

冷たいそうめんの季節は、過ぎました。いろいろと具をのせた、温かいにゅうめんもいいものですが、炒めたそうめんもまた、けっこうです。
かたゆでにしたそうめんを、ビーフンを炒める要領で炒めます。具は玉ネギ、ほうれん草、たけのこ、キノコ、ハム、豚肉など、ゴマ油をきかせて、しょう油味で。

洋風みそ汁

ポロネギ、セロリ、ブロッコリー、マッシュルーム、ズッキーニなどの洋野菜を、食べやすい薄切りや細切りにしてみそ汁の具にします。目先も味にも変化がでます。
仕上げにバタを落とすと一味しゃれて、若い人にもよろこばれます。

白あえ納豆

納豆をたたいてつぶし、ここへ水

切りした豆腐をまぜこんで、白あえのようにし、しょう油で味をつけていただきます。ゴマやネギなど、薬味をたっぷり入れます。

　のどごしがやわらかく、ごはんにのせるというより、よい箸休めという感じです。

ドライフルーツを

プルーン、ブルーベリー、レーズンなどのドライフルーツは、白ワインに二、三日つけると、とても上品な甘さと香りが出ます。
　サンドイッチや肉料理のつけ合せによく合います。白ワインは辛口がよく、つけ汁も、おいしい果実酒として楽しめます。

おはぎに

お彼岸も過ぎましたが、こんなちょっとした趣向をこらしたおはぎはいかがでしょうか。形をおまんじゅうのようにまるくし、上に、塩漬けの桜の花をあしらってみました。
　あんぱんからのヒントですが、見た目にも美しく、また、桜の塩あじが、ほどよく、あんの甘さを引きたてます。

スープをとる

カレーは、多めにつくってあたため返していただくと、味がなれてきておいしくなりますが、ソースがだんだんと煮つまって、ドロリと濃くなってきます。
　肉や野菜を煮るときに、水をカップ1杯ほど多く入れて、カレールーをとかすまえに、その分だけ、スープを別にとっておきます。ソースが濃くなったときに、この野菜スープでのばしますと、味がわるくならずいいものです。

シュウマイに敷く

シュウマイを蒸すとき、ふきんのかわりに、キャベツを敷いたりしますが、ある飲茶《ヤムチャ》の店で、薄く丸く切った大根を一枚ずつ下に敷いて、セイロで蒸して出してきました。
　下にくっつかず取り出しやすいし、大根もやわらかくて、おいしくいただけました。

梅干しを

　ご馳走のあとに、ちょっと梅干しを、というとき、梅干しをそのままお皿にとって出すよりも、器に青じそをしいて、その上にのせて出します。
　見た目もきれいで、スッキリとしていて、梅干しがおいしそう。おかゆのときにもどうぞ。

スイートポテトを

さつまいもをサラダにします。マヨネーズはレモンをしぼるか、酢を少し入れて酸味を加え、パセリのみじんをまぜます。甘ずっぱい味がハムによく合うので、いっしょに和えてもいいし、ハムステーキのつけ合せにもわるくありません。

やさしい味なので、ことに小さい人に好評です。

スプーンを一本

ドライブや、電車やバスで旅行するとき、バッグの中に、ティースプーンを一本入れておくと便利です。

揺れる電車の中でお弁当をいただくとき、割箸よりスプーンの方が食べやすいし、アイスクリームなども、ついているペラペラのスプーンよりも、すくいやすいのです。

キノコを

生シイタケ、シメジ、エノキなど最近は季節を問わず、一年中手に入りますが、なんといっても、キノコの季節は秋。

何種類かのキノコを合せてバタ炒めすると、一品で炒めるより味が出て、おいしいものです。炒めあがりに、あれば、シェリー酒をひとふりします。

そのままおかずにもなるし、スパゲティと合せても、また肉や魚のつけ合せにしてもいいものです。

ナシの甘煮

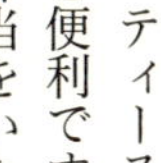

ナシのおいしい季節です。食べあきたり、ちょっと傷んでしまったら傷んだところを切りとって、甘く煮ると、べつの味が楽しめます。冷蔵庫で保存もできます。

ナシを食べるときのように切ってナベにとり、お砂糖とワイン、水を入れてやわらかくなるまで煮ます。

いかのワタ焼き

お刺身にしたあとのいかのワタにみそを少々つけ、あさつきか長ねぎのみじん切りをたっぷりのせて、お酒をふり、アルミ箔に包んで、弱火で10分ほど焼きます。

小鉢にとって混ぜ合せると、磯の香りがただよい、アツアツのご飯にのせると、おいしく、お酒の肴にもなります。

お盆を

昔の人はやっていたことですが、

黒い、四角い塗りのお盆をランチョンマットのかわりに、めいめいに使ってみました。和ふうはもちろん、洋風にも中国料理のときもわるくありません。それに、あらたまった感じにもなりました。

　これにしてから、家族が自分の食べたものをお盆ごと、台所までさげてくれるようになり、テーブルクロスの汚れもちがってきて、助かっています。

　帰りの遅い人の分も、お盆の上にのせておくと、まとまって、すぐに出せます。

ミートソースを

スパゲティにつくったミートソースがあまったら、こんなふうに食べると、目先が変っておいしいものです。

　お皿に盛ったご飯の真中をくぼませて、ミートソースを入れ、まわりのご飯をくずしながらいただきます。ソースをあたためるとき、カレー粉をちょっと炒めて加えると、ご飯とよく合います。

　また、パンをトーストして、ミートソースをのせてもいいでしょう。

おしょう油に

卓上で使うおしょう油を、いつも少しダシで割っておきます。

　おしょう油の種類によっては、濃かったり塩辛いのがあるので、おひたしや冷奴やお漬物にかけると、おしょう油の味が勝ってしまうことがあります。ダシで割ると、やわらかくなって使いやすくなります。かならず冷蔵庫で保存します。

上にのせる

上手に、きれいに盛りつけるときのコツ。

　肉と野菜、小エビとグリンピースなどいため合せをつくったとき、盛りつける前に、ナベの中で大ざっぱに、肉や小エビなど、おいしそうなものをよって、べつにとっておきます。器に盛ってから、これを上にのせます。

　パッと見たとき、いかにも肉がたっぷり入っているようにみえ、色どりもよくなって、ご馳走の感じがします。

紅茶の季節

紅茶のお好きなかたに、こんな紅茶はいかがですか。
　オレンジをきれいに洗ってから、皮を薄くそいで、二、三片ティーカップに入れます。その上に、いれたての熱い紅茶をそそぐと、オレンジのいい香りがして、レモンティーとはまたちがった紅茶が、たのしめます。

めんをゆでるとき

めんるいは、うっかりするとゆですぎて意外とむつかしいものです。
　おそば屋さんにうかがった、乾めんのゆで方のコツを、お知らせします。
おそばならひろげて霧吹きで水をふいて10分、冷麦なら、どっぷり水に浸けて1分、太めんのうどんなら5分、しんなりさせてゆでます。
　ゆでる時間が短かくてすみますから、コシのある、おいしいめんにゆで上ります。

キッチンバサミで

しらたきとこんにゃく、ごぼう、さやいんげんなど、お年寄りや歯のわるい人には食べにくいものがあります。といって、細かくきざむと、鳥のエサのようで見た目もよくありません。
　そこで、ふつうに盛りつけた後で、食べにくいものだけを、上からキッチンバサミで、パチンパチンと何カ所か切っておきます。
　盛りつけはさほど変らず、ずっと食べやすくなります。

動物園のたのしみ方

こんな動物園の楽しみ方はいかがでしょう。
　ゾウならゾウ、サルならサルと動物を決めておき、一時間とか二時間じっと見つめているのです。
　一日中歩き回って疲れ果てることもないし、また、よく見ていると、いろいろ、その動物のクセのようなものまで分かって、一石二鳥です。こどもも、意外に飽きません。

ひといろの花束

花屋さんで花を選ぶのに、いろんな花と色があってあれこれ迷ったとき、なにか一つ色をきめて束ねるのもいいものです。
　たとえば黄なら黄、ピンクならピンク、また紫など、ひといろで、い

ろんな花をとり合せて束にします。花はなるべく種類の多い方が、濃淡や、微妙なズレがあって、変ったすてきな花束になります。

代理旅行

足腰が弱くなり、自由に出歩けなくなった祖父に代わって、懐かしの地を訪ねてきました。

写真を撮り、そのときの様子などを書き込んでプレゼントしましたら、とても喜んでくれました。

こんな旅行もいいものです。

イメージチェンジ

いきつけの美容院で、「どんな髪型にされますか」ときかれたとき、つい「いつものように」と答えてしまいがちですが、思いきって、「あなたにまかせるから、好きに切ってください」というのも、わるくありません。

どんなに仕上がるか、似合わなかったらと内心ハラハラしますが、思いがけない自分が発見できるかも、と楽しみもあります。

たまには一緒に

マンガの本を読んでいる子をみると、いいかげんに止めなさい、と怒っているお母さん、たまには一緒に読んでみませんか。

きっと、子どもがなぜ夢中で読んでいるかわかるでしょうし、けっこう大人にも面白いし、親子のコミュニケーションにもなるでしょう。

お風呂よりも

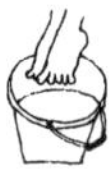

夏の疲れが出るのか、お年寄りはなんとなく体がだるく、お風呂に入るのもおっくうなようです。

そんなときは、ムリにお風呂に入れないで、足をバケツのお湯に入れてもんであげ、頭やヒザ下などを熱めの蒸しタオルでふいてあげます。

こうすると、気持よくなって、よく寝られるでしょう。

中敷を

足の甲が低くて、レジャー用の靴やスポーツシューズをはくと甲の部分が余って、足に合わないとき、スポーツシューズ用の中敷を敷くと、合うようになります。

それにふつうの中敷とちがって、土ふまずの部分が盛り上っていますから、はきやすくなります。

小さいクッション

おそろいのクッションを作るとき

全部同じ大きさにしないで、少しずつ小さく、5種類ほど作ってみました。

　長椅子などに、このクッションを少しずらして重ねて並べると、しゃれたアクセサリになります。また背中にあてるときとか、ちょっと枕代りにしたいときに、好きなサイズのクッションが選べて便利です。

電話番号を

おとなりはもちろんのこと、親しくしているご近所のお宅の電話番号を、バッグの中のアドレスブックに書きこんでおきましょう。出先でなにかおきたときなど、家へ電話して留守でも、ご近所へかけて頼めますから、あわてないですみます。
　ついでに、よく使うお店の番号もわかれば、出先から注文したり、とっておいてもらったりできて、なにかと便利です。

小さな手帳

小さな手帳をひとつ、買いものカゴ専用に入れておくと重宝します。買いたしておくもの、買いおきのおおよその量、衣類を買うときの家族のからだの寸法、あるいは、買いものの心づもり、そのほか、忘れては困ることをメモしておくのによいでしょう。

大きい三角定規を

ちょっと大型の三角定規を一つ、主婦専用に買っておきましょう。家の中には、直角を出せるものというのは、なかなか少ないものです。
　まっすぐな線を引きたいとき、字を書きたいとき、簡単な洋服をぬうときなど、それに、ものさしの代りにもなるし、これが一つあるとずいぶんラクです。
　いつもこどものものばかり借りていないで、自分の専用のものをもつと、何となく心が豊かになります。

運動会には

日ごろの運動不足の身には、ちょっとつらい運動会シーズンです。使っていなかった筋肉を急に使うと、悲劇的な結末が待っています。
　日程がわかったら、少しずつ身体を動かし、筋肉の動きをスムーズにしておきます。毎日ストレッチをすることでも、効果はあります。

翻訳つきハガキ

遠くにいるひ孫から、おどるような字で、ハガキが届きました。
　うれしいのに、わたしにはなかな

か読めず、苦労していましたら、表に、読みやすく書きなおしてある、母親のちいさな字を見つけました。

二人の気持がわかり、倍にうれしくなりました。

靴下は輪ゴムで

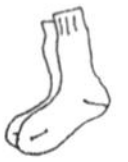

こどもの靴下は、似たようなものがいくつもあって、洗たくしたときにきちんと組み合せて止めておいても、こどもが出し入れするたびに、整理ダンスのなかでバラバラになってしまいます。
わが家では、組にした靴下を、さらに輪ゴムで止めておきます。こうしておくと、きちんと整理もできるし、取り出しやすくなります。

なにもしない週末

共働きの主婦の週末は、よく家事を手伝ってくれる夫がいる幸せなかたは別として、洗たく、掃除、ふとん干し、買物などなど、とても忙しく、疲れてしまいます。
たまには、洗たくものが少しくらいたまってもいい、散らかっていてもいいと、家事を手抜きして、ぼんやりとテレビをみたり、本を読んだり、好きな音楽をきいたりしてすごすと、また元気がでます。

家具すべりを底に

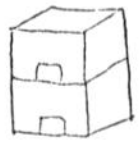

収納する入れものが重いと、ついおっくうで、しまうものがたまって部屋が狭くなりがちです。
押入れ収納ケースの底に、家具すべりを貼ってみました。中のものを入れかえるときや、押入れを掃除するとき軽く引き出せて便利です。
また、流し台の下に入れてある米びつの底や、ナベや調味料などの入っているトレイの下などにも貼っておくと、ラクに引き出せて、気持のよいものです。

安全ピンで

はんぱになったボタンや、捨ててしまう服のボタンは、箱に入れてためておきますが、これを、似たものどうし、穴に安全ピンを通してしまっておきます。
こうしておくと、使いたいときすぐに見つかるし、あつかいがラクです。

熟れすぎの柿に

柿は、熟れすぎぐらいが好きという人とそうでない人と、けっこう意見がわかれるところです。
でも、やわらかい柿にラム酒をたらしていただくのはなかなか結構な

ものです。一度お試しください。

陽に干す

秋晴れの一日、台所用品、乾物などを陽に干します。

きれいに洗ったまな板、木ブタ、ボール、ザル、ふきん、なべ、たわし、庖丁、石けん入れなどを全部干します。

乾物は椎茸、大豆、コンブなどです。

さっぱりとして、なんともいえずきもちよくなります。

かんぴょう巻きに

かんぴょう巻きを作るとき、かんぴょうをおいたら、上に、キムチを小さく切って、ちょっちょっと、のせて巻きます。

かんぴょうの甘い味と、キムチの辛味がよく合って、大人向きのかんぴょう巻きになります。

ペペロンチーノに

ペペロンチーノは、赤唐がらしとニンニクをオリーブ油で炒めて、スパゲティにからめるだけのパスタ料理です。

これに、プチトマトと、細く切った高菜漬を加えたら、よくマッチしました。トマトはつぶれないように、充分熱くなるまでいためます。

同じ茶わんのメシ

お客さまの多いわが家では、特別にお客さま用のお茶わんなど用意してありません。そのかわり、お茶わんや箸、湯のみや取り皿など、家族と同じものが数多く揃っています。お客さまもみんな家族と同じように召し上っていただきたい、という意味です。

気楽に来て、食事をしていただけるし、割れたり、欠けたりしたときも、すぐ補充できます。また、あと片づけも、そう上等な食器はありませんから、手早くできます。

あずきミルク

アイスクリームの入ったクリーム

あんみつを食べて、思いついたのが缶詰のゆであずきを冷やして、これに、冷たくした牛乳をたっぷりかけた、あずきミルクです。

　ゆであずきの甘みがうすまって、即席にしてはけっこうな、冷たいおやつになりました。あずきが沈みますから、スプーンでよくまぜながらいただきます。

味の助けに

　野菜の煮物などを作ったときに、なんとなく一味足りないということがあります。
　そんなとき、最後にとろろ昆布を加えます。味が少し濃くなるし、具が一つふえたようで一石二鳥です。

アーモンドトースト

薄切りの食パンにバタをたっぷりぬって、蜂蜜をうすくのばし、アーモンドパウダーをパンが見えなくなるくらいふります。
　その上にスライスアーモンドを散らし、また蜂蜜をかけて、オーブントースターで5分ほど焼きますと、お菓子のような香りのいい、カリカリしたトーストができます。

ニラを入れる

　おから炒りに、最後に入れるネギの代りに、ニラを二、三センチに切って入れてみました。
　なかなかおいしく、色どりもきれいで好評でした。

盛るときに

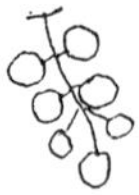

　ぶどうの季節です。
　買ってくるときは、ちがうものを少しずつにします。そして、ひと房をいくつかに、ハサミで切って小さくして、盛りあわせます。
　微妙にちがうぶどうの色のとりあわせが美しく、味もいろいろたのしめます。大粒の高いぶどうを、少しまぜてみたりと、やりくりもできて助かります。

柿のタネと

　柿のタネというおかきがありますが、これと一緒にキャラメルを食べて下さい。柿のタネの香ばしさと辛さに、キャラメルの甘さがまじり合い、なかなかいけるのです。
　わが家ではピーナッツより柿のタネに合うと評判です。

みそ味チャーハン

　まずみそを同量の水で溶かして、日本酒を少し加えておきます。

焼豚、ハム、ねぎ、椎茸など好みの具をみじん切りにして油で炒め、火が通ったら溶いたみそを加えて、水気がなくなるまで炒めます。

　中華ナベでご飯を炒めて、この具をまぜ、味をみて、塩か、しょう油をふります。玉子を入れるなら、あらかじめさっと炒めておき、最後にまぜ合せます。

　このチャーハンを、サニーレタスでくるんで食べても、おいしいものです。

ポーチドエッグを

たまには朝食のポーチドエッグを和風に。お湯に酢をたらしてポーチドエッグを作ります。小鉢に移し、好みのおだしをはります。なければ既製のめんつゆを使います。
　上にわけぎのみじん切りでもふれば、ちょっと温泉玉子ふうの、気のきいた一品になります。

タレを変えて

いつも、おしょう油としょうがで作るイカのつけ焼きを、市販の焼き肉のタレで作ってみました。
　ピリッと辛くて、なかなかイカによく合います。おかずにはもちろんのこと、いつもと少し味の変った、酒の肴になりました。

さつまいも二題

さつまいものふかしたてに、レモンをちょっとしぼります。レモンの香りと酸っぱみが、おいもの甘さに意外にあって、またちがったおいしさです。

＊

　ふかし芋ときめないで、たまには皮をむいてゆでて、粉ふきにしてみます。ホクホクしておいしく、バタでもつけたらやめられません。

　角に切って、しゃれた器に盛り、生クリームを泡立ててかければ、コーヒーや紅茶に合うお八つにもなります。

揚げ白玉粉

いつもおだんごにする白玉粉を、ねって、小さく丸め、ちょっと押えて平らにし、油で揚げてみました。
　カリッとして、なかはなめらかな、とても上等な揚げ餅ができ、あつあつを、おろしじょう油でいただくと、最高です。

パパのおかず

単身赴任のお父さんに手紙を出すときは、別の紙に、簡単なお父さんの好きそうなメニュウを一つ書いて

添えることにしました。材料はもちろん一人前、必ず試作してから、くわしく書きます。

　欲ばっていくつも書かないこと。お父さんは選ぶのが面倒で、作るのがイヤになります。

魚の納豆あえ

　イキのいいアジやさよりなどがあったら、小さくたたいて納豆であえ、青じそか、あさつきのみじん切りを散らします。箸やすめに、酒の肴にいいものです。

　おさしみが余ったときにも。

りんごとレーズン

　おいしくないりんごを買ってしまったら、六つか八つに切って、やわらかく煮ます。そのとき、レーズンをたっぷり入れると、レーズンの香りと甘さで、おいしいデザートができます。

　おつゆを多めにして、冷やしてどうぞ。

変り春巻

　コロッケの中味や焼そばを、春巻の皮で包んで揚げます。パン粉のコロモよりずっと手間がはぶけるし、油のなかでやぶけることもありません。

　形も、細長く巻くほか、斜めに二つ切りにして、三角に包んだりすると、目先きも、口あたりもかわります。

秋のゴマ和え

　柿、ナシ、ブドウ、栗など、ゴマ和えにすると、とてもしゃれた味でほかの料理が引き立ちます。

　柿やナシは皮をむいて芯をとり、薄くきざみます。ブドウは皮とタネをとって、栗のときは、ゆでるか焼栗にして皮をむいて、食べやすく切ります。

　あえるゴマは、黒ゴマでも、白ゴマでも、煎ってから半ずりにして、砂糖、塩、酢で好みの味をつけて和えます。

大人のプリン

　自分のうちでプリンを作るとき、何コか、カラメルソースぬきのものを作っておきます。これを食べるときに、ブランデーをたっぷりかけます。

　こどものものとおもっていたプリンが、ちょっとシャレた大人の味になり、辛党のオトウサンにもよろこばれます。

　甘党なら、カラメルソースの上に

ブランデーをたらしてもいいでしょう。

うちのブレンド

スパイスはひきたてがなによりですから、いつもコショー挽きでひいて使っています。
コショー挽きに入れるときに、粒の白コショーと黒コショーをまぜ合せた中に、大きな粒のオールスパイスをいくつかいっしょに入れておきますと、なかなかしゃれた味のスパイスになります。
白、黒のコショー、オールスパイスのミックスの割合は好みです。

せん切りカツ

揚げたてのカツを、くずれないていどに、細長く切って出します。食べやすいし、口あたりもちがって、いいものです。
それに、切り身がたりないときや、たくさん食べたい人、少なくていい人がいるときは、分量を適当に調節して分けられますし、せん切りキャベツとまぜ合せやすく、こうしてたべるのも、わるくありません。

ビンのフタで

使い終ったジャムやコーヒーなどのビンのフタは捨ててしまいがちですが、とっておいて、コースターやしょう油注ぎの受け皿に使います。
おなじフタをいくつか揃えてもいいし、大きさのちがうフタをいろいろに使うのもいいでしょう。

厚手のボール紙を

とくに男の子のおもちゃには、プラモデル的に組み立てるものが多いのです。こういうものを組み立てるときは、ナイフなどを使いますから、つい机に傷つけないようにと、一言よけいになります。厚手の30×40センチくらいのボール紙を用意してやります。
これを下敷にすると、紙など切りやすいし、何か書くときも、机の上で直接書くより書きやすいし、安心していられます。

手すりの材質

玄関、階段、廊下の手すりが樹脂製だったのですが、どれも木製に取りかえました。
手にしっくりなじんでつかみやすく、かえてよかったと思います。

花と水のお土産

田舎へでかけたお土産に、山や野

の花をいっぱいつんで作った花束と、谷川の水を冷水筒につめて帰りました。

　花は田舎の景色を再現してくれましたし、水は水割りの水に、「うまい」とよろこばれました。

背中でとめる

　衿もとをスカーフで飾るとき、はじめは、思いどおり格好よく結べても、いつのまにか、横へまわっていたり、衿からはみ出したりして、乱れてきます。
　スカーフを結ぶまえに、背中の衿の部分に、小さな安全ピンでちょっと、目立たないように止めておくと形くずれがいく分ちがいます。

小さい束に

新聞や雑誌を資源ゴミに出すときだいたい一カ月分をヒモでしばって出しますが、年々力がなくなって、まとめるのに一苦労します。

　最近は思いついて、一束を小さくしました。結ぶときもあまり力がいりませんし、持ち出すときも、束の数は多くなりますが、一つ一つが軽いので、とてもラクです。

理科年表を

　こどもが小学生になると、山の高さ、川の長さ、国の広さなどに興味をもって、矢つぎ早に質問してきて、あわてます。
　そんなときのために、大人用の理科年表を用意しておくと、詳しくて役に立ちます。

出産祝いにCDを

　友人に出産祝いを贈るとき、童謡のCDもいいものです。
　赤ちゃんも少し大きくなると、童謡をきいて喜びます。新しい歌で、知らないものだったら、お母さんもCDでおぼえれば、いっしょに歌えます。

銭湯へ

　家にお風呂があると、当然のことながら、銭湯へ行くこともありません。たまには、子どもを銭湯につれて行ってやると、ひろびろとしたと

ころでゆっくりとお湯に入れるので、大へんよろこびます。それに銭湯のこともわかって、よい経験になります。

　ただし慣れていませんから、大きな声を出したり、はしゃぎすぎたりして、ほかの人に迷惑をかけないように、気をつけます。

色見本を

　カラープリントは、最初に焼いたときは、きれいにできて満足だったのに、焼増ししたら、出来上りの色が違って、がっかりすることがあります。
　焼き直すのはバカらしいですから焼増しをするときは、最初のプリントを色見本につけて、注文します。
　こうすると、日数は余分にかかりますが、最初の色より濃くするとか薄くするくらいの多少の注文は、きいてもらえます。

ペティコートを

　うす手のスカートをはいて出かけるには、ちょっと寒いかな、と思う日、スリップの上にペティコートを重ねて出かけてみました。あたたかく、とても気持よく過ごせました。
　これからの季節、旅行に出るときなど、ペティコートを一枚持っていくと、思いがけず寒い日にあっても助かって、安心していられます。

もう一度知識を

　読書の秋ですが、たまには子どもの書棚をのぞいて、小学生や中学生の地理や歴史の本、理科の本などを読んでみませんか。
　やさしく、要領よく、大切なことが書かれていて、日頃、忘れていた知識がもどってきて、勉強になります。それにけっこうたのしいものです。

Tシャツとパンツ

　旅行に出かけるとき、Tシャツとゆったりめの長パンツを一、二枚、余分に持っていきます。
　寝巻を置いていない、海外の宿では、寝巻になりますし、国内の旅館でも、寝巻のまま廊下やロビーをうろちょろするより、しゃれたTシャツのほうがいいでしょう。

筆立てに

　ドライバーはふつう、工具箱にしまっておきますが、いざというときに、いちいちとり出してくるのもめんどうです。
　プラスとマイナスのドライバーを

1本ずつ、筆立てにさして、目につくところにおいておくと、気らくにつかえて、便利です。

　家の中にはネジものが多く、けっこう出番があるようです。

造花で

　花を二、三種合せて活けてあるとかなりもつ花と、すぐにしおれたり枯れかける花があります。
　買いたして、活けなおせばいいのですが、間に合せに、手もとにあった造花をまぜてみたら、けっこうすてきになりました。

プラスチックの風呂敷

　こどものランドセルにプラスチックの風呂敷を一枚入れておきます。
　ちょっとした、にわか雨のときは頭からかぶれば、けっこう傘代りになるし、給食のナプキンをぬらしてしまったときは、これに包んできたりします。もちろん荷物が多いときは、風呂敷として、いろいろ包んで帰ってきます。
　たたんで入れれば、かさばらないので、こどももいやがりません。

カバンの底は

　夏休みに使った旅行カバンやこどものリュックなどをしまうとき、内側も外側もきれいにふきましょう。
　駅のホームや店先で下においたりして、とくに底は汚れています。汚れているところは洗剤をつけてこすったあと、よく水ぶきして、風を通しておきます。

セーターに

　洗たくをして、ダラッと丈がのびてしまったセーター、裾が波うって何となくからだに合わなくて、しまってあったセーターを取り出し、もう一度着てみて、上にベルトをしてみました。
　ウエストがしまってポイントになり、色の合うベルトなら、なかなかシャレて、着こなせます。

栗のフライ

　秋のあいだだけですが、コロッケやフライを作るときに、栗を揚げてつけ合せにしますと、コロコロして可愛いし、季節の感じも出て、いいものです。
　栗は、一人前一つか二つ、やわらかくなるまでゆでてから、皮をむいて、小麦粉、とき玉子、パン粉をつけて揚げます。
　口に入れるまで、なんだかわからないのも、たのしみです。

しょう油玉子

おでんの玉子はおいしいものですが、あれにならって、ゆで玉子をしょう油と水半々ぐらいのからい煮汁で煮しめておくと日もちがします。

適当に切って、急場しのぎの小品に、サラダのたしにと、味がついているので、いろいろに使えて重宝です。

塩の入れもの

ガスレンジのそばにおいて使う塩の容器は、手が入る大きさのものにします。

塩は、ほんの一つまみ、指先でつまんだり、魚に塩をふったり、ぬか漬けの野菜に塩をしたり、野菜やスパゲティのゆで汁に入れたりと、けっこう容器に手を入れて使うことが多いからです。

火のそばなので、フタつきの陶器やアルミの容器がいいでしょう。

カボチャのグラタン

大いそぎの朝食に、こんなグラタンはいかが。

カボチャを薄く切って、お皿にならべ、あたためるととけるナチュラルチーズをかけて、電子レンジに5分ほど入れます。チーズとカボチャがよくあって、なかなかです。

この即席カボチャのグラタン、肉料理のつけ合せにも、好評です。

お刺身に

すずきのあらい、鯛やひらめの白身のおさしみは、活きがいいと、ちょっと身が固く歯ごたえがあって、歯のわるい人には、せっかくのおさしみがかみにくいことがあります。

おさしみの裏に、形をくずさないように、うすくかくし庖丁目を一本入れておくと、たべやすくなり、おいしくいただけます。

野菜もいっしょに

しょうが焼きを作るとき、肉と一緒に、しょうが汁に玉ねぎ、にんじん、いんげんなどの野菜をうすく切って漬けておいて、焼きます。

野菜にも、しょうが汁の味がしみて、色どりのいい、おいしいしょうが焼きができます。

肉だけよりバラエティができ、食卓がにぎやかになって、けっこうです。

ハーフにしないで

小さいグレープフルーツは、半分

に切ってスプーンでたべると、なんとも貧弱で、おいしくありません。

　上の方を四分の一くらい切ります。この汁を、庖丁を入れてたべよくした下のグレープフルーツにしぼりこみます。

　こうすると汁がたっぷりと入り、小さいわりに量も満足で、おいしくいただけます。

実りの秋

日曜日のおひるなどに、お芋づくしはいかがでしょうか。
　さつまいも、ジャガイモ、里いもをきれいに洗って、丸ごと蒸すか焼いて、テーブルに大皿盛りにして出します。
　バタ、サワークリーム、ゴマ塩、ひき肉入りねり味噌などを添えて、好みでつけていただきます。
　飲物と食後の果物をたっぷり用意します。

春巻の皮で

　リンゴの薄切りを甘くやわらかく煮たもの、バナナを半分位の大きさに切ったもの、八つ割りにした柿などを春巻の皮で包んで、油で揚げます。
　カリッと香ばしい皮とトロリと甘い中味がおいしく、お八つやお茶うけに。
　紅茶にも、緑茶にも、中国茶にもあいます。

漆器は下に

　ふだん使わない食器類を棚にしまうとき、重いものを下に、軽い漆器を上にしまいがちですが、上の棚は乾燥をきらう漆器にはよくありません。ヒビわれの原因にもなりますから、低いところにしまって下さい。
　輪島塗りの修理をしている方からうかがいました。

焼肉味で

　肉が残ったときや、日がたっていたみそうなとき、よく砂糖じょう油で佃煮ふうに煮ますが、焼肉のタレで煮てみました。
　いろんな香辛料が入っていますから風味がよく、おべんとうのおかずにも好評です。

病人の食事に

　病院の入院患者のごはんは、丼に盛られて、それもプラスチックとか味気ない色合いの丼で出てくるのが多いようです。
　丼ご飯になれない人は、分量も多すぎたり、食べにくかったりで、ちょっとなじみにくいものです。

ふつうのご飯茶碗に少しずつとってあげると、気分もかわり、雰囲気もいくらかちがって、よろこばれます。

菊の香り

秋になると、黄色や赤紫色の食用菊が出まわります。
花弁だけとってサッとゆがき、うすめの三杯酢につけて、冷蔵庫に入れておくと日もちがします。
そのままの一品でもいいし、きゅうりもみなど、酢のもののあしらいや、お刺身や焼き魚のつけあわせにすると、香りと色で、季節の風味が加わったご馳走になります。

落しブタ

煮ものの季節です。
落しブタをして、お魚や野菜の煮ものをしたあとは、フタに煮ものの味や、においがしみていますから、必ず熱湯に入れて、しばらく煮てから、よく乾しておきます。
こうしておくと、フタににおいもつかず、いつも気持よく使えます。

おしゃれな柿

柿の皮をむいて中をくり抜き、なかの実の種をとってミキサーにかけます。レモン汁、バニラ、リキュールを加えてまた戻し、よく冷やすと、ちょっと変った柿のデザートができます。

ベーコンを

ハンバーグをつくるとき、ベーコンをきざんで火にかけて脂をだし、これで玉ねぎをいためます。これをまぜると、ベーコンの味が肉にしみて、同じ挽肉と思えないくらいおいしく焼き上ります。
コロッケやオムレツを作るときもこうすると、味がよくなります。

ジャムの再生

びん詰のジャムが甘すぎたり、風味が足りなくていまひとつというとき、生の果物を加えて、軽く煮返します。

まず入れる果物、たとえばオレンジ、いちご、りんごなどを薄切りにして、少し砂糖を加えてやわらかく煮ます。ここにジャムを入れてまぜ合せます。仕上げにブランデーを少し加えてもいいでしょう。

明太子とろろご飯

明太子をほぐして、すった山芋とまぜ合せ、ゆずの香りをつけて、アツアツのごはんにかけ、上にきざみのりをおきます。

これならちょっとご馳走で、お客様のときや、お酒にも結構です。

えび二尾で

天ぷらにするえびが、ちょっと小ぶりで貧弱だったので、二尾ならべて1コにし、コロモをつけて揚げてみました。大きくりっぱなえび天ができました。

それに、えびを二尾ずつ揚げるので、手間も半分ですみ、たすかりました。

シェリー酒を

料理やお菓子の風味づけに、辛口のシェリー酒があると、便利です。

ワインとちがって、センを開けても冷蔵庫に入れておくともちますから、スープにたらしたり、ドレッシングにまぜたり、魚のバタ焼きにかけたり、毎日のように重宝します。

里芋コロッケ

知りあいから、里芋をたくさんいただいたので、ふかしてつぶし、肉をまぜてコロッケにしてみました。

里芋の舌ざわりと、香りがおいしい、ひと味ちがうコロッケは、子どもたちにも好評でした。

大根おろしで

お好み焼をいただいたとき、たっぷりの大根おろしをまぜたポン酢が出されました。

思いがけない組み合せでしたが、ちょっとすっぱく、さっぱりした口あたりで、思わず何枚も食べすぎてしまいました。

冬の章

家族そろって

暮れからお正月にかけては、こまごました片づけ、ふだん手をぬいているアチコチの掃除、不用品の処分など、片づけ仕事が意外に多いのです。

わが家では十二月に入ると、家族が揃っている日に、年末会議というのを開いて、分担をきめています。

仕事が終ったら、打上げといってご馳走をたべに出かけるようにすると、それを楽しみに働けます。

英語で書く

クリスマスのカードを外国の方に出すとき、いつもメリークリスマスと名前だけでは……と思っても、英文を書くのが苦手で、あと、どう書いたらいいのか、さっぱりわかりません。

そこで、店で売っているクリスマスカードをみたら、いろいろに書いてありました。そこで一枚買ってきて、それを見ながら書いたら、英語はＯＫ。

お誕生日や赤ちゃんが生まれたときも、売っているカードの英語を利用して、出しています。

ビデオカメラで

ビデオカメラのおかげで、遠く離れているおじいちゃん、おばあちゃんも孫たちの成長ぶりが見られて、たまに会っても、ごく自然になじめます。でもこどもの方は、なかなか親しんでくれません。

そこで、おじいちゃん、おばあちゃんもビデオカメラでとって、孫におくってもらいました。こうしておくと、たまに会う孫たちも、すぐに親しんでくれました。

共布のマット

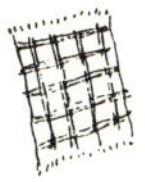

テーブルクロスで、ひときわ汚れるのは、こどもが座るところです。

テーブルクロスを買うとき、切り売りのものだったら、余分に40センチほど買って、こどもの席のところだけ、ランチョンマット風にしく布をつくります。

いちいち、テーブルクロス全体を洗わなくても、その布だけ洗えばいい、というわけです。

ジャージーの服

長い旅行に行くときは、ジャージーのワンピースを一、二枚もっていくと便利です。着てラクですし、かさばらず、シワになりにくいからです。

旅行中、おしゃれをする必要ができたときは、ベルトやアクセサリで飾れば、華やかにも着られます。

花柄や無地など、好みのものを選びます。

色つきの封筒で

ピンクや青、黄色などの無地の大きい封筒を少し用意しておきます。ちょっとした心づけやお年玉をあげるときなど、お札を折らないで入れられますし、小さいお年玉袋やポチ袋よりシャレています。
ピンクは女の人へ、青は男の人へ黄色はおばあちゃんへなどと、色分けするのも、たのしいものです。

お見舞に

ご主人が入院されたお友だちのお見舞に、タクシーのクーポンとテレフォンカードをおくりました。
忙しい中を病院へ行ったり来たりするときや、電話をかけたいとき、院内では携帯電話が使えなかったので、これがあって、助かったと、とてもよろこばれました。

花びんに

戸棚にしまってあった、ハンパになっている湯呑み茶碗に、小さい剣山を入れて、短く切った花をさしてみました。
小さくて、どこへでも置けて、可愛らしいながめになりました。
茎が折れて、ふつうの花びんには活けられない花も、これになら、させます。

スカートに貼る

スカートの幅が狭くて、後のスリットのところが何べんも破れてしまい、布もほつれてきて、もう修繕がきかなくなりました。
気に入ったスカートだったので、捨てるにしのびなくて、配色のいい、少し大きめの三角の布を、思い切って、表から貼りつけ、まわりを縫ってとめました。
ちょっと変ったデザインのスカートが一枚出来たようで、いまも得意気にはいています。

玄関先に

雨の日、せっかく玄関をきれいに掃除しても、一人帰ってくるごとに汚れを持ち帰ります。
雨の日だけ、玄関先に古くなったバスマットをおき、入るとき靴やカサの先をぬぐってもらったら、汚れがずいぶんちがいました。靴ふきマットのように大げさでないのがいい

のです。
晴れた日に、さっと洗って乾かしておきます。

簡単ネーム

持物に名前をつけるとき、紙に印鑑を押して切りぬき、上からセロテープで止めます。
いちいち書くより簡単だし、短時間でたくさんできます。

端布のおもちゃ

木綿の30センチ四方の布のフチをミシンでしっかりぬいました。
この布を、2歳と4歳になる子どもが、とても上手に使うのです。エリにまいてスカーフにしたり、はさんで、食事のときにナプキンがわりのエプロンにしたりします。
また、ぬいぐるみのふとんや宝物を包みこむふろしきに、クレーン車でつり上げたり、まるめて列車の荷物にしたりしてあそびます。最後はていねいにたたんで引出しにしまいます。

ぐい呑みで

風邪の季節です。子どもに水薬をのませるとき、一回分ずつ、ぐい呑みに入れてやると、小さくて持ちやすく、のみやすいようです。
また、エッグスタンドの代りに使ったり、ほんの少しだけのおかずをつけたり、一つだけ子ども用にしておくと、重宝します。

電池の型を

近ごろのようにいろいろな型の電池があると、時計やカメラ、電卓など、どんなものを使っているのか、覚えていられませんから、買いにいったときに、どれを買ったらいいか困ってしまいます。
道具を買ったときに、手帳に型番と大きさをメモしておきます。こうしておくと実物がなくても、そろそろ揃えておかないと、と気がついたときに買うことができて、あわてることも少なくなります。

布の壁

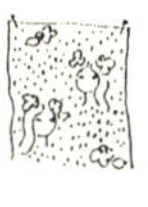

アパート暮しですと、壁が暗くて気にいらなくても、勝手に塗り直したり、壁を貼りかえたりするわけにもいきません。
そこで、どうしても変えたいところに、大きな布を壁一杯にピンで止めてみました。
部屋の雰囲気がパッと変って、気が晴れます。ときどき布の色や模様を好きにかえて、たのしんでいます。

青菜のお粥

寒い日に菜っ葉入りのお粥など作ると、あたたまってけっこうなものです。

とくに冬場は、野沢菜やタカ菜のおいしいときなので、炊き上りに細かく切って入れると、ほどよく塩味がゆきわたり、口当りもさっぱりとしたお粥ができます。

トリの酒蒸し

おせちの料理をいろいろと用意するときに、トリの胸肉か、ささ身の酒蒸しをちょっと多めに作って、冷蔵庫に入れておきます。

お正月、そぎ切りにして、お刺身ふうに、わさびじょう油でいただくと、冷凍のお刺身より、ずっとおいしいものです。

また、若い人ならマヨネーズがあうかもしれませんし、細かくさいてサラダに入れたり、スープやおつゆの実にもなります。

和風クレープ

そば粉のクレープは、フランスのブルターニュ地方の名物ですが、これを和風でいただきます。

荒びきのそば粉を水どきして、油をひいたフライパンでうすく焼きます。熱いうちにみそをぬり、白髪ねぎをそえて、北京ダック風にくるっと巻きます。みその味は好みで。

ベーコンなべ

水炊きをするときに、家族の中にトリ肉ぎらいと魚ぎらいがいて困っていました。

試みに、白菜の上にベーコンを並べただけの、さっぱりしたなべを作ってみました。水炊きと同じようにつけ汁につけて食べます。

わが家の人気のある一品。

大葉揚げ

青じそ二枚の間に、いわしのつみれをはさんで、コロモをつけて揚げます。青じその香りが、いわしのくさみを消し、熱いところをいただくと、やみつきになります。

つけるタレは、天つゆにおろしで

も、ただのしょう油でも、レモンをしぼるだけでも、好みにします。
　いわしのつみれは、すりたての生なら申し分ないのですが、冷凍でもけっこうです。

ちょっとたたいて

　すきやきなど鍋ものに春菊を入れるとき、庖丁の背で、茎をちょっとたたいておきます。
　茎がやわらかくなって食べやすくなり、味もよくしみます。こうして使えば、捨てる部分も少なくてすみます。

香ばしいラード

　中国料理のとき、よくラードを使います。このラードは、豚の脂身をフライパンで焼いてとります。このとき、ネギと、しょうが一かけらをたたいて、一緒にフライパンに入れます。こうすると、豚のにおいがぬけてネギとしょうがの香りがつき、とても香ばしいラードになります。
　このラードをとっておいて、野菜炒めのときなどに使うと、香ばしさとうま味が加わって、一段とおいしくなります。

焼魚のつけ合せ

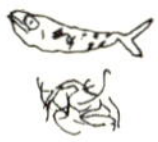

　魚の塩焼きには、ふつう大根をおろして添えますが、さしみのつまのように、せん切りにした大根も、おろしとはまた口あたりが変って、いいものです。

白ごまのあべかわ

　あべかわ餅といえば、お餅にきな粉をまぶしたものですが、白ごまのあべかわ風も香ばしくて好評です。白ごまを煎って半ずりにし、砂糖と塩少々で好みの味にします。お餅を焼いて熱湯にくぐらせ、ちょっとやわらかくしてごまをまぶします。
　市販のすりごまでも。

南蛮風に

　皮をむいた里芋を水からゆでて、火が通ったところでお湯をよく切ってから、油で揚げます。それをさらに、しょう油、みりん、ダシで甘辛く煮ふくめます。
　ちょっと南蛮風のお芋の煮つけになり、目先の変わった一品でした。好みで、赤唐辛子粉をふっても、さんしょの実を入れてもいいでしょう。

サンドイッチに

　パーティなどで、テーブルに出されたサンドイッチが、いつのまにか

パサパサになっていたり、フチがそったりしていることがあります。

長い間サンドイッチをテーブルの上に出しておくときは、細切りレタスをお皿に敷いてから、サンドイッチを盛り、上にも適当に散らしておきます。

こうしておくと、パンが乾燥して固くなりませんし、色どりにもなります。

おせち料理の見本

おせち料理の詰め方は、だいたいその家、その家できまっているようですが、今年は少し変えてみるのはいかがですか。
そんなとき、デパートなどで出している、おせち料理の注文のちらしをとっておくと、和風、洋風、中華風、あるいは有名なお店のものなど、きれいに詰めた絵がたくさんのっていて、詰めるときの参考になります。

かきのみそ汁

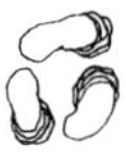

かきは、フライに、ナベに、グラタンにと、冬にはおいしい貝ですがみそ汁にしても、けっこうです。
ダシにみそをといて、煮立つ寸前に塩水で洗ったかきを入れます。くれぐれも火を通しすぎないこと。お椀に入れ、刻みネギをのせます。

ナベ二題

鱈はナベ物の主役といっていいくらいおなじみの材料ですが、ちょっと趣きを変えて、あらかじめ、天ぷらの衣をつけて揚げておきます。
味を整えただし汁のなかで野菜を煮て、揚げた鱈をのせていただきます。天ぷらにすると、生のままより香ばしく、こってりします。
鱈が温まったところで、大根おろしを加えて、みぞれナベにしても。

＊

使い残りの白玉粉があったので、団子にして、ナベに入れてみましたら、プリプリと、お餅とはまたちがった口あたりで、けっこうでした。

白玉粉は、水を加えて丸め、熱湯で下ゆでしてから使います。

焼きれんこん

れんこんのおいしい季節です。皮をむいて、1センチの厚さの輪切りにしてから、フライパンに油をとって焼きます。
フタをして、中火で焼き、途中で一度返します。むっちりとして、なかなかおいしいものです。
熱いうちに、カラシじょう油か、レモンと塩でいただきます。

焼いているときに、赤とうがらし粉をふり、しょう油をたらして味をつけてもいいでしょう。またゴマ油で焼くと、ゴマの風味が加わった焼きれんこんができます。

かたいアイスクリーム

スプーンも入らないカチカチにかたまったアイスクリーム。しばらく室温におけばやわらかくなるとわかっていても、待ちきれないことがあります。

こんなとき、7、8秒電子レンジでチンしてください。ちょっとやわらかくなって、食べごろになります。

白玉雑煮

お正月のお雑煮のお餅は、お年よりにはいただきにくいし、ノドにつめて危いことがあります。

わが家では、祖母のお雑煮には、白玉粉を小さめに丸めて入れています。はじめはケゲンな表情だった祖母も「もとはもち米で同じね」と納得してくれました。これなら小さい子にも安心です。

トリの皮で

湯豆腐のダシには、ふつう昆布を使いますが、代りに、トリの皮のコマ切れを少々入れると、豆腐にほんのりトリ肉の香りと脂がしみて、おいしい湯豆腐になります。

もちろんトリの皮も、豆腐と同じように、きざみネギやおろししょうがの薬味としょう油で、おいしくいただけます。

炒めてから

コールスローなど、生野菜のサラダを作るとき、にんじんやセロリのようにかための野菜は、細く切ってもピンピンして口になじみません。さきにサラダ油でさっと炒め、さまして合せます。

口あたりがよくなり、また生のにんじんのくさみも消えて、食べやすくなります。

中国風焼油揚げ

油揚げを焼いておしょう油を塗った一品は、ご飯にもお酒にもいいものですが、おしょう油のかわりにかき油ソースをぬると、ちょっとコクが出て、また別の味です。

白髪ねぎたっぷりの付け合せで。

ガラスの器

そうめん、冷やっこなど、涼をよぶ器として使うガラス器を冬の季節

にも使ってみましょう。ことにお正月の食卓に、ぬりものの器とよく合って、華やかさをそえてくれます。

　おさしみや酢のものはもちろん、黒豆、祝い菓子なども、意外にうつりがいいのです。

香りだけ

　二つに切ったニンニクをフォークにつきさして、ドレッシングの中に入れてかきまぜたり、オムレツやスクランブルエッグの玉子をかきたてたりします。
　ニンニクをみじんに切ったり、おろしたりして入れるより、香りだけほのかにうつって、いいものです。

ちょっと変身

　これからはクリスマス、年末年始といろいろと集りがあり、勤め帰りにそのまま出かけることが多くなります。
　着がえが出来ればいいのですが、出来ないときは、色どりのよいスカーフと、キラキラする大きなブローチを持っていって衿元を飾ります。
　こうするだけで、けっこうおしゃれな感じになって、ドレスアップできます。

水引きで

　お正月用に、金銀の水引きを何本か買っておくと重宝です。松を束ねて結んで飾ったり、和紙で小さい箸袋を折って、水引きで結んだりすると、ちょっと改まった、華やかなお正月らしい気分が出せます。
　結び方や使うところは、何も形式にこだわることはないのですから、いろいろ工夫してみると、意外な美しさが生まれるでしょう。

日本語も

　横文字ばやりの昨今、英語の辞書をひいて、一日に一つ単語を覚えるという人がいます。
　それに対抗するわけではありませんが、国語辞典や漢和辞典を一日一回開いて読んでみる、というのはいかがでしょうか。
　日本語だって、どんどん忘れていきます。それに、思いがけない単語の意味を発見したり、新しい言葉に出合ったり、けっこうたのしいものです。

冬こそショートに

　夏、髪を短くする人が多いのですが、これからの季節こそ、ショートカットにしてみませんか。
　ハイネックのセーターやエリを立

てるファッション、スカーフやマフラーを使ってのおしゃれのときなど、ショートカットの方が、えり元がすっきりまとまって、若々しく見えます。

カーテンにボタン

カーテンに大きなボタンをつけてみました。合せめからもれてくる、冷気と光が入らなくなり、寒い季節にはピッタリです。

　リビングのカーテンには、同系色のボタンを、子ども部屋は、カラフルな原色のものをつけました。

裏返しに

スーツやワンピース、セーターなどをしまうとき、裏返しにしてしまっています。

　とくに淡い色のものは、シミがついたり、色が変ることがありますが、裏からなら被害が少なくてすみます。裏布のホツレなども目につき、すぐ修繕できます。

一段おきに

階段にニスやペンキやワックスを塗るとき、上から下までいちどに全部塗ると、乾くまでしばらく歩けなくて、不自由します。

　一段おきに塗って、乾いてから残りの階段を塗ります。のぼる段が高くなってちょっとのぼりにくいのですが、どうしてもという用があるとき、助かります。

はっきりと

そろそろ暮れのご挨拶の季節。

デパートなどから贈りものをすることが多いのですが、そのときの挨拶状に「心ばかりの物を」、またそのお礼状に「結構なものを」ではなく、はっきりと品物を書くようにしています。

　もし手ちがいがあったとき、こうしておくとよくわかります。

ハガキ二枚

友だちから、同じ日に二枚ハガキが届きました。一枚では書ききれなくなって、続きをもう一枚に書いたものでした。

　私もときどきハガキで間に合うだろうなと書きはじめて、足りなくなって便箋に書き直すことがありますが、親しい人には、これから私も、この手でいこうとおもいました。

逆にして

ハンドバッグやカバンに本を入れ

るとき、背から入れる方が入れやすいので、つい背を下にして入れてしまいます。そうすると、後からまた何か入れたとき、本の頁の間にはさまってしまったりして、とりにくいし、本もいたみます。

　開く方から入れるように気をつけると、本もいたまず、後でめんどうがおこりません。

首すじにビール瓶

机にむかって仕事をしていると、肩もこってくるし、首すじもこわばってきます。ちょっとぐらい揉んでも、らくになりません。

　こんなとき、仰向けに寝て、ビール瓶を首の下に入れ、ゴロゴロとゆっくり転がすようにします。簡単なことですが、けっこうほぐれて、気もちよくなってくれます。

　これなら、人に迷惑をかけず、気分転換にもなって、また仕事に精がでます。

エリつきベスト

袖ぐりがきゅうくつになったスーツを、ベストに変身させました。

簡単で、袖をジョキジョキ切ってはずし、肩パッドをとって着てみます。肩幅をエリの下にかくれるくらい狭くしたかったら、チャコで袖ぐりの線を描いて、さらに切ります。

始末は、表と裏の布をつき合せにし、ていねいにかがって出来上り。

残り毛糸集まれ

半端に余っている毛糸、編み直すあてのない古毛糸、着ないセーターも、ほどけるものはほどいて総動員し、ひまなとき、鉤針で8センチ角のものを編みためておきます。簡単だから、こどもにも編めます。

　いくつか編み上ったところで、配色よくつなぎます。手さげ袋、テーブルセンター、クッション、数が集まれば、ベッドカバーだってできます。残り毛糸とは思えないほど、すてきです。

時刻表

時刻表に、細長い定規をはさんでおくと便利です。

　時間をみるときに当ててみると、とても見やすくて助かりますし、必要な頁にはさんでおくと、パッとあけることができます。

外国の友人に

外国にいる映画好きの友人に、日本の新聞に載った映画の記事を、ファイルして送りました。日本での様

子がよくわかるといって、とても喜んでいます。
　映画にかぎらず、その人の興味ある日本の情報は、とても役立つようです。

コーヒーに

　コーヒーにちょっとチョコレートの風味が加わると、なかなかおいしいホットドリンクになります。
　ビターの板チョコを湯せんしてとかしておきます。コーヒーを入れたら、このとかしたチョコレートを大さじ1杯くらい加えてまぜます。お砂糖は、好みで加減します。

焼きいもにレモン

　寒い日に、ホカホカの焼きいもは格別です。その焼きいもに、レモンのしぼり汁をかけると、さらにおいしくなります。
　レモンのさわやかな香りと、酸味が、おいもの素朴な甘味をひきたててくれます。

鍋もののタレ

　鍋もののタレの味は、その家、その家でいろいろですが、これは、りんごとみかんを使うタレです。

　おしょう油に、りんごをすりおろしてしぼった汁と、みかんのしぼり汁を好みの分量だけまぜて、すりおろしたにんにくと生姜をそえて、食卓に出します。酸味と甘味が加わったさわやかなタレです。
　りんごとみかんは、なるべく酸味の強いものにします。

揚げかすを

　てんぷらを揚げたとき、揚げかすができます。それを冷凍しておき、お味噌汁や青菜を炊いたものや、うどんのおつゆにいれると、とても効果的な、味つけのアクセントになります。
　また、てんぷらの衣が残ったときに、揚げかすを余分に作っておくといいでしょう。

麻婆豆腐に

　麻婆豆腐に茸を入れると、おいしくなります。

マッシュルームや椎茸ならうす切りにして入れますが、エノキ茸なら根元を落として、半分位の長さに切り、ほぐすだけですから簡単です。

　味も口当りもなかなかです。

大根おろしも

スルメイカなど、手作りのイカのお刺身は、おろししょうがとしょう油をまぶしていただくのがふつうですが、しょうがのかわりに、大根おろしでいただくのも、ちょっと味がかわって、いいものです。
　お酢をちょっと落としても。

塩納豆

納豆に塩というのは、意外にあいます。九州地方の食べ方なのですが納豆本来の香りが立って、食がすすみます。好みでお砂糖をほんの少し入れます。

フォンデュをおいしく

オイルフォンデュをするとき、油の中にアンチョビを入れておき、あたたまったら粗くつぶします。そうすると、材料を油の中に入れたとき焦げたアンチョビがまわりにくっついてきて、ほどよい塩味がつくし、香ばしくなります。ひと味ちがったオイルフォンデュです。
　肉よりイカやエビ、ポテトなどが合います。

ピーマンを

ピーマンをおひたしにするのも、いいものです。
　ヘタとタネをとったら、タテに3ミリくらいのせん切りにしてゆで、かつお節かすりゴマをのせ、しょう油をかけると、けっこうなおひたしが出来上ります。

一杯のお茶

勤めから帰って、冷えきった部屋へはいり、すぐ夕食の準備をはじめるのは、わびしいものです。

　暖房をつけたら、まずジャーのお湯で、お茶を一杯入れて飲みます。気持が落ちつき、からだもあたたまって、働く元気が出てきます。

鱈とポテト

鱈とじゃがいもは、相性のよいものです。寒い季節、グラタンにどうぞ。

　じゃがいもの薄切りをニンニクといっしょにいためます。別にいためた鱈と合せ、ホワイトソースをかけ、チーズをふって焼きます。カレー粉、クローブ、サフランなどで好みの風味をつけます。

中国風お刺身

お刺身を、たまには中国ふうにたべるのはいかがでしょうか。目先が変っていいものです。

お刺身をレタスや大根、ねぎなどの細いセン切りといっしょにボールにとり、しょうが、酢、しょう油、ゴマ油、切りゴマなどを好みに合せたタレをかけてザックリ合せます。量も増えます。

あついご飯にも合うし、お酒のさかなにもなります。

ゆずの香り

天ぷら屋さんで天丼を食べたときゆずの香りがしました。よくみるとご飯と天ぷらの間に、小さくへいだゆずの皮が一枚おいてありました。

甘辛いおしょう油のタレに、ゆずの香りがきいて、こういう使い方もあるのだなと、おもいました。

薄切り肉を巻く

一口にコロッと切った肉は、おいしくても、歯がわるいとかみにくくて困ります。

カレーや、ホワイトシチュウや酢豚に、しゃぶしゃぶ用の薄切り肉をクルクル巻いて使うと、やわらかいし、薄切りそのままよりも、歯ごたえがあって、いいのです。

えびの天ぷら

えびの数が少ないとき、姿のまま揚げて器に盛ったのではさびしいので、背開きにして、曲がらないように腹のあたりを庖丁でよくたたいてから、衣をつけて揚げてみました。

小ぶりのえびでも、姿が大きくなるし、身がやわらかくなってたべやすく、こどもにも、お年よりにも喜ばれました。

スープご飯

お鍋の季節です。

食べ終ったあとの雑炊は楽しみなものですが、我が家では、スープご飯も人気があります。

お鍋に残ったおだしに塩としょう油で味付けし、温かいご飯にかけるだけです。ネギや七味、梅干しなど薬味をきかせると、一層おいしくいただけます。

中華ふうに

豚肉やキャベツ、にんじん、椎茸、ピーマン、もやしなどの、焼き

そばにのせるような野菜を細切りにしていためます。甘辛めに味つけをして、ゆでたおそばやうどんの上にのせます。

　ここに、熱々の中華味の汁をたっぷりはると、日中合併のボリュームのある野菜そばのでき上りです。汁はラーメンの汁の素で作っても。

冷めないように

コーヒーをいれるとき、ペーパーフィルターを使って、熱湯をそそぐのは、手軽だし、おいしくはいりますが、時間がかかるので、カップをあたためておいても、コーヒーがさめがちです。
　こんなとき、保温トレイにのせるといいのですが、なければボールに熱いお湯をはってカップを入れ、あたためながらいれると、さめ方がかなりちがいます。

緑色のソース

ホウレン草とクレソンを細かくこまかくきざみ、マヨネーズとまぜます。好みで生クリームを少しずつ加えてのばすと、あざやかな緑色のソースが出来上ります。
　フランス料理店ではテリーヌにそえてありましたが、はんぺんを焼いて、上からこのソースをかけても、なかなかよくあいます。

炊きこみご飯

松茸昆布の佃煮の中に、さいた松茸が2、3本入っていました。
　そのままたべてしまうのはもったいないので、細かく切って、油揚げと一緒にごはんに炊きこんだら、ほんのりと松茸の香りがする、けっこうなご飯になりました。

しいたけでも、きゃらぶきや、しぐれジャコの佃煮でも、おなじように使えます。

　ご飯の味つけは、佃煮の味だけでいいのですが、日本酒を少し入れると、味がまろやかに、おいしくなります。

あたたかいサラダ

ポテトサラダを、じゃがいもや、にんじんのゆでたてで作ります。

　玉ねぎのみじん切りを少しと、プロセスチーズの角切りをたっぷり入れて、マヨネーズで和えます。

　あたたかいから、チーズがとけてやわらかくなり、口当りのよいサラダです。

熱い器に

汁たっぷりの、めん類の煮こみの

ようなものを、器に入れて食卓に運ぶとき、熱くて、こぼれそうで、あぶない感じです。

ちょうどコーヒーカップにしくソーサーのように、器の下に一枚、大きめのお皿を敷きます。運びやすいし、食べるとき少々汁をこぼしても食卓をよごす心配がありません。お箸や汁用スプーンの置き場にもなります。

アクセサリを

冬の旅行には、服に合うネックレス、ペンダント、マフラーなど、余分に持って行きます。
何枚も着がえがなくても、いろいろなアクセサリをとりかえると、その都度、気分が変って、とてもたのしく着られます。
なによりも、アクセサリだと、荷物がかさばらずにすみます。

二人の遠足

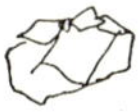

子どもたちが巣立っていって、夫婦二人の暮しになりました。
あたたかい日に、二人で動物園や植物園、遊園地に、おべんとうを持って出かけています。
静かなところよりも、にぎやかなところの方が、何となく楽しく、のんびりとします。

目地は黒に

新築や改築で、浴室のタイルを貼りかえる予定がある方に。
タイルの目地を黒にすることを、検討してみてください。白だと目地のところが黒く汚れてきて、落とすのに大変ですが、はじめから黒なら汚れが目立ちません。それに、白のタイルに黒の目地なんて、シンプルで見た目もしゃれています。

袋を

新幹線など乗りものに乗ったとき紙袋を一つ足許においておきます。
この中に、なんでも入れておけば隣りの人に気がねなく出し入れができるし、紙くずカゴのかわりにもなって、ゆっくり乗っていられます。

はきにくい靴

気に入って買ったのに、なんとなくきつくて足に合わず、長い間しまいこんでいた靴を出してきて、はいてみました。
足は太ったり、やせたりするのでしょうか。こんどは、はき心地がよく、一足たすかったようで、気をよくしています。
しまってある靴も、たまには出し

てみることです。そして、またはけそうなら手入れをし、どうしてもダメなら、合う人にあげるとか、思い切って始末してしまうとかします。

ヒモの整理

包み紐や、いただきものにかけてあったリボンなど、せっかくとっておいても、引出しの中で、もつれていたのでは、使うときにイライラします。

アルミホイルやサランラップを使ったあとの丸い筒に巻いて端をセロテープで止めておきます。どれでも好きなものを、ラクに取り出せます。輪ゴムもこうしておきます。

座ぶとんを

暖房のきいている部屋でも、足もとは、なにかさむざむとするものです。

食卓や机のイスに座るとき、小さい座ぶとんを足もとにおき、スリッパをぬぎ、その上に足をのせます。寒さもちがいますし、ふとんのやわらかさが足から伝わってきて、なんとなく、気持が安まります。

贈りもの

去年の秋、結婚のお祝いに、雑煮椀をさし上げました。ちょうど季節で、売場にたくさん並んだ中から、ちょっと金をあしらった、大ぶりのを二椀えらびました。

年が明けて「おかげでお正月の気分を味わえました」と、ご報告をいただきました。

マスクを

風邪がはやる季節になりました。

ふつうは、風邪をひいた人が、うつさないためにと、マスクをするのですが、健康な人の方が、うつらないために、マスクをするのがいいそうです。

ジャンパーを

入院している友達のお見舞にいきました。

友達は、パジャマの上に、大きめの赤いジャンパーを着ていました。ガウンをはおるより、ぬぎ着がらくで、動きやすいといっていました。
赤いジャンパーは、見た目にも、病人らしい雰囲気がなくて、とてもいい感じでした。

冬は皮ベルトを

セーターの袖口が、どうして左袖だけバサバサになるのか、不思議に思っていたら、これは、腕にはめた金属製の時計バンドが原因でした。
皮のバンドにかえてから着はじめたセーターは、三度目の冬も、健在です。

携帯用のスリッパ

海外旅行のとき、携帯用のスリッパは、必需品とおもって誰もが持っていきます。
国内旅行にも、一足入れておくと、靴をぬいで見学したりするとき、意外に役に立ちます。

干すときに

寒い季節、洗たくものを外に干すのは、冷たくておっくうです。かといって、いい加減に干すと、乾いたときの姿がシワだらけで無惨です。
脱水機から出したら、めんどうでもシワをのばして、干す順番にカゴに入れて持っていくと、能率よくきれいに干せます。

ベルトに

細長いスカーフを、わざとねじって、ベルトのかわりに、腰にまいてみました。
ちょっとワキにずらして、ちょう結びにすると、ベルトよりも華やいだ、しゃれたアクセサリになりました。飾り気のないセーターやワンピースに、よくあいます。
また、スカーフを変えると、服の感じも変ってきます。

街にも磁石を

年末年始のお休みに、外国の知らない街を訪ねる方もいらっしゃるでしょう。そんなとき、磁石をひとつ持っていくことをおすすめします。
言葉の通じない街で道に迷っても地図と磁石さえあれば、ホテルや駅にたどりつくことができます。

大根ステーキ

大根のおいしい季節です。
北陸の小さな町の旅館で、
「とてもおいしい大根がありましたので、こんなにしてみました」
と、出されたのが大根のステーキでした。

7ミリくらいの輪切りにして、油でじっくり焼いて、しょう油をたらしただけですが、かたすぎない程度の歯ごたえが残って、とてもおいしいものでした。

変り雑煮二つ

カン詰のフカヒレスープに、えのき茸をまぜて、お雑煮にします。

お餅は一口くらいに切って、こんがり焼いて入れますが、お酒のあとにも、お夜食にも、急なお客様のときにも、ダシをとらずに手早く出せるお雑煮です。

＊

おでんに入れる餅入りおあげを、みそ汁に入れてみました。

さっとお湯をかけた油揚げのなかに、小ぶりのお餅を入れて、楊枝で口を閉じ、ダシで煮ます。お餅がやわらかくなったら、おみそをとかして入れ、ちょっと青みをちらして出来上り。吸い口に柚子を。

柚子バタ

タラやひらめなど、白身の魚のバタ焼きをしたときに、よくこがしバタをかけますが、このとき、柚子の皮をおろすか、ごく細かく切って散らします。

柚子というと、おもに和風料理ですが、こうすると、バタの香りに柚子の香りが加わったソースで、わるくありません。

リキュールを

寒いときでも、暖房のきいた部屋で、アイスクリームやシャーベットやゼリーなど、冷たいお菓子をいただくのはおいしいものです。

こんなとき、その上にキルシュ、コアントロ、グランマニエなどの果実酒をちょっとたらすと、香りがパッとたち、なかに入れこんだのとはまたちがった、しゃれた大人むきの味になります。梅酒でも。

市販の安いアイスクリームやシャーベットでも、果実酒をたらし、フルーツの一片でも添えれば、りっぱなデザートに早変りします。

おにぎりに

ふつうのおにぎりでも、ちょっと工夫すると、いつもとちがった味でいただけます。

おかかのおにぎりをつくるとき、おかかに、おろしわさびをまぜ、おしょう油で味をつけたのをなかに入れます。いただくとき、わさびの香りがしていいものです。

また、のりのおむすびを作るときまず、しその葉でくるんでから、その上を海苔でつつみます。しその香りとのりの味がよく合います。

青豆サラダ

缶詰や冷凍のグリンピースを塩水でさっとゆがいて、あたたかいうちにドレッシングであえると、しゃれた一品になります。

にんにくをきかせて、おしょう油をかくし味に使うのが、コツです。

蒸しずし

いなりずしが余って、翌日まで残ってしまったとき、むし器に入れてふかします。

ちょっと変った蒸しいなりずしになります。

すしご飯がやわらかく、あつあつをいただくと、なかなかおいしいものです。

ミニトマトを

天ぷら屋さんへ行ったら、ミニトマトの天ぷらが出てきました。赤い色どりがよく、可愛らしく、ミニトマトの天ぷらが入ると、盛りつけが映えて見えました。

ヘタのついたまま、うすいころもをつけて、さっと揚げます。口に入れると、トマトの酸っぱ味がきいてちょっと変った味がたのしめます。

カレーとミートソース

お正月のおせち料理は、若い人にはあまり人気がありません。

暮れにカレーとミートソースをたっぷり作っておきますと、おせち料理にあきたとき、若いお客がみえたとき、これが活躍してくれます。

なますや黒豆や煮しめなどをそえるのも、わるくありません。

かんたんサンド

パンにマーマレードをのせ、マヨネーズをしぼるだけで、おいしいサンドイッチができます。

マーマレードのフルーティな甘味と、マヨネーズの酸味がマッチして、飲物なしでも食べられます。

鯛の酒むし

披露宴や宴会の、折詰の中に入っている鯛を家で焼き直しても、焼きざましを、また焼くわけですから、いくら上等な鯛でも、パサパサしておいしくありません。

酒むしにしてみました。一尾をお皿にのせ、お酒をふり、湯気のたつ蒸し器に皿ごと入れて、10分ほどむします。身がしっとりとなって、これが焼きざましの鯛とは思えないくらいです。

えびのご馳走に

えびの天ぷらやフライは、ふつうは一尾を丸のまま揚げて、食卓に出します。

えびの姿がそのままなのがご馳走ですが、大きいと噛みにくいものです。和風でもナイフをつけて出すと、歯のわるい方は、食べやすくなって、たすかります。

きな粉ご飯

久しぶりに、あたたかいごはんにきな粉をかけて食べました。甘味はややひかえめにします。ふりかけに慣れた子どもたちも、よろこんでおかわりをしました。

何ということもないのですが、ほのぼのとした夕食になりました。

サンマの佃煮ふう

家族で食べない人がいたり、ほかのおかずで間に合って、サンマがあまってしまっても、翌日、また塩焼きというわけにはいきません。

そんなときは、佃煮ふうに、中までしっかり煮込んでしまいます。脂が多い魚なので、意外においしいし、焼きざましも使えます。

二、三種の肉を

寒い季節は、ポトフやシチュウなどの煮込み料理がご馳走ですが、ふつうは牛とかトリなど、どれか一種類の肉で作ります。これを二、三種の肉をまぜて仕立てると、ボリュームもあり、味もいいです。

たとえば、ポトフには牛肉、豚肉、トリやマトンなど。カレーも豚と牛と半々にすると、味もちょっとちがってきます。

プラスチーズ

クリームシチュウを作ったのですが、味にコクがなくて、いま一つというとき、仕上げにチーズをこまかく切って入れます。

プロセスチーズでも、ナチュラルチーズでも。トロミもついて、おいしくいただけます。

チャーハンに

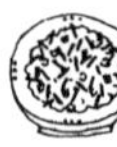

チャーハンの上に、塩昆布をハサミで細く切って、パラパラとかけてみました。

いつも同じようで、変りばえがしないチャーハンの味に、昆布の味が加わり、けっこうでした。

アボカド天ぷら

アボカドはタテに二つに割って、種をとり、皮をむきます。5、6ミリの厚さに切って、コロモをつけ、天ぷらにします。

ねっとりとした、ちょっと変った揚げものになります。

ハニーブランディ

ちょっと寒気がします。風邪をひいたのかもしれません。そんなときに、ハニーブランディが、風邪退治にひと役かってくれるような気がします。

コップにハチミツを大さじ一、二杯入れ、熱湯を注ぎかきまぜます。そこへブランディを大さじ一杯ほどたらし、軽くまぜれば出来上り。

銀杏をむく

ぎんなんの殻をむくのは、一苦労です。

二、三分ゆでて、カラの両端をハサミでチョンチョン切ってからとり出すと、うす皮もいっしょにとれて簡単です。

そぎ切り

お客様に羊羹をお出しするとき、一切れではなんとなく格好がつかないし、うすいのを二切れというのもサマになりません。

斜めにそぎ切りにしたものを二切れ、無雑作に盛り合せると、分量としてもちょうどいいし、たべやすいし、羊羹、羊羹しないで、いいものです。

揚げ玉ねぎを

玉ねぎを揚げたのは、なんとも香ばしく、甘みがあっておいしいものです。わが家では、薄く切って、ちょっと小麦粉をまぶして、キツネ色にカラッと揚げ、薬味としていろいろに使っていますが、好評です。

たとえば、みそ汁に、うどんやそばに、おじやに、酢のものに、スープに、そしてスパゲティの具としてまぜこんでも、香ばしさが食欲をそそります。

味がちょっとたりないときでも、これを入れると、うま味が加わります。

指の体操

寒くなると指先がかじかみます。そんなとき、手をいっぱいに開いて親指から順にむすんでいき、小指までいったら、こんどは開きます。これを何度かくりかえすと、指先がポカポカとしてきます。

手もちぶさたのときも、こんな指の体操をしていると、いつも指先がかろやかで、気持もいきいきとしてきます。

ブローチで

パーティのときは、二連、三連とはでなネックレスが映えます。もし持っているのが、一連の地味なネックレスだったら、つなぎ金具を脇か前にもってきて、その上から、うつりがいい大きめのブローチで、洋服にとめつけます。

二連、三連に負けない派手なアクセサリになりますし、ブローチをかえれば、また趣のちがったネックレスになります。

小さい子のくつ下

やっとくつ下がはけるようになった子は、ともするとカカトを上にしたり、ねじったりしてはきます。

カカトから上を折り返しておいたら、足先まできちんと入れ、カカトをまちがえずに上手にはきました。

片目をつぶって

ときどきは片目をつぶって、あるいはかくして、片目ずつで物をみてみましょう。右の方がよく見えたり左がかすんで見えたり、と、見え方の違いにおどろくことがあります。いつもは、いいほうの目で補なってみてしまうので、見えにくい目に気がつかないのです。

ときどきやってみると、目の病気が早くみつかることがありますよ、と眼科の先生が話されました。

まゆ切りバサミ

ちょっと先が曲った、お化粧用のまゆ切りバサミがあります。これを裁縫箱の中に入れておくと、縫い目をほぐすときに、役に立ちます。

先が細くて鋭いから生地の間に入れやすいし、曲った先で糸をひっかけたり、切ったりできます。

旧姓で

何年ぶり、いや何十年ぶりかでお会いするクラス会や同期会。男の人はそのままでも、女の人は姓が変っ

ていて、旧姓も思い出せなくて、まごまごすることがあります。

　そこで、女の人には旧姓の名札をつけましたら、かえって昔のことを思い出しやすくなり、気分も昔のままに若がえって、なごやかな会になりました。

毛布を

　思いがけなく、大勢の人が集まって、座ぶとんの数が足りなくなってしまいました。そこで、毛布を50センチ幅くらいに細長くたたんで出しました。お座敷ベンチです。
　色どりのきれいな大きい格子のものなど、部屋の雰囲気もかわって、おや、という効果もありました。

革靴も

　よそへ行ったとき、靴を脱いで、中敷が汚れていて、恥ずかしい思いをしたことはありませんか。
　スニーカーはよく洗いますが、革靴の中敷も洗ってみました。革でも大丈夫です。はがして洗剤で洗い、よく乾かして、入れるとき、ちょっと裏に接着剤をつけておくと動きません。

地図ゲーム

　家族で冬の夜に、ちょっとしたゲームをしてみませんか。小学校四、五年からなら子どもでも出来ます。
　まず地図帳をみんなの真中にひろげて、一人が、そこにのっている地名を一つ、いいます。例えば、北海道のところで、モンベツとか。
　そうすると、みんなはその場所をさがして、はやく見つけた人が、勝です。
　同じ地名があるのを発見したり、その土地にちなんだ思い出ばなしが出たりして、けっこう楽しいものです。

パジャマは

　病気のお見舞にパジャマを差上げることがあります。上着は前ボタンであけやすいものを、男の方へなら、パンツには必ず、前立てのついているものをえらびます。
　気分がわるいとき、用をたすのに、らくだそうです。

二本で一本

　あまり使っていない、薄手の細長いスカーフが何本かありましたので、色どりのよい二本をかるくねじって一本にして、コートの衿元にのぞかせてみました。
　新しい一本ができたようで、とて

もすてきでした。

座るときに

このごろは椅子の暮しになれたせいか、よその家へうかがったとき、タタミの部屋に通されると、なんとも固苦しい気持になる人も多いようです。

こんな方のために、膝掛け毛布を用意しておいて、かけてあげます。とくにスカートのお客さまには、あたたかいし、足も自由にくずせますから、たいへんよろこばれます。

スナップ写真を

パソコンなど、複雑な配線をする電気器具が、増えてきました。

困るのは引越しのとき。いちど配線をはずしてバラバラにしてしまうと、新居で組立てるとき、どこをどうつないだらいいか、頭をかかえます。あらかじめ、機械の裏側の接続具合を写真にとって、線ごとに印をつけておくと、らくです。

眼鏡に色テープ

年をとって目がわるくなってくると、シーイング、リーディングなど老眼鏡の種類がふえて、使うとき迷うことがあります。フレームの色が似ていると、なおさらです。

シーイングの眼鏡のツルの内側に目立たないように色テープを貼りましたら、すぐ見分けられるようになりました。

お芝居などの暗がりでもさわってみればどちらかわかり、便利です。

コピーで

こどもたちと旅行したとき、電車の時刻表の使う部分を大きくコピーして、バッグに入れて持って行きました。時刻表そのままではかさばりますが、コピーは折りたたんでカンタンに持てるからです。

車中、つぎは何駅に止まるのか、降りる駅に何時に着くのか、あといくつの駅があるのかという質問に、バッグからすぐ取り出せて、正確に返事ができ、お互いに楽しみながら目的地に着きました。

若者のお雑煮

お雑煮は、家によってさまざまですが、とり肉を使うことが多いようです。

子どもたちが大きくなり、ボリュームのあるものと思い、豚の三枚肉のうす切りを入れてみました。好評でした。

大根、里芋、小松菜が脂を吸って

思ったよりさっぱりと仕上ります。

ソバがきを

鍋もののときに、うどんやお餅のかわりに、ソバがきを入れるのもいいものです。

ソバ粉に熱湯をさして、スプーンかお箸でかきたてたのを、つみれのようにすくって、鍋に入れます。

じゃがいもと人参

じゃがいもと人参をサイコロ大に切って、さっとゆでたものを冷凍しておくと、いろいろに使えます。

ゆでたら、ふきんで水気をとり、お皿などに並べて、一コ一コパラパラに凍らしてから、ポリ袋に移して密封します。

とくに小さい子どもがいると、カレーライス、クリームシチュウ、みそ汁などに入れたり、そのままバタ炒めにしたり、ほとんど毎日使っています。

塩昆布を

塩昆布を常備しておくと、いろいろと便利です。たとえば昆布のスープ。わざわざダシをとる必要はありません。

ねぎを2センチ位のぶつ切りにし、ごま油で炒め、しょう油で香りをつけます。そこへ熱湯を注ぎ、煮立ったら、塩昆布をいれ、お酒を入れて味をととのえます。

あたたかいスプーン

紅茶を出されたとき、手にしたスプーンが温めてありました。寒い季節のお心づかいでした。カップはお茶を入れる前に熱湯であたためますが、ついでにスプーンも、ということでした。

カレーのスプーンも、さいしょ、口にふれたとき、ヒンヤリしないように、お湯を通してあたためておくと、いいでしょう。

ジャーマン里いも

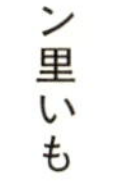

里いもをかためにゆでて、5ミリ厚さにスライスし、バタを落としたフライパンで、ベーコンといっしょに炒めます。

里いもが、ベーコンの脂で香ばしく、いつもの里いものとは違ったおいしさです。

華やかな太巻き

わが家では、大晦日の最後に作る料理は太巻き寿しと決めています。

お正月は、お雑煮とおせち料理だ

ったのですが、ご飯ものがほしいという家族の声に、多少日持ちのするものを考えたのです。

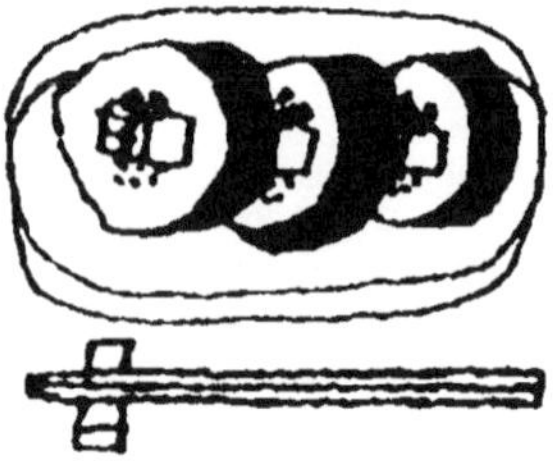

干椎茸の煮つけ、玉子焼、ゆでたほうれん草、ピンクのでんぶを芯にして巻くのですが、おせちに負けず華やかで、人気があります。

金串を使って

焼き魚はやっと火が通ったぐらいがおいしいのですが、ちゃんと火が通ったか外からではわかりません。

もういいかな、と思ったころに、身に金串をさし、一、二、三ぐらいかぞえて出し、指先か唇で熱さを確かめています。

この方法にしてから、生焼けを出すことがなくなりました。

ベーコンを

青菜や大根など、油揚げと煮ると相性もよくおいしいものですが、油揚げの代りにベーコンを使うと、ちょっと目先が変わり、ベーコンの風味も加わっていいものです。ことに若い人には喜ばれます。

ベーコンに塩味があるので、おしょう油は控え目にします。

のし餅に

新潟から送っていただいたのし餅に、食べやすい大きさに、八分目まで切れ目が入っていました。

バラバラにはならず、使いたいときに好きなだけ切り離せて、とても助かりました。

お正月用ののし餅も、切りやすいかたさになったときに、庖丁目を入れておきます。

ヘルシーカレー

カレーに、お肉の代りに紅鮭の水煮のカン詰を使います。カンタンだし、おいしいし、ヘルシーです。

カン詰は、安売りなどのときにまとめて買っておけば、いつでも間に合います。

せん切り野菜を

お鍋に入れる野菜、白菜、大根、にんじん、しいたけなど、全部せん

切りにしてみました。

ともすると、お肉や魚しか食べずに終ったりする小さい子も、こうすると食べやすく、いつの間にか、野菜もよく食べてくれました。

お年よりなど、歯のわるい人にも喜ばれます。

おいしいもの手帳

ちょっと行きずりに買ったものやいただいたもので、おいしいなと思ったら、すぐに買った店や、箱や袋に書いてあるメーカーの名前、住所、電話番号などをおぼえ帳に書いておきます。
また手に入れたいときに、これがあると、好都合です。

コロモにおしょう油

精進揚げのコロモに、少しおしょう油を入れてみました。香ばしさが加わって、いつもと一味ちがうコロモでした。
コロモに味がついているので、冷めてもおいしく、お弁当のおかずにもいいものです。

みそ汁に辛子を

寒い季節になると、温かい汁ものがなによりのごちそうです。いつもの大根やわかめのみそ汁に、いただく前にちょっと練りがらしを溶き入れます。
フワーッとたち上る香りと辛味で味に一段とコクがでますし、体もあたたまってホッとします。

即席カレーに

即席カレールーを使ったり、缶詰のカレーで間に合わせようというときでも、なにか味なおしをしたくなるものです。
そんなとき、塩、しょう油の類だけでなく、ターメリック、チリパウダー、黒コショーなどの香辛料を適当にまぜ合せ、バタで炒めて加えるとか、野菜を炒めるときにカレー粉をふるとかします。ちょっと高級な味に早変りします。

焼いてみる

煮ざかなが残ってしまったら、煮かえさないで、食べる前にアミで焼いてみます。
甘辛いしょう油の焼けるにおいが香ばしく、煮ざかなとはまたちがった味でした。

わさび漬けに

ちょっと気がぬけたが、捨てるに

はまだもったいないわさび漬けが残っていました。

粉わさびか、粉がらしをといて、このなかにまぜますと、ピリッとした辛味がもどって、また、おいしく食べられました。

マーボー豆腐を

残りもののマーボー豆腐にチーズをふって、グラタン風にオーブンでちょっと焼きます。チーズの香りもよく、味もよくあって、あたためなおすだけとは一味ちがって、わるくありません。

きざみねぎは

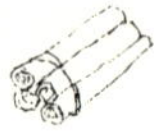

ねぎをたくさんきざむのは、けっこう厄介なものです。
まず、長ねぎを適当な長さにそろえて切ります。これを何本かまとめて、端を輪ゴムでとめます。
こうして、端からきざむと、ねぎがくずれずにうまく切れます。ただ下のねぎまでしっかり切って、つながらないように。

かんきつ類で

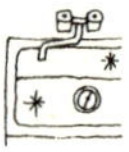

冬は鍋物など、かんきつ類の出番が多い季節です。
ゆずやみかん、レモンなどを絞ったあと、捨てる前に流し台の中や排水口のまわりを、たわし代わりにこすってみましょう。
酸のおかげで、油気や、少々の汚れも落ちるし、香りもよく、さっぱりします。

ラップの先に

ラップできっちりと包んで、冷凍庫や冷蔵庫に入れた残りもののご飯やおかずを、あとで出して使うときラップがぴったりついてはがれず、手こずることがあります。
ラップで包んだら、最後の端に、マジックでしるしをつけておき、はがすときは、そこをひっぱってはがすと、きれいにはがれます。

クリスマスツリー

大きなクリスマスツリーは飾る場所もとるし、しまう場所もとるしでどうしても敬遠してしまいます。今年は、場所をとらない壁面利用のクリスマスツリーをしてみませんか。
壁に緑のラシャ紙でツリーの形を切って貼り、これに飾る物を画びょうとか、セロハンテープでつけていくだけです。そこの家の壁の広さに応じて、大きさも自由自在にできますし、いつもとちがった飾る楽しさもあります。

暮れのごあいさつ

暮れに、アジの干物を一箱いただきました。

この季節、いただきものというとハムや焼豚のかたまり、つくだ煮などが多く、干物のようにあっさりしたものが、とてもおいしく思えました。

残りは冷凍しておいて、おせちの合間にいただくと、これがまた、けっこうでした。

高い所で

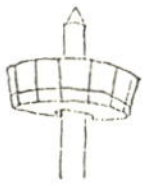

腹が立ったり、イライラしてストレスがたまったら、高いビルやタワーの展望台などにのぼって、下界を見下してみます。

下を歩く人や走る車が、まるでアリのように小さく見えます。じっと見ているうちに、なんだかすべてのことがささやかで、腹を立てたり、悩んだりするのがバカらしくなって、気持が落ちつき、また元気が出てきます。

コルク栓を

道具箱のなかにはキリや千枚通しなど、先のとがったものが入っています。この先にコルクをさしておくと、いためる心配がないし、道具を探すとき、うっかり手にさわって痛い思いをすることもありません。

コルクは、いらなくなったワインの栓などを利用します。

折りあとに

子どものスカート丈をのばしたあとの折りあとをかくすのに、チロリアンテープをぬいつけるのはよくやりますが、デザインによっては、しつこくなります。

そんなときは、ししゅう糸か穴糸で、線の上をチェーンステッチかアウトラインステッチでぐるっとさすと、折りあとはわからなくなって、これがあっさりしたアクセントになります。

ヘアクリームを

乾燥するせいか、朝起きたときに髪の毛がガサガサなのに、おどろきます。

髪も肌のうちと思ったので、夜、肌にクリームをぬるときに、髪にもヘアクリームをつけるようにしました。効果はバツグンです。

台ぶきん対策

ふきん類、とくに台ぶきんは、乾

きがわるいと不潔です。

　洗ったあと、ややゆるくしぼって電子レンジにかけ、おしぼりよりも熱くすると、熱湯をかけたように気持よく、乾きも早くて安心です。

短いセーターに

　何年も着ているうちに、丈が短くなってしまったセーター。思いついて、裾にぐるっと細長いスカーフを縫いつけてみました。余った分は前横にもってきて、結びます。
　新しい服が一枚ふえたようです。

マットレスの風通し

　さわやかな天気が続いたあとに、早起きして、マットレスの下側に風をあてて一日おきます。戸外に出せれば最高ですが、一人暮しではムリです。
　マットレスの片側を持ち上げ、少なくとも10センチ厚さのものを挟んで、斜めにしておきます。本を重ねて挟んでもいいのですが、ちょうどいい高さの発泡スチロールがあったので、それを使っています。

眼鏡を

　眼鏡をかけている方は、前の晩寝るときに、必ずレンズをていねいにふいて、サックに入れておきます。
　翌朝、すぐ、きれいにすき通った眼鏡をかけると、あたりが明るく気持よく、新聞もよく読めます。

ローラー刷毛で

　ふつう、壁紙を貼りつけていくとき、スポンジタワシとかブラシで壁紙の表面をこすって押えますが、ペンキを塗るローラー刷毛をころがして押えていくと、なかに空気が残らず、手早くきれいに貼れます。
　空気が壁と壁紙のあいだに残ってそこだけプクンとふくらんでしまったら、針で小さな穴をあけて、なかの空気を追いだすと、ぴったり貼れます。

腹ばいで寝る

　年をとると、ますます前かがみになって腰が曲がり、姿勢がわるくなってきます。
　そこで、ときどき腹ばいに寝てみましょう。自然に胸、お腹、腰が一直線になります。
　無理やりに背がのばされるので、かなりきゅうくつですが、あと、腰がとてものびたような感じになっていい具合です。
　また、タンがたまりやすい人にも、この寝方はいいようです。

手をふく

炊事やセンタクをするとき、洗いものの多い日は、何回もエプロンで手をふいて、すぐ湿めらせてしまいます。

こういうときは、小ぶりのタオルをウエストあたりに、大きな安全ピンで止めておいて、これで手をふくようにします。ぬれてきたら、タオルだけとりかえます。

エプロンがぬれず、気持のよいものです。

息抜きの日

暮れは何かと繁雑で、あっという間に日がたってしまいます。

そこで、カレンダーに、家事以外にも「映画鑑賞の日」など、息抜きの日を作ります。その方が用事を要領よく片付けようとするし、気分的にメリハリがついて、能率よく雑事をこなせます。

そして息抜きの日には、家事を忘れて、思い切りたのしみましょう。

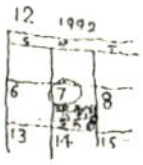

子どもの写真

子どもたちも大学生、高校生となるとけっこう忙しく、祖父母に顔を見せに行くことも少なくなります。

新年など祖父母や親戚が集まるときに、子どもの最近の写真を持っていって見せると、写真をはさんで話がもり上がり、とても喜ばれます。

エシャロットソース

生がきに添えて札幌のレストランで出された、かんたんに作れるおいしいソースです。

エシャロットのこまかいみじん切りに、シェリービネガーを、とろりとするようにまぜただけのもの。

ほかの貝やサラダ仕立ての魚にも合いますし、さっとゆでたキャベツにかけても結構です。

鍋にタバスコ

鱈ちりやトリの水煮きは、たいていポン酢をつけていただきますが、これに辛いタバスコソースをふってみました。

赤とうがらし粉とはちょっとちが

う味ですが、やはりピリッときいてわるくありません。

お餅に大小

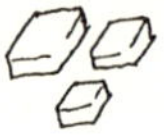

のし餅を切るとき、みんな同じ大きさに切らないで、大きいもの、一口位の小さいものと、適当にまぜて切っておきます。

お雑煮、のり餅、きなこ餅などにするとき、ほんのちょっと食べたいひとも、どっしりしたお餅を食べたいひとも、自分の好きな大きさのお餅がえらべるし、量も1コ半などと加減できて、便利です。

片口で

ちょっとしゃれた片口の器があると、いろいろに使えます。

玉子かけごはんのとき、生玉子を入れました。口からスーッとかけると、うまくゆきます。

冷やっこを片口に盛ると、豆腐からでた水を切るのに便利です。

お茶を入れるのに、熱湯を少しさましたいときは、片口にとると広口だからよくさめるし、急須に入れるときは、注ぎ口が役に立ちます。

レモンを絞る

安いレモンを買うと、皮が厚くてしぼりにくいことがあります。

絞るまえに、レモンを丸ごと熱湯に4、5秒つけると、皮がやわらかくなって、よく絞れます。汁もたくさん出ます。

シュッと一吹き

しいたけを焼くとき、直接アミにのせて焼くのもおいしいものですが水分が出て、せっかくのうま味がにげてしまうことがあります。アルミ箔で焼くとけっこうです。

アルミ箔で舟を作って入れ、しいたけに霧吹きで水をふきかけるのがコツです。こうすると、しいたけから水が出すぎないで、おいしく焼けます。

関西の料亭からうかがった〈焼き松茸のコツ〉を応用しました。

クリスマスに

パーティのご馳走のローストチキンを切り分けたときに、おなかの中から、かわいらしいタマゴがたくさん出てくると、小さい人たちは目をかがやかせて、よろこびます。

玉ねぎのみじん切りとマッシュルームの薄切りを、バタで炒めて塩コショーします。これと一緒に、ゆでてカラをむいたうずらのタマゴをトリのおなかに詰めて、口を止めてから、オーブンで焼きます。

冷凍して

焼いたお餅が残ってしまったら、かたくならないうちに、ラップに包んで冷凍してしまいます。

食べるとき、そのまま電子レンジにかけてもいいし、お雑煮のようにおつゆに入れても、やわらかくなって、おいしくいただけます。

洋風カボチャ煮

トマト味で煮た甘くないカボチャの煮ものです。ふだんは「カボチャはどうも」という男性にも、好評です。

うす切り玉ねぎを炒めて、そこへふつうに切ったカボチャと、ザク切りにしたトマトを入れます。水を少しさして、スープキューブを1、2コくだいて入れ、フタをして汁がなくなるまで煮て出来上りです。

トマトは、よく熟した生のトマトがいいのですが、なければ缶詰のホールトマトでも大丈夫です。

ペッパー・カツ

トンカツの肉に塩、コショーするとき、挽きたてのコショーをたっぷりふります。

これにコロモをつけて、カリッと揚げたら、熱いうちにソースをかけないでいただきます。肉にコショーの辛味がピリッと効いて、けっこうなトンカツです。

ちから天うどん

おもちをサイコロに切って、細切りのにんじんや玉ねぎなどいろいろの野菜とまぜて、おもち入りのかき揚げを作ります。これを、うどんやおそばのカケにのせます。

力うどんと、天ぷらうどんを一緒に食べているようで、ボリュームがあり、ことに、若いひとによろこばれます。

にんにくの素揚げ

コロッケや唐揚げをしたとき、ついでに、にんにくも素揚げにします。ほくほくとして、にんにくの臭みも少なく、ほんの少しおしょう油をたらしていただきます。

一コ丸ごとを、低温でゆっくりと揚げるのがコツ、少し多めに揚げておくと、いろいろに使えます。

くずあん風に

ミカン、黄桃、パイナップルにサクランボなどが混じった、フルーツ

カクテルの缶詰を、ナベにシロップごとあけて、あたためます。

これに水溶きした片栗粉を加えてくずあん風にすると、ホカホカとあたたかく、冷たいフルーツカクテルとはまたちがった味が、たのしめます。

チャーハンに

チャーハンの味が一つ足りないとき、ふりかけをかけてみました。ゴマや青のりの香りが効いて、なかなかです。
辛いのが好きな人は、ラー油をちょっとふりかけると、ピリッとして、香りもよくなります。

ご馳走風キャベツ炒め

ソーセージとキャベツの炒めものはよくやるメニュウですが、一手間かけて、ソーセージの皮をむき、みじんに切って角切りのキャベツを炒めたところに入れ、味をつけます。
あったら、白ワインも少々。

ブロッコリーの茎

ブロッコリーの茎は、かたくて食べにくく捨てがちです。
かたい皮をむいて二つに割り、やわらかく茹でて、一度煮立てた甘酢に漬けておきます。二、三日もすると、よく味がしみて、ピクルスのようになります。そのままでも、またみじんに刻んで、タルタルソースやサラダにも使えます。

薄皮をとるとき

明太子あえやたらこポテトなど、たらこの薄皮をとって料理をするとき、軽く冷凍しておきます。
こうすると、手がベタベタにならずに、薄皮がピーッとカンタンにとれて、卵だけを使えます。

チョコレートに

チョコレートを食べるとき、チョコレートだけではちょっとしつこくて、もてあますことがあります。
クッキーと、交互に食べてみました。なんとなく口の中がおだやかでチョコレートもクッキーも、おいしくいただけました。

増量に

焼き肉をするとき、肉の他にソーセージを一緒に焼きます。
ゆがいてから、大きいものはタテ二つに切って焼くと、また、違った味がたのしめます。
たべ盛りの方がいらっしゃる家な

どに、おすすめです。

昆布をたべる

韓国であちらの食事をごちそうになったとき、いろいろと並ぶものの中に、さっとお湯をくぐらせた昆布だけのお皿がありました。
幅10センチほどの若いやわらかい昆布で、あちらでは、そのまま唐辛子みそをつけて食べたり、味の濃いものをつつんだりして、食べるそうです。

玉ねぎのソース

札幌のレストランで、エゾシカのステーキにかけてあったソースですが、ほかの肉ともよく合い、作っておくと、ひと味ちがう肉料理が楽しめます。
作り方は、玉ねぎのみじん切りに、ひたひたより多めに赤ブドー酒、ワイン酢少々とハチミツも多めに加えて塩コショーし、とろりとなるまで弱火で煮つめます。

しょうがを

しゃぶしゃぶやとり鍋など鍋もののとき、はじめからしょうがを一かけら、鍋のなかに入れておきます。
肉にも野菜にも、ほのかにしょうがの香りがつきますし、残りの煮汁で雑炊やうどん汁を作るときも、肉や魚のくさみが消えて、けっこうな味に仕上ります。

もっと遠くに

寒い朝、目覚し時計が鳴っても、いさぎよく起きあがれず、ベルをとめて、また、ふとんにもぐりこんだりしてしまいます。
そこで、時計をおく場所を、手の届かないところにしてみました。止めようとしても届かず、鳴り続けるから、そのまま眠りこんでしまうことがなくなりました。
ただし、家族からうるさいと苦情をいわれないように。

植木鉢のロウソクたて

寒くなってくると、ロウソクのあかりがとても暖かく感じます。
ロウソクをたてようと、ロウソクたてをさがしたのですが、いいのがなかったので、小さめの植木鉢に白砂を入れて立てたら、とてもすてきでした。

ぬいぐるみを

ふとんを日に干すときに、たまには、部屋のぬいぐるみも一緒に干し

てあげましょう。湿気もとんで、ふかふかになり、お日さまの匂いになって、ぬいぐるみのクマも喜んでいるようです。

　ただし、長く日にあてると色があせますから、短時間にします。

手を美しく

手のあれる季節です。夜、おやすみになる前に、手にクリームか乳液をすりこんで、うす手の、木綿の手袋をして寝ます。
　すっかりしみこんで、翌日、手がしっとりとして美しく、気持のよいものです。

毛布をとめる

こどもの寝ぞうのわるさには困らされます。ことに寒くなってくるとカゼをひかないかと心配です。
　小さい子には大人用の毛布を、少し大きくなったらセミダブル用の毛布をかけてやり、あまった分を、スソの方からワキにかけて、敷きぶとんの下にたっぷり敷きこんでおくと、ふとんからとび出すのが、いくぶんちがうようです。
　それに、スソからあたたかさが逃げないので、あたたかさも、だいぶちがいます。

アメ玉一つ

わが家では、居間のテーブルの上とハンドバッグの中に、いつもアメがあります。
　家事を終えて一休みするとき、ちょっと考えごとのあるときなど、アメを一つ口に入れるとホッと一息つきます。
　また、デパートなど、人ごみの中に出かけた帰りに、そして仕事で疲れたときなども、バッグから出してなめると、元気がでます。

留守番電話に

留守番電話は、相手がいなくても、用件が伝わるというよさがありますが、ときどき誰からかかってきたのか分らないことがあります。
　最初に名前をいうのは当り前ですが、うまくはいっていないことがあります。用件をいったあと、もう一度、自分の名前を言っておきましょう。

オーバーのボタン

オーバーを着たまま、車にのったり、映画をみたり、長い間、腰をかけているとき、一番下のボタンをはずすことにしています。
　なんでもないことのようですが、

ボタン1コで動きがらくになりますし、ボタンのところの布地や糸に、力のかかり具合も少なくなって、いたみ方がちがってきます。

歯ブラシの掃除

歯ブラシは、意外に汚れるものです。古い歯ブラシで、いま使っている歯ブラシをきれいにします。

歯をみがいたあと、水で流しただけでは、ブラシの根元についた歯ミガキは、なかなかとれないで、だんだんとたまってきます。

これを古い歯ブラシでときどきこすって落とすわけです。

毎朝の歯みがきが気持よくなります。

ハンドバッグを大切に

しばらく使わないでいると、バッグにはすぐカビがでてきます。一つずつ布袋に入れてしまっておけばいいのですが、袋を縫う手間をはぶいて、手拭いでぐるっと巻いておくことにしました。それだけでも、ずいぶんちがいます。

ナベつかみを

紅茶やコーヒーのポットにしくナベ敷きが見つからなかったので、間に合せにナベつかみをしいてみました。

可愛らしい模様やデザイン、それに大きさもいろいろあってたのしいし、お茶のさめ方もちがうように思いました。

即席リゾット

冷ごはんを使います。

まず、細かくきざんだニンニクをいため、イカやエビ、貝、きのこなどのあり合せのものを一緒に入れていため、ブイヨンと完熟トマト（缶詰でも）を加えて煮立て、塩、コショーして味をととのえます。

ここへご飯を入れ、さっと煮て、パセリを散らします。好みでチーズをふります。

ししゃもの南蛮漬

冷凍もののししゃもは、油で揚げてから、三杯酢につけて、葱とタカのツメをちらして、南蛮漬にするとおいしくいただけます。

冷蔵庫で一週間から十日くらいもちますから、お酒のサカナに、お弁当のおかずに重宝します。

チョコレートを

冬でも、つかれたり、部屋があた

たかかったり、風邪をひいたりすると、アイスクリームがたべたくなることがあります。

こんなとき、アイスクリームと一緒に、ちょっとチョコレートを出して、ときどきつまみます。アイスクリームとよく合っておいしく、つかれがぬけて風邪がなおったような気分になります。

ニンニクたっぷり

トリのから揚げを作るとき、ニンニクがお好きだったら、ごくごく細かく切ったニンニクをたっぷりとトリ肉にまぶしてから、片栗粉をつけて揚げます。
ニンニクの香ばしさで、とてもおいしいから揚げになります。おしょう油と日本酒を合せたなかにトリ肉をしばらく漬けてから、みじんのニンニクをまぶし、粉をつけて揚げてもけっこうです。

揚げタラちり

鍋の美味しい季節です。タラちりもあっさりといいものですが、もう一つというときに。
タラを一口に切って、片栗粉をまぶし、油でカラッと揚げておきます。あとは同じように作ります。
タラを揚げると身がくずれにくくなり、コクが出て、若い人に喜ばれる鍋になります。トリ鍋のときも、同じように揚げてもいいでしょう。

昆布茶で

お湯をそそいでいただく粉末の昆布茶は、なかなか結構なものです。
これで、おかゆを炊いてみたら、思った以上においしくできました。梅入りの梅こぶ茶のおかゆも、ほんのりと梅のすっぱみが加わって、いいものです。
昆布茶の分量は、好みもありますが、一人分のおかゆで小袋2コくらいが目安です。

しょうがうどん

木枯しの吹く、寒い冬の夜、ヒリヒリと熱いしょうがうどんはいかがですか。
うどんはあつもりにし、つゆのなかに、しょうがをいっぱいすり下ろします。それに、アサツキをふります。
体の芯からカーッと熱くなり、ポカポカしてきます。好みで、かけうどんにしても。

ポテト入り

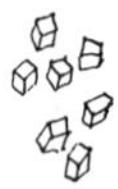

ハンバーグの具にじゃがいもを加

えてみて下さい。

じゃがいもは3ミリ角ぐらいに細かく切り、さっと湯に通してザルに上げます。これを玉ねぎのミジン切りと一緒にひき肉とまぜて、あとはふつうのハンバーグと同じように作ります。やわらかく、口当りのさっぱりしたハンバーグです。

カキの串揚げ

カキをフライにするとき、三、四コ竹串にさして、粉、とき玉子、パン粉をつけて揚げます。
串カツのように、カキとカキの間に細めの長ねぎをはさむと、増量にもなり、ちょっと目先の変ったカキフライになります。
レモンとウースターソース、タルタルソースもよく合い、一コずつ揚げたカキフライとは一味ちがったフライになります。

熱いお茶を

あたたかい部屋で、アイスクリームを食べるのはおいしいものです。

アイスクリームのあとには、水をいただくのがお決まりですが、熱い番茶が出てきました。冷えた口の中に、熱いお茶は、結構でした。

湯どうふに

池波正太郎さんの随筆の中に、湯どうふに、せん切り大根を入れることが書いてありました。
まねをして作ってみましたら、大根のやさしい味がとうふと合って、とてもおいしく、わが家ではときどき作っています。

納豆にラー油

納豆はおしょう油に辛子ですが、ラー油にしょう油も合います。
ラー油の香りが納豆の独特な香りをやわらげ、豆の風味もまします。熱いごはんにどうぞ。

ガーリックライス

白いご飯のかわりに、たまにはこんなご飯はいかが。
にんにくのみじん切りを炒めて、香りが出たところにご飯を入れて炒め、そこへゆかりとネギのみじん切

りを入れ、好みに塩をふります。
ちょっと和風でちょっと今風の、若い人にも好評なご飯です。

コンビーフを

中に入っている具は、コンビーフだけという茶わんむしです。
だしは、中華風のだしの素を使います。出来上りに、きざみねぎをちらします。ふつうの茶わんむしとまたちがって、いいものです。

とりおき用に

砂糖、塩、しょう油など、台所の調味料は、なくなったときのために、いつも予備を買っておけばいいのですが、つい忘れて、使いきってから、味つけができなくてあわてることがあります。
新しいのを使いはじめるときに、小さなビンにとって別にしまっておき、緊急のときには、このとりおきを出して使えばたすかります。
新しいのを買ってきたときは、まず、このとりおき分を入れかえてから、使うようにします。

きゅうりを入れる

チャーハンの具に、きゅうりを入れると、色どりもよく、口当りがちょっとちがって、さっぱりした味になります。

一人分に半本くらい。短いセン切りでも、きゅうりもみよりちょっと厚めの輪切りでも、あらいミジン切りでも、けっこうです。火をとめる間際に、まぜ入れます。

あとがき

毎日の暮しの中で、ほんのちょっとした思いつきや工夫で、生き生きとしたり、うるおいがもてたり、楽しくなったり、便利になったりすることがいっぱいあります。こんな事柄を読者の方や編集部の人たちのじっさいの暮しの中から集めたのが〈エプロンメモ〉です。「暮しの手帖」の第I世紀25号から現在まで50年間にわたって連載してきています。

その第II世紀44号までをまとめたのが昭和59年発行の〈エプロンメモ1〉で、たいへんご好評をいただき、現在も増刷を重ねております。その後、「第2巻も」というご要望が多く、第II世紀45号から第III世紀100号までの中から1360編を選んでまとめたのが、この〈エプロンメモ2〉です。

表紙は、亡き元編集長花森安治が描いたものです。先日、編集部の棚を整理していましたら出てきて、びっくりしたのです。〈エプロンメモ〉のために描いておいてくれたのではないか、そんな気がして、ぜひとも第2巻を出さねばと思い、これも出版のきっかけになりました。

一つ一つの項目の小さいカットは、花森安治の亡き後は、藤城清治さん、佃二葉さんに描いていただいたものです。長年、「暮しの手帖」の〈エプロンメモ〉を担当してきた鎌谷和子とともに、編集・製作にあたり、この一冊にまとめました。

食べもの、着るもの、住まい、こども、健康、商品、人とのおつきあいなど、一つを知れば一つ賢くなる、暮しの知恵がいっぱい詰まった本です。もちろん、すでにご存知のこともあると思いますが、少しでもお役に立てていただければ幸いです。

大橋　芳子

エプロンメモ2

平成十六年十月五日　初刷
平成二十四年八月五日　八刷

編著者　大橋芳子
発行者　阪東宗文
発行所　暮しの手帖社　東京都新宿区北新宿一ノ三五ノ二〇
印刷所　大日本印刷株式会社